四川大学巴基斯坦研究中心丛书 总主编·宋志辉
Song Zhihui, Editor-in-Chief, Books of Pakistan Study Center, Sichuan University

巴基斯坦对外政策决策研究
Study on Foreign Policy Decision-making in Pakistan
新古典现实主义视角
A Neoclassical Realism Perspective

杨 勇◎著

时事出版社
北京

图书在版编目（CIP）数据

巴基斯坦对外政策决策研究：新古典现实主义视角/杨勇著. —北京：时事出版社，2019.5
ISBN 978-7-5195-0308-6

Ⅰ.①巴… Ⅱ.①杨… Ⅲ.①对外政策—研究—巴基斯坦 Ⅳ.①D835.30

中国版本图书馆 CIP 数据核字（2019）第 054103 号

出 版 发 行：	时事出版社
地　　　　址：	北京市海淀区万寿寺甲 2 号
邮　　　　编：	100081
发 行 热 线：	（010）88547590　88547591
读者服务部：	（010）88547595
传　　　　真：	（010）88547592
电 子 邮 箱：	shishichubanshe@ sina. com
网　　　　址：	www.shishishe.com
印　　　　刷：	北京旺都印务有限公司

开本：787×1092　1/16　印张：16.25　字数：230 千字
2019 年 5 月第 1 版　2019 年 5 月第 1 次印刷
定价：108.00 元

（如有印装质量问题，请与本社发行部联系调换）

教育部人文社科研究青年基金项目"巴基斯坦与阿富汗关系对丝绸之路经济带建设影响及对策研究"系列成果

中国博士后科学基金第61批面上二等资助项目研究成果（2017M613013）

四川轻化工大学人才引进项目"巴基斯坦民族问题研究"系列成果

目录
contents

绪论 / 1

第一章
世界与地区格局中的巴基斯坦 / 30

第一节 世界格局中的巴基斯坦 / 30
一、冷战时期 / 30
二、后冷战时期 / 32
三、后"9·11"时期 / 33
第二节 地区格局中的巴基斯坦 / 35
一、冷战时期 / 35
二、后冷战时期 / 39
三、后"9·11"时期 / 40

第二章
影响对外政策决策的国际因素 / 42

第一节 印度因素 / 42
一、印度奉行削弱巴基斯坦的政策 / 42

二、三次印巴战争 / 49
三、核试验和卡吉尔冲突 / 57
第二节 美国因素 / 59
一、提供经济援助 / 60
二、给予军事支持 / 63
第三节 中国因素 / 66
一、平衡印度 / 67
二、道义支持 / 69
三、全天候友谊 / 71

第三章
影响对外政策决策的国内因素 / 74

第一节 军队因素 / 74
一、脆弱的议会制 / 74
二、来自外部的威胁 / 76
第二节 伊斯兰教因素 / 77
一、巴基斯坦立国基石 / 77
二、国际身份定位 / 79
第三节 政党因素 / 81
一、巴基斯坦政党政治及其演变 / 81
二、巴基斯坦主要政党 / 85
三、主要政党对外政策宣言 / 87

第四章
巴基斯坦对外政策决策机制 / 94

第一节 对外政策目标 / 94

第二节 参与对外政策决策的行为主体 / 96
一、建国以来的政治体制演变 / 96
二、总统 / 102
三、总理 / 102
四、内阁 / 103
五、议会 / 111
六、军队 / 113
七、社会行为体 / 118

第三节 对外政策决策过程 / 119
一、日常决策过程 / 119
二、危机决策过程 / 120

第五章
巴基斯坦对外政策决策案例分析（一）
——冷战时期：巴基斯坦与美国第一次结盟 / 122

第一节 巴基斯坦建国初期的外部形势 / 122
一、国际形势 / 122
二、地区形势 / 124

第二节 巴基斯坦建国初期的国内形势 / 126
一、经济状况严峻 / 126
二、国内其他问题 / 127

第三节 巴基斯坦寻求美国支持政策决策过程分析 / 128
一、巴基斯坦主动积极，美国反应冷淡 / 129
二、巴基斯坦四面出击寻求援助 / 132
三、美国初识巴基斯坦战略价值 / 134
四、巴基斯坦继续寻求美国支持 / 137
五、巴基斯坦获得美国初步认可 / 140

六、美巴结盟源于美国调整中东政策 / 146
第四节 巴基斯坦寻求与美国结盟政策的影响与决策特点 / 150
一、巴基斯坦与美国结盟政策影响 / 150
二、巴基斯坦与美国结盟政策决策特点 / 152

第六章
巴基斯坦对外政策决策案例分析（二）
——后冷战时期：巴基斯坦执意进行核试验 / 154

第一节 核试验前的国际、国内局势 / 154
一、国际、地区形势 / 155
二、核试验前的国内形势 / 156
第二节 巴基斯坦核试验政策决策过程分析 / 158
一、巴基斯坦核发展历程 / 158
二、巴基斯坦核试验政策决策过程 / 162
第三节 巴基斯坦核试验政策的影响与决策特点 / 177
一、巴基斯坦核试验政策的影响 / 177
二、巴基斯坦核试验政策决策特点 / 179

第七章
巴基斯坦对外政策决策案例分析（三）
——后"9·11"时期：巴基斯坦决定加入反恐阵营 / 182

第一节 "9·11"恐怖袭击事件前巴基斯坦所处的
　　　　国内外局势 / 182
一、"9·11"恐怖袭击事件前国际、地区局势
　　对巴基斯坦并不利 / 183
二、"9·11"恐怖袭击事件前国内形势 / 185

第二节 巴基斯坦加入反恐阵营政策决策分析 / 187
一、"9·11"恐怖袭击事件后各方的反应 / 187
二、巴基斯坦政府决策过程 / 192
第三节 巴基斯坦加入反恐阵营政策的影响与决策特点 / 198
一、巴基斯坦加入反恐阵营的影响 / 198
二、巴基斯坦加入反恐阵营政策决策特点 / 202

第八章
对巴基斯坦对外政策决策机制的评价 / 203

第一节 巴基斯坦对外政策决策机制的主要特点 / 203
一、巴基斯坦正由一个修正主义国家向保持现状国家转变 / 203
二、巴基斯坦对外政策以应对来自印度生存威胁为出发点 / 206
三、军方在对外政策决策中具有重要作用 / 207
四、内阁是巴基斯坦对外政策决策的主要机构 / 208
五、"哑铃型"对外政策决策模式正在形成 / 208
第二节 巴基斯坦对外政策决策机制的积极作用 / 209
一、保证了在复杂地区环境中国家的生存 / 209
二、为巴基斯坦应对国际格局变化提供保障 / 209
第三节 巴基斯坦对外政策决策机制的消极作用 / 210
一、不利于国际环境的改善与国家形象的塑造 / 210
二、常常导致国内政权不稳定 / 211

附 录 / 212

参考文献 / 215

后 记 / 248

绪　　论

本书以巴基斯坦对外政策决策为研究目标,通过对影响巴基斯坦对外政策决策的国际、国内因素以及决策过程的考察,从新古典现实主义理论视角分析了巴基斯坦对外政策的决策过程,探讨了巴基斯坦对外政策决策机制中各行为主体的作用以及巴基斯坦对外政策决策的特点。

一、选题的目的与意义

国内外对巴基斯坦外交关系的研究虽然很多,但主要是从宏观层面进行的研究,抑或是对时间顺序和某一时间段进行的梳理式研究。根据作者的检索,到目前为止,很少有关于巴基斯坦对外政策决策的专门研究,本专著试图进一步推进该领域的研究。

巴基斯坦的地缘位置非常重要,是南亚地区重要国家之一,也是当前穆斯林国家中唯一拥有核武器的国家。巴基斯坦是中国唯一的全天候战略合作伙伴,中巴关系成为世界不同制度国家间友谊的典范。近年来,随着"一带一路"倡议的提出,以及作为"一带一路"倡议旗舰项目的"中巴经济走廊"的推进,我们有必要了解巴基斯坦对外政策决策中的一般规律和特点,以服务于中国的相关倡议。

本书拟通过考察影响巴基斯坦对外政策决策的主要内部因素和外部因素,以及这些因素与对外政策决策的内在逻辑联系,找出巴基斯坦对外政策决策的运行机制和特点，从而促进中国对巴基斯坦的专题研究。

二、国内外研究综述

（一）国内关于巴基斯坦研究综述

国内学者对巴基斯坦问题的研究涉及政治、社会、宗教、安全、外交、经济、农业、语言和工程建设等诸多领域，成果较多集中在历史、安全、外交、政治和经济等领域。但总体来说，关于巴基斯坦外交的研究不是很多，特别是关于巴基斯坦对外政策决策领域的研究更少。国内直接以巴基斯坦对外政策决策为题的研究尚未出现，但是与其相近的领域已有一些研究成果。

1. 巴基斯坦对外关系研究

（1）巴印关系

巴基斯坦与印度是南亚地区两个主要国家。印巴关系是南亚地区最重要的一组国际关系。同时，印巴两国独特的历史渊源，以及独立后因克什米尔归属等问题引发的一系列纠葛甚至战争使得印度在巴基斯坦对外政策中占有最重要的地位。因此，国内研究印度与巴基斯坦关系的著作比较丰富。

在国内一些关于南亚国际关系的著作中，印巴关系章节是必不可少的部分。例如：赵伯乐主编的《当代南亚国际关系》（北京：中国社会科学出版社，2003年）一书的第三章"印巴关系：难解的结"；陈继东主编的《当代印度对外关系研究》（成都：巴蜀书社，2005年）一书的第四章"印度与巴基斯坦的关系"；孙士海、江亦丽主编的《二战后南亚国家对外关系研究》（北京：方志出版社，2007年）一书的第五章"印度与巴基斯坦的关系"；胡志勇所著的《冷战时期南亚国际关系》（北京：新华出版社，2009年）一书的第七章第一节"冷战时期印度与

| 绪　论 |

巴基斯坦的关系"。

国内专门研究印巴两国关系的著作也较多，例如：周广庭等著的《印巴三次战争》（北京：世界知识出版社，1997年）和赵德喜、王佑生所著的《印巴对抗何时休》（郑州：中原农民出版社，2000年）对印巴三次战争做出了详细的描述；陈延琪所著的《印巴分离：克什米尔问题的滥觞》（乌鲁木齐：新疆人民出版社，2003年）和程瑞声所著的《南亚的热点：克什米尔》（北京：国际文化出版公司，2007年）主要从克什米尔问题的前因后果入手，探讨印巴关系的发展及未来；陈继东所著的《印巴关系研究》（成都：巴蜀书社，2010年）对印巴关系的发生、发展和战争的原因，以及影响两国关系的主要因素等做了全面分析。

除以上著作，关于印巴关系的论文也有很多。如例：宋德星的《印巴国家理念的对立与外交战略冲突》（《世界经济与政治论坛》2001年第3期）；陈继东的《印巴关系：难解之结》（《南亚研究》2002年第1期）；刘艺的《印巴关系缓和：原因与趋势》（《当代亚太》2004年第3期）；陈继东的《印巴关系发展态势述评》（《南亚研究季刊》2007年第3期）；吴兆礼的《印巴全面对话：进程、成果与未来走向》（《南亚研究》2010年第4期）。在此不一一列举了。

（2）巴美关系

美国是巴基斯坦外交关系中最重要的国家，美巴关系的走向对巴基斯坦外交环境影响巨大。国内关于巴美关系的著作不多，例如：李晓妮所著的《美国对巴基斯坦政策研究：1941—1957》（长春：吉林大学出版社，2010年）主要研究巴基斯坦建国前夕及建国初美国对巴基斯坦政策的成因与特点。其他相关研究散见于各有关著作，例如：杨翠柏、刘成琼编著的《巴基斯坦》（北京：社会科学文献出版社，2005年）的第七章第二节介绍了巴基斯坦与美国在冷战期间、冷战后以及反恐战争期间的外交关系；张贵洪所著的《超越均势：冷战后的美国南亚安全战略》（杭州：浙江大学出版社，2007年）中有涉及美巴关系的内容；孙士海、江亦丽主编的《二战后南亚国家对外关系研究》一书的第十一章"巴基斯坦与美国的关系"以及胡志勇所著的《冷战时期南亚国际关系》一书的第二章第二节"冷战时期南亚与美国的关系"。

在巴美关系方面的研究以论文居多。例如：木子的《巴美关系回顾：兼述美援的一个特点》（《南亚研究季刊》1990年第2期）以及《巴美关系回顾（续）》（《南亚研究季刊》1990年第3期）；江亦丽的《巴美关系为何日渐疏远？》（《当代亚太》2001年第10期）；伍福佐的《脆弱的联盟："9·11"后的美巴关系》（《南亚研究季刊》2003年第2期）；兰江的《浅析阿尤布·汗执政时期的美巴关系》（《南亚研究季刊》2005年第3期）；张利军的《布什政府对巴基斯坦政策及关巴关系前景》（《国际问题研究》2005年第4期）；兰江的《脆弱的联盟：美巴关系解读》（《南亚研究季刊》2007年第4期）；张力的《新阶段反恐战争：巴基斯坦的处境与美巴矛盾》（《南亚研究季刊》2008年第2期）；郑祥瑞的《当前巴美关系的困境及前景展望》（《国际问题研究》2009年第1期）；陈利君、许娟的《美国—巴基斯坦十年反恐合作：进程、困境与反思》（《南亚研究季刊》2011年第4期）。

学位论文方面有陆迪民的《论巴基斯坦外交中的联盟战略：以与美国联盟为例》（华东师范大学硕士学位论文，2008年4月）和兰江的《冷战时期美巴关系研究》（四川大学博士学位论文，2013年5月）等。

（3）巴中关系

中国与巴基斯坦的友好关系历经几十年而不衰，被称为不同社会制度国家间睦邻友好、互利合作的典范。但迄今为止，笔者还没有检索到国内专门论述中巴关系的著作，关于中巴关系的论著主要是以论文集的形式出版。例如：李涛、陈继东等主编的《"地区形势发展与中巴关系"国际研讨会论文集》（成都，巴蜀书社，2010年）；陈利君主编的《"中巴关系现状与发展趋势"国际研讨会论文集》（昆明：云南人民出版社，2013年）；杜幼康主编的《国家间关系的典范：中巴建交后两国关系的回顾与展》（北京：时事出版社，2012年）；孙红旗主编的《巴基斯坦研究（第一辑）》（北京：中国社会科学出版社，2012年）以及唐孟生主编的《亲历巴基斯坦》（北京：经济日报出版社，2012年）等。

另外，在一些论著中有涉及中巴关系的相关章节。例如：孙士海、江亦丽主编的《二战后南亚国家对外关系研究》一书的第十二章"巴基斯坦与中国的关系"；胡志勇所著的《冷战时期南亚国际关系》一书的第四章第二节"冷战时期南亚与中国的关系"等。

关于中巴关系的论文，例如：成晓河的《中国—巴基斯坦关系的嬗变：1962—1965》（《南亚研究》2009年第4期）；韩晓青、齐鹏飞的《20世纪60年代初期巴基斯坦积极推动中巴边界谈判之动因分析》（《南亚研究》2010年第4期）；张贵洪的《巴基斯坦的战略地位与中巴关系的未来》（《南亚研究季刊》2011年第2期）；杜幼康的《中巴战略合作伙伴关系：相互认知、特点及发展前景》（《南亚研究季刊》2011年第2期）；沈丁立的《发展新世纪中国与巴基斯坦的战略关系》（《南亚研究季刊》2011年第2期）等。

另外有一些关于中巴关系的学位论文。例如：刘玉霞的《中国与巴基斯坦的关系：1951—1971年》（郑州大学硕士学位论文，2003年5月）；林燕的《冷战后的中巴关系探析》（新疆大学硕士学位论文，2010年5月）；马依热古丽·西克热木的《新世纪中巴关系的发展》（新疆大学硕士学位论文，2011年5月）；郭瑞晓的《新时期中国与巴基斯坦关系面临的挑战与发展》（青岛大学硕士学位论文，2012年5月）等。

2. 巴基斯坦对外战略

关于巴基斯坦对外战略、核政策等的文章主要有：汤广辉的《巴基斯坦外交政策的历史分析》（《南亚研究季刊》1991年第1期）；胡国松的《布托时期巴基斯坦的对外政策》（《南亚研究季刊》1992年第2

期）；雷加洪的《浅析巴基斯坦的中亚战略》（《南亚研究季刊》1992年第4期）；刘津坤的《冷战后影响巴基斯坦安全的若干因素》（《南亚研究季刊》1995年第4期）；杨翠柏的《试析巴基斯坦西向政策》（《南亚研究季刊》1997年第1期）；张世均的《冷战时期巴基斯坦的安全忧患及其对策》（《涪陵师范学院学报》2004年11月）；曾祥裕的《略论巴基斯坦的地缘安全结构》（《南亚研究季刊》2008年第2期）；宋德星、孙静的《论巴基斯坦的核政策》（《南亚研究季刊》2006年第4期）；沈宏的《巴基斯坦的战略选择与战略困境》（《外交评论》2011年第5期）等。

主要著作有：曾祥裕的《巴基斯坦对外政策研究：1980—1992》（成都：巴蜀书社，2010年）；孙士海、江亦丽主编的《二战后南亚国家对外关系研究》一书的第十章"巴基斯坦的对外战略与政策"以及笔者参与的由陈继东、晏世经等撰写的《巴基斯坦对外关系研究》（成都：巴蜀书社，2017年）等。

3. 巴基斯坦内政研究

唐昊、彭沛撰写的《巴基斯坦·孟加拉：面对种族和宗教的冲突》（成都：四川人民出版社，2002年）介绍了巴基斯坦从1947年建国到20世纪90年代以来，各个政府执政期间的政治、经济发展情况，最后探讨了巴基斯坦国家现代化的特点。笔者参与的由陈继东、晏世经等撰写的《转型中的巴基斯坦》（成都：巴蜀书社，2016年）主要介绍了从建国到谢里夫领导的穆盟（谢派）在2013年大选后再次上台执政期间，巴基斯坦在政治、经济以及反恐上所经历的转型变化。该专著认为，巴基斯坦从建国至今，民主政治在曲折中推进，有待进一步巩固、完善；巴基斯坦是发展中国家中少有的几个在60年内平均经济增长率略高于5%的国家之一，但巴基斯坦经济增长不均衡、对西方发展模式依赖性很强等矛盾很突出，经济转型还处在进展态势之中；"9·11"恐怖袭击事件后，巴基斯坦从反恐前线国家向反恐主战场转变，对整个反恐政策也进行了较大调整。该专著对于读者了解巴基斯坦军人政府与文官政府交替出现的原因和影响有帮助。

木子的《从军法管制向文官政府的过渡：1977年至1987年间巴基斯坦政治的发展》（《南亚研究季刊》1998年第3期）一文讲述了齐亚·哈克发动军事政变以及最终将阿里·布托送上绞刑架的原因之所在。此文对于了解这一段时期巴基斯坦的国内政治发展有帮助。

（二）巴基斯坦学者关于巴基斯坦对外政策研究的综述

由时任巴基斯坦伊斯兰堡战略研究所所长的侯赛因和美国加州大学伯克利分校的罗斯（Noor A. Husain and Leo E. Rose）主编的《巴基斯坦—美国关系：社会、政治与经济因素》（*Pakistan-U. S. Relations: Social, Political, and Economic Factors*）[1] 一书由1986年10月在伊斯兰堡战略研究所（ISSI）召开的第二次巴美双边论坛的论文编辑而成。该论文集里的文章主要讨论了美巴关系，也有部分文章关注巴基斯坦与其邻国以及美国与巴基斯坦周边邻国关系。

由巴基斯坦国际事务研究所（PIIA）的拉蒂夫·艾哈迈德·谢尔瓦尼（Latif Ahmed Sherwani）所著的《巴基斯坦、中国与美国》（*Pakistan, China and America*）[2] 讲述了从巴基斯坦建国初到20世纪70年代，巴基斯坦与中国、美国间关系的起伏变化。

由巴基斯坦国际事务研究所（PIIA）的穆斯塔克·艾哈迈德（Mushtaq Ahmad）所著的《外交政策：巴基斯坦的选择》（*Foreign Policy: Pakistan's Options*）主要分析了冷战期间世界主要大国、重要组织的情况以及巴基斯坦在冷战后初期的外交政策选择。

---

[1] Noor A. Husain and Leo E. Rose, *Pakistan – US Relations: Social, Political, and Economic Factors*, California: Institute of East Asian Studies, University of California, Berkeley, 1988.

[2] Latif Ahmed Sherwani, *Pakistan, China and America*, Karachi: Council for Pakistan Studies, 1980.

由巴基斯坦《独立周刊》专栏作家穆萨·汗·贾拉勒扎伊（Musa Khan Jalalzai）所著的《巴基斯坦外交政策：克什米尔、阿富汗以及国内安全威胁（1947—2004）》(The Foreign Policy of Pakisan: Kashmir, Afghanistan and Intrernal Security Threats (1947 - 2004)) [1]一书介绍了巴基斯坦与主要国家和邻国间外交关系，以及"9·11"恐怖袭击事件后巴基斯坦的核安全等。

巴基斯坦《前沿周报》总编辑尼鲁福尔·马赫迪（Niloufer Mahdi）所著的《巴基斯坦外交政策1971—1981：寻求安全》(Pakistan's Foreign Policy, 1971 - 1981: the Search for Security) [2]一书介绍了巴基斯坦在这十年里与阿富汗、印度、中国、美国、苏联以及穆斯林国家间的关系。作者最后指出，巴基斯坦感受到来自印度对其生存的威胁，巴通过与国际及周边主要国家加强关系来抵消印度方面的威胁。

巴基斯坦经济学家艾哈迈德·法鲁齐（Ahmad Faruqui）发表在2000年4月《皇家联合军种防务研究学会杂志》(RUSI Journal) 上的《巴基斯坦的战略短视》(Pakistan's Strategic Myopia) 一文分析了巴基斯坦历届政府在与印度发生冲突时都希望有大国能帮助自己，但总没能实现的现状，并认为巴基斯坦应该反思其安全战略。

由巴基斯坦国际事务研究所（PIIA）的茉荷茹妮莎·阿里（Mehrunnisa Ali）女士主编的《巴基斯坦外交政策选读：1971—1998》(Readings in Pakistan Foreign Policy 1971 - 1998) 收集了近30篇关于20世纪70—90年代巴基斯坦与各主要大国和地区的外交资料。

巴基斯坦著名政治学者卡利德·本·赛义德（Khalid Bin Sayeed）发表在1964年第3期的《亚洲观察》(Asian Survey) 上的《巴基斯坦

---

[1] Musa Khan Jalalzai, The Foreign Policy of Pakisan: Kashmir, Afghanistan and Internal Security Threats (1947 - 2004), Lahore: Ariana Publications, 2004.

[2] Niloufer Mahdi, Pakistan's Foreign Policy, 1971 - 1981: the Search for Security, Lahore: Ferozsons (Pvt.) Ltd, 1999.

外交政策：担心与兴趣》（Pakistan's Foreign Policy: An Analysis of Pakistani Fears and Interests）分析了20世纪60年代初巴基斯坦与中国签署边境协定、美国对巴援助以及印巴关系等几组关系。

信德大学谢赫（Muhammad Hassan Shaikh）的博士学位论文《巴基斯坦政党的作用：1969—1977》（Role of Political Parties in Pakistan: 1969 - 1977）（1986年8月）对巴基斯坦政党在该国内政发展上的作用做了研究和分析。

前总理贝·布托（Benazir Bhutto）所著的《外交政策透视》（Foreign Policy in Perspective）① 是作者在1977年底至1978年初被关押在拉合尔期间写的关于其父阿里·布托执政时巴基斯坦与世界各主要国家、地区及组织间关系的著作。

阿里·布托执政时的巴基斯坦总统办公厅主任、法律专家拉菲·拉扎（Rafi Raza）所著的《阿里·布托与巴基斯坦：1967—1977》（Zulfikar Ali Bhutto and Pakistan: 1967 - 1977）② 介绍了阿里·布托执政前后十年间的内政与外交情况。

由巴基斯坦前政要罗达德·汗（Roedad Khan）所著的《巴基斯坦：梦想破灭》（Pakistan: a Dream Gone Sour）③ 讲述了巴基斯坦建国后，作者在政府任职期间所经历的五任总统的故事以及巴基斯坦国内政治的情况。此书有助于了解巴基斯坦政要执政时的国内情况。

前世界银行副行长，前巴基斯坦财政部长沙希德·贾伟德·布尔基（Shahid Javed Burki）等著的《齐亚·哈克11年军法统治下的巴基斯坦》（Pakistan under the Military: Eleven Years of Zia Ul - Haq）④ 对齐

---

① Benazir Bhutto, *Foreign Policy in Perspective*, Lahore: Agha Amir Hossain, 1978.
② Rafi Raza, *Zulfikar Ali Bhutto and Pakistan: 1967 - 1977*, Karachi: Oxford University Press, 1997.
③ Roedad Khan, *Pakistan: A Dream Gone Sour*, Karachi: Oxford University Press, 1997.
④ Shahid Javed Burki, *Pakistan under the Military: Eleven Years of Zia Ul-Haq*, Colorado: Vestview Press, 1991.

亚·哈克执政时期国内的政治、经济等方面做了介绍，此书有利于了解此阶段巴基斯坦国内的状况。

巴基斯坦政治家穆沙希德·侯赛因（Mushahid Hussain）所著的《巴基斯坦的政治：齐亚时代》（*Pakistan's Politics：The Zia Years*）①一书介绍了齐亚·哈克执政时期巴基斯坦国内主要政治事件的发展。

（三）其他国家学者对巴基斯坦外交研究综述

印度学者苏伦德拉·乔普拉（Surendra Chopra）所著的《伊斯兰原教旨主义，巴基斯坦与穆斯林世界》（*Islamic Fundamentalism，Pakistan and the Muslim World*）②介绍了伊斯兰原教旨主义对巴基斯坦对外政策的影响以及巴基斯坦与主要伊斯兰国家间的外交关系。

时任印度外秘迪克西特（J. N. Dixit）在1995年的《国际研究》（*International Studies*）上发表了《巴基斯坦的印度政策：国内政治因素的作用》（Pakistan's India Policies：Role of Domestic Political Factors）一文，从印度的角度分析了巴基斯坦对印政策中政党政治的作用。

加拿大前驻巴基斯坦高级专员德尔瓦（Louis Delvoie）发表在加拿大国际事务研究所主办的《国际杂志》（*International Journal*）1995/1996冬季版上的《巴基斯坦外交政策的伊斯兰化》（The Islamization of Pakistan's Foreign Policy）。

学者桑托克·辛格（Santokh Singh）所著的《在第三任军人总统统治下的巴基斯坦》（*Pakistan under Third Military President*）③介绍了齐亚·哈克执政时期的外交及内政。

美国外交关系委员会（Council on Foreign Relations）发布的《在南

---

① Mushahid Hussain, *Pakistan's Politics：The Zia Years*, New Delhi：Konark Publishers Pvt Ltd, 1991.

② Surendra Chopra, *Islamic Fundamentalism，Pakistan and the Muslim World*, New Delhi：Kanishka Publishers，Distributors，2009.

③ Santokh Singh, *Pakistan under Third Military President*, Jammu：Gujral Printers，1989.

亚的新的优先权：美国对印度、巴基斯坦和阿富汗的政策》（New Priorities in South Asia：U. S. Policy toward India, Pakistan, and Afghanistan）[①]报告讨论了"9·11"恐怖袭击事件后美国与南亚三国的关系，并提出了具体建议。

美国亚太安全研究中心的罗伯特·维尔辛（Robert G. Wirsing）所著的《印度、巴基斯坦与克什米尔争议：地区冲突与解决》（*India, Pakistan, and Kashmir Dispute：on Regional Conflict and Its Resolution*）[②]一书介绍了克什米尔问题的由来，作者提出了克什米尔争议解决的可能途径以及美国在解决克什米尔争议中的作用。

三、本书结构、研究方法、特色与创新

（一）本书结构

本书由绪论、正文两部分组成。

绪论部分简要回顾了目前国内、国外的巴基斯坦对外政策研究现状，介绍了本书的结构、研究方法、特色与创新。同时，就对外政策分析理论进行简介和评价，并提出笔者关于此议题的基本思路，即像巴基斯坦这种受国际体制影响较强的中型国家，采用新古典现实主义理论来分析其对外政策相关问题较为适合。

正文部分由八章组成。

第一章将巴基斯坦置于国际和地区格局中，以冷战、后冷战和后"9·11"时期三个阶段为时代背景探究巴基斯坦在国际舞台上相对位

[①] Frank G. Wisner II, Nicholas Platt, Marshall M. Bouton, *New Priorities in South Asia：US Policy toward India, Pakistan and Afghanistan*, New York：Council on Foreign Relations, 2003.

[②] Robert G. Wirsing, *India, Pakistan, and Kashmir Dispute：on Regional Conflict and Its Resolution*, New York：St. Martin's Press, 1994.

置的起伏变化。从国际格局的角度看，冷战时期，在美苏对抗的格局下，巴基斯坦在美国全球战略中具有重要性，因此巴基斯坦基本都能得到来自美国各个方面的援助。后冷战时期，巴基斯坦因继续发展核武器和支持阿富汗塔利班政权而在国际上留下诸多负面印象，同时其对于美国的重要性有所下降，因此巴美关系开始疏远。后"9·11"时期，巴基斯坦加入美国反恐阵营以及巴基斯坦在阿富汗重建中的重要作用使巴基斯坦在国际上的重要性再次提高。从地区格局的角度看，冷战时期，巴基斯坦没能消除来自印度的安全威胁。随后，因失去东巴，巴基斯坦感受到来自印方更强的安全威胁。冷战后，因阿富汗塔利班赢得阿富汗政权，巴基斯坦对西部安全的担忧有所减缓，但印巴关系却因核试验、卡吉尔冲突等变得更加紧张。"9·11"恐怖袭击事件后，拥有核武器的巴基斯坦对来自印度的安全威胁担忧有所减轻。

第二章梳理了影响巴基斯坦对外政策决策的主要国际因素。巴基斯坦从建国开始就在土邦归属问题、印度河水分配问题上与印度有争议。两国间三次战争、1998年核试验和1999年卡吉尔冲突使印度因素成为影响巴基斯坦对外政策的最大外部因素。美国则是巴基斯坦选择的抗衡印度的外力之一。美国在经济援助和军事援助层面给予巴基斯坦帮助，同时也成为干扰巴内外政策较多的外部因素。中国与巴基斯坦建交后，两国关系逐步发展为全天候友谊，对华友好已经成为巴基斯坦对外政策的基石。中国成为巴基斯坦外交政策中的积极因素之一。

第三章梳理了影响巴基斯坦对外政策决策的主要国内因素。军队不仅在巴基斯坦国内政治事务中占据举足轻重的地位，而且在巴基斯坦制定对外政策中有着不可忽视的作用。军队在对外政策中的作用是巴基斯坦建国后国内政治发展以及与周边国家关系等因素互动的结果。伊斯兰教是巴基斯坦立国和治国的基石，在"巴基斯坦运动"和巴基斯坦建国后的治理中都具有重要作用。作为以伊斯兰教立国的国家，穆斯林国家身份使其与中东等地区的穆斯林国家建立起紧密联系，也使其在与印度对抗过程中得到广大穆斯林国家的声援。政党政治使巴基斯坦政府在制定对外政策时受到来自其他主要政党的制衡，这有利于促成对外政策的合理化。

第四章分析了巴基斯坦政治体制经历的总统制和总理制的交替演变，以及向总理制发展的趋势；探讨了巴基斯坦总统、总理、内阁、议会、军方等机构在对外政策决策中的作用。根据对外政策目标和政策议题的紧迫程度，巴基斯坦对外政策决策可以分为日常决策过程和危机决策过程。

第五章通过案例分析了冷战时期巴基斯坦寻求与美国结盟的决策过程，同时探讨了在冷战格局下，影响巴基斯坦与美国结盟以实现保护巴基斯坦国家生存的内外因素。通过此次结盟，巴基斯坦基本上达到了借外力制衡印度的目的。不过，巴美结盟使巴基斯坦与苏联和中国的关系无法全面发展，也导致巴基斯坦与埃及等一些穆斯林国家关系遭到破坏。印度也以巴基斯坦加入军事联盟为借口放弃在克什米尔进行公投的承诺。

第六章通过案例分析了后冷战时期巴基斯坦执意进行核试验的决策过程，探讨了在冷战结束的大背景下，面对印度的核恐吓和美国要求巴基斯坦保持克制，不要进行核试验的情况，巴基斯坦决定通过核试验回应印度核试验的原因。巴基斯坦核试验后，印巴间形成了相互核威慑下的核平衡。由于双方形成核威慑平衡，印巴两国关系也逐渐朝通过和平方式解决双边问题的方向发展。

第七章分析"9·11"后巴基斯坦加入反恐阵营的决策过程，探讨巴基斯坦在断绝与阿富汗塔利班关系和加入美国反恐阵营之间的抉择，影响巴基斯坦选择加入美国领导的反恐阵营的内外因素以及对巴基斯坦的影响。

第八章总结了巴基斯坦对外政策决策机制的主要特点以及该机制的积极作用和消极作用。

（二）研究方法

1. 史料分析法

此方法综合运用美国、中国等国的解密档案材料和巴基斯坦、中国以及美国等国家外交官回忆录等公开材料，着重研究关键历史事件中主要大国以及巴基斯坦内部主要因素对巴基斯坦政府的对外政策决策的影响，从中探究巴基斯坦为了国家生存而在各大国间周旋的所得和所失。

2. 层次分析法

此方法从国际和国内两个层面来分析影响巴基斯坦对外政策的因素。在国际层面，着重分析印度、美国和中国等国对巴基斯坦对外政策决策的影响。在国内层面，研究巴基斯坦国内宗教、军方和政党等因素对巴基斯坦对外政策决策的影响。通过国际和国内层面的考察，梳理各个时期不同要素对巴基斯坦对外政策决策的影响。

3. 案例分析法

此方法在分析巴基斯坦对外政策决策时，选择标志性的历史事件，如美巴第一次结盟、1998年巴基斯坦顶住国际压力进行核试验、2001年"9·11"事件后巴基斯坦决定断绝与阿富汗塔利班关系并加入反恐阵营等作为典型案例进行具体分析。

4. 定性与定量分析法

关于此方法，本书主要采用定性分析法研究巴基斯坦对外政策决策的特点。同时，部分章节运用定量分析法研究美国的军事、经济援助以及巴基斯坦国内经济形势对巴基斯坦对外政策决策的影响。

（三）特色与创新

本书在研究巴基斯坦对外政策决策过程中，运用新古典现实主义理论，将国际和国内两个层面的因素统合，即从巴基斯坦国内角度看待国际体系要素通过单元变量作用于巴基斯坦对外政策决策的过程。

1. 研究视角创新

本书从影响巴基斯坦对外政策决策的国际和国内两个层面相结合来分析，同时从巴基斯坦国内角度分析了内外因素对其对外政策的影响。

2. 研究内容创新

本书不是对史实进行简单的梳理，而是通过案例形式对巴基斯坦历史上重大对外政策的决策过程进行微观和深入的分析，通过对影响决策的内外因素的考察，分析了巴基斯坦做出决策的合理性以及对巴基斯坦未来外交的影响。同时，本书还对巴基斯坦对外政策决策机制进行了专门分析，总结出在不同情况下巴基斯坦对外政策决策机构间互动的流程图。

四、对外政策分析理论综述

对外政策是指各主权国家为实施自己在一定历史时期内的外交战略而制定的行动准则，换言之，对外政策研究是各国面对他国及总体国际环境时所采取的行动和行为。按照美国学者理查德·斯奈德（Richard C. Snyder）的定义，决策就是决策者从多种不确定方案中挑选出一种被认为能够实现自己所构想的特定状况的过程。[1] 换句话说，决策就是选择的过程。因此，对外政策决策可以认为是各主权国家为制定具体历史时期的外交行动准则而对行动目标、手段进行判断、抉择的过程。通过分析对外政策决策，有助于了解在同一国际体系中不同国际行为体的对外政策为何不同，以及同一国际行为体在不同国际体系下对外政策的延续性、特点及趋势等。对外政策分析是研究同一个国家或不同国家在不同历史环境下所具有的不同意图、目标、偏好以及由此产生的行为选择。[2] 总之，对外政策决策分析就是研究决策者与所处的周边环境之间的互动过程与互动内容。

---

[1] 郭新昌、罗鹏部："外交决策及其影响因素"，《河南广播电视大学学报》2007年第3期，第15页。

[2] Fareed Zakaria, *From Wealth to Power: The Unusual Origins of America's World Role*, New Jersey: Princeton University Press, 1998: 14.

对外政策分析又被称为外交政策研究、外交决策学。它作为国际关系领域的一个分支学派,兴起于20世纪50年代。对外政策分析是研究人类集体的行为。对外政策分析既能避免地区研究学者没有理论指导的缺憾,又可以弥补一般国际关系理论的空泛,能够代表国际关系研究发展的方向。[1] 而对外政策分析真正繁荣是在冷战结束以后。20世纪90年代,当苏联解体、两极格局不复存在,持续近半个世纪的冷战也以绝大多数人没有想到的方式和时间结束。这些重大事件使对外政策分析在国际关系学界重新受到重视。同时,更多学者对研究具体国际行为体产生了极大兴趣,这进一步促进了对外政策分析领域的发展。经过半个多世纪的发展,对外政策分析已经形成了许多分析模式。总体上说,可以将这些理论、模式划分为宏观视角和微观视角两大类。

(一) 宏观视角对外政策分析

宏观视角对外政策分析可以分为国际体系决定论和社会环境决定论两大类。它主要是从国际体系以及单元层面因素来进行分析。

国际体系决定论认为,外部因素与世界政治环境相结合决定着国家间的互动模式。对于体系决定论来说,体系特征是发生作用的因素,单位特征是受到这种作用影响的因素,体系特征的变化导致了单位特征的变化。[2] 在体系因素方面,主要包括实力关系、结构特征、经济模式、国际体系文化和制度等,而体系因素决定了体系特征。因此,国际关系理论三大主流派别的不同之处就在于侧重体系因素的不同方面,结构现实主义侧重权力,新自由制度主义侧重制度,而建构主义则侧重文化。

正如结构现实主义学者肯尼思·沃尔兹(Kenneth Waltz)认为的那样,在处于无政府状态的国际体系中,国家行为变化主因是实力的不同,而不是社会及政府形式或意识形态的区别。这种观点突出了国际体

---

[1] 张清敏:"外交政策分析的三个流派",《世界经济与政治》2001年第9期,第19页。
[2] 岳汉景:"外交政策分析诸视角",《世界经济与政治》2007年第6期,第94页。

系结构在对外政策决定过程中的根本作用,并认为只要认定一国在国际体系结构中的地位就可以把握其对外政策,① 也就是说,结构现实主义的核心是"结构选择"。类似地,新自由制度主义的核心是"制度选择",而建构主义的核心则是"文化选择"。②

社会环境决定论认为,由国家规模、地理环境、政治制度和意识形态、国民性等因素构成的国家背景是外交的决定因素。这种理论的代表有地缘政治论和民主和平论等。

1. 地缘政治论

地缘政治论又被称为地缘政治学。地缘政治学这一术语由瑞典地理学家鲁道夫·契伦(Rudolf Kiellen)在1917年发表的《生命形态之国家》(*The State as a Living Organism*)一文中首次提出。但是,从地理环境角度考察国际间政治、军事活动,并强调国家的海陆位置、空间分布、资源人口等环境要素对国家经济实力、政治影响力乃至国际关系格局影响与制约作用的研究则早于该术语的提出。

1890年,美国海军将领阿尔弗雷德·赛耶·马汉(Alfred Thayer Mahan)在其著作《海权对历史的影响:1660—1783》(*The Influence of Sea Power Upon History, 1660 – 1783*)中提出"海权论",并建立起系统而完备的地缘政治理论。马汉认为,一国只有建立强大的海军力量,并控制重要航路和狭窄海峡,才能有效控制海上贸易,并进而统治整个世界。③ 1904年,地缘政治论的重要奠基人英国学者麦金德(Harold Mackinder)在英国皇家地理学会宣读其撰写的《历史的地理枢纽》(*The Geographical Pivot of History*)一文。文中提出了欧亚大陆"心脏地带"的说法。1919年,麦金德在《民主的理想与现实》(*Democratic Ideals*

---

① 冯玉军:"对外政策研究中的决策理论",《世界经济与政治》2000年第2期,第30—31页。
② 岳汉景:"外交政策分析诸视角",《世界经济与政治》2007年第6期,第95页。
③ 忻华:"地缘政治论:世纪末的再思考",《国际观察》1999年第4期,第26页。

and Reality）一书中将"心脏地带说"扩展成著名的三段式警语："谁控制了东欧,谁就控制了心脏地带;谁控制了心脏地带,谁就控制了世界岛;谁控制了世界岛,谁就控制了整个世界。"① 这就是著名的"陆权说"。循着这一思想,1942 年美国学者尼古拉斯·斯皮克曼（Nicolas Spykman）在其著作《世界政治中的美国战略：美国与权力平衡》（*America's Strategy in World Politics：The United States and the Balance of Power*）中提出"陆缘说"。他认为,亚欧大陆濒海的边缘地带才是影响世界格局的枢纽区。1942 年,美国军人亚历山大·德·塞维尔斯基（Alexander de Seversky）在其著作《通过空中力量取胜》（*Victory Through Air Power*）中提出了制空权是称霸世界的关键要素的"空权说"。这些学说共同构建起从地理位置考察国际当前及未来格局的地缘政治论。

2. 民主和平论

20 世纪 60 年代,美国人巴布斯特（Dean Babst）发表文章称,自 1789 年以来,没有一场战争是发生在通过民主选举产生政府的独立民族国家之间,而且通过选举产生政府的国家数量呈稳定增长趋势,因此民主成了一支不可回避的和平力量。该论断经过美国夏威夷大学政治学教授拉梅尔（R. Rummel）以及美国历史学家斯莫尔（Melvin Small）等对过去数年间国家间战争情况的统计分析后得到迅速传播。20 世纪 80 年代初,美国哥伦比亚大学教授迈克尔·多伊尔（Michael Doyle）将上述统计资料中的战争数量与民主国家的数量进行对比后发表了论文《康德、自由主义的遗产和外交政策》（Kant, Liberal Legacies and Foreign Affairs）。在此文中,他得出这样的结论：民主国家之间能够而且也只能在它们之间和平相处,但在对待非自由国家时,自由国家同样具有攻

---

① [英]麦金德,武原译：《民主的理想与现实》,北京：商务印书馆 1965 年版,第 123 页。

击性,并且会像其他政府或社会一样不惜动用武力。① 民主和平论在西方尤其是美国影响特别大,如在1994年的国情咨文中,克林顿明确把促进民主作为美国对外政策支柱之一,其根源就是通过促进民主而促进和平的推论。但是,民主和平论在包括中国在内的非西方国家学界引起了众多的批评。1995—1996年,《欧洲》先后发表了中国学者李少军的《评"民主和平论"》、王逸舟的《国际关系与国内体制——评民主和平论》和许振洲的《谈谈民主和平》等文章,它们均对民主和平论进行了批驳。其实,战争的原因是复杂的,和平的原因也是复杂的,把和平完全归之于民主是否妥当?就民主国家而言,他们之间的和平同样有种种原因,在多大程度上把和平归因于民主是难以界定的。②

综上所述,宏观视角对外政策分析中的社会环境决定论和国际体系决定论都过分强调外交的客观决定因素甚至意识形态因素的影响,而忽略了对外政策出台前客观因素必须通过决策者选择的事实,即对决策者和决策过程的特性重视不够。一国对外政策决策过程并不是抽象的,而是相关决策者在复杂环境下认知与互动的结果。在决策过程中,各组织内部的沟通与信息交往、决策机构或单位的特性、决策者的个性和生活背景及价值观念对决策结果也起决定性作用。③ 因此,有些学者开始从微观视角来分析一国的对外政策。

(二) 微观视角对外政策分析

微观视角对外政策分析的基本出发点是国家由集体的人组成。因此,国家行为不是单一的理性行为体的行为,而是一种人的集体行为。在此背景下,学者们的主要注意力集中于研究实际制定政府政策的具体

---

① [法]达里奥·巴蒂斯特拉,潘革平译:《国际关系理论(第三版修订增补本)》,北京:社会科学文献出版社2010年版,第345—347页。
② 庞中英:"对'民主和平论'的若干意见",《欧洲》1995年第6期,第63页。
③ 岳汉景:"外交政策分析诸视角",《世界经济与政治》2007年第6期,第95页。

决策者的行为以及外交决策的机制与过程，而在宏观层面的国际体系、国家等泛指概念上并没有花精力。该派学者试图通过分析微观过程弄清在对外政策决策过程中各因素是如何对对外政策产生影响的。

当前，微观视角对外政策分析中具有代表性的理论主要有小集团思维模式、组织过程模式和心理认知模式等。

1. 小集团思维模式

小集团思维模式是美国耶鲁大学教授简尼斯（Irving Janis）在对美国历史上重大的外交失败案例进行研究的基础上提出的概念。简尼斯研究的案例包括干涉朝鲜战争、美国入侵古巴猪湾以及美国派兵参加越南战争等外交失败事件。通过对这些案例进行分析，简尼斯教授认为，以上外交失败事件都是小集团思维造成的。因为在对外政策决策过程中，在高度压力、高度保密、高风险、形势不太明朗的情况下，对外政策制定者们对小集团内部团结的追求会超过对合理对外政策结果的追求。因担心被看成该小集团的另类或小集团的分裂者而不愿意或不敢提出不同意见，以致决策小组不能对客观现实进行充分评估，不能对政策选择进行充分思考，最终导致错误的对外政策决策结果。[1]

2. 组织过程模式

组织过程模式假定，对外政策是基于常规运作程序运作的大型组织的产物。[2] 根据该模式的定义，一国政府通过下属不同部门和机构处理信息并确定政策选项和评估可能造成的后果的过程表明，每个对外政策议题都需要政府的多个部门动议、协商、决策、向最高层汇报并做出最终决策，该过程实质上就是一个跨机构的组织过程。组织过程模式的特点是，决策的主体是政府内部组织，政策内容是由政府内部各组织所具

---

[1] 张清敏："外交决策的微观分析模式及其应用"，《世界经济与政治》2006年第11期，第19页。

[2] 宋海啸：《印度对外政策决策：过程与模式》，北京：世界知识出版社2011年版，第26页。

备的常规运作程序决定的,同时各组织间必然发生激烈的竞争。①

对于决策的主体是政府内部组织这一点来说,在一个政府中,决策的关键角色是具有一定自主权的各种行政组织而不是最高决策者。在该模式下,各组织部门按照各自部门的一贯标准采取措施,最高决策者所做的是在政府各组织部门间协调关系或者根据各组织请求做出相应回答。从某种意义上说,对外政策实际上成为涉外行政组织的一系列具体对外政策的总和。②

从政策内容由政府内部各组织所具备的常规运作程序决定这一点来说,由于每个政府部门都倾向于按照各自部门已有的程序、惯例处理事务,因此积累了官僚习气的各组织成员在处理对外政策时往往会根据已有案例做出类似的、渐进式决策。而各组织间必然发生激烈的竞争这一点则表明,政府每个组织部门在决策过程中都试图推动自己部门的利益、看法等,这必然造成各组织部门间的竞争现象。因此,由行政机构控制的决策过程不仅可能会使对外政策不太具有内聚力,还可能出现彼此对立的政策。③

3. 心理认知模式

心理认知模式把分析重点放到决策者的心理及思想活动上。该模式强调,政策是人的心理过程或认知过程的产物,而人不一定能正确地把握现状、设立政策目标,也未必都能权衡多种可能并选择最佳手段。④决策则是"左右决策者们对对外政策感觉的诸多过程和因素的结果",是"在给定的情况下,决策者根据自己对此种情况的感觉而采取他认为

---

① 岳汉景:"外交政策分析诸视角",《世界经济与政治》2007年第6期,第95页。
② [美]杰里尔·A.罗赛蒂,周启朋等译:《美国对外政策的政治学》,北京:世界知识出版社1997年版,第253页。
③ 冯玉军:"对外政策研究中的决策理论",《世界经济与政治》2000年第2期,第33页。
④ [加]夏尔—菲利普·大卫,李旦、王健等译:《白宫的秘密:从杜鲁门到克林顿的美国外交决策》,北京:中国人民大学出版社1988年版,第32页。

最满意的行动"。① 因此，在该模式下，"感觉"是最关键的概念。

心理认知模式认为，感觉主要通过四种方式影响决策。第一种，使外来信息与决策者观念相符的强烈倾向，往往会剔除一些重要的、与决策者观念不符的情报；第二种，使决策者按照一种特殊心态，以自己先入为主的想法把相互矛盾的、各种不同的意愿混和起来，对他们不愿看到的东西视而不见；第三种，对现实情况进行重构，使其发生扭曲或简单化；第四种，使决策者在决策时，往往以自身经验和历史情况为参照物，进行简单的类比推断。②

综上所述，微观视角对外政策分析向人们提供了新的视角，将决策者等个体因素引入对外决策过程，使人们看到在同一时期政权机构相似的国家也会有不同的对外政策的原因。但是，微观视角分析也有其不足之处：第一，获得相关资料困难，因在对外政策决策过程研究中需要非常详细与具体的信息和材料，但这些材料往往涉及一国国家安全，因此并不是很容易获得；第二，微观视角适用范围相对狭窄，该视角对对外政策决策的分析一般只适用于危机时等特例情况下的决策分析。

（三）新古典现实主义理论

由于宏观视角和微观视角对外政策分析理论都有自身的缺点与优点，因此我们需要一种能统合宏观与微观视角的理论来探讨对外政策。正是在这种背景下，现实主义理论中兴起一个明确走对外政策理论建构路径的新分支——新古典现实主义。

新古典现实主义是在20世纪90年代出现的。该理论是现实主义理论体系中成形最晚，也是现实主义理论中针对国际环境变化所做调整幅

---

① ［加］夏尔—菲利普·大卫，李旦、王健等译：《白宫的秘密：从杜鲁门到克林顿的美国外交决策》，北京：中国人民大学出版社1988年版，第8页。

② 冯玉军："对外政策研究中的决策理论"，《世界经济与政治》2000年第2期，第33页。

度最多的理论。① 具有代表性的新古典现实主义学者有沃尔弗斯（William Wohlforth）、施韦勒（Randall Schweller）、克里斯坦森（Thomas Christensen）以及扎卡里亚（Fareed Zakaria）等。新古典现实主义学者不满足于将考察国家对外政策的国内要素与外部环境分割开来，也无意建构一种关于国际关系的一般性理论，因此他们试图将国家对外政策的外部环境与国内要素统一起来，建立一种对具体国家对外政策行为进行解释的理论。新古典现实主义通过借鉴并引入一些新元素，使其成为现实主义理论体系大家庭中进行对外政策研究的理论之一。这种对外政策理论新流派尝试阐释在什么情况下国家的内部特性会对一国的国家领导人评估国际威胁与机遇，制定外交、军事和对外经济政策产生影响以及为什么会产生影响和怎样产生影响。②

1. 理论主张

（1）关于国际体系的无政府状态

新古典现实主义理论认为，无政府状态是一种自由状态，而不是一个独立因果力量。③ 或者说，国际体系是相当模糊的，处于无政府国际体系中的国家很难看清楚安全是稀缺的还是充裕的。他们只能根据自己的主观经验去解读充满各种不确定性的国际政治现实。④ 新古典现实主义强调国家间的关系本质是竞争。它关注的重点是在这个竞争的国际体系中国家是如何采取追随、模仿、制衡等战略，通过协调国内层面要素

---

① 郑端耀："国际关系新古典现实主义理论"，《问题与研究》2005 年第 1 期，第 117 页。

② Steven E. Lobell, Norrin M. Ripsman, Jeffrey W. Taliaferro (eds), *Neoclassical Realism, the State, and Foreign Policy*, Cambridge: Cambridge University Press, 2009: 4.

③ Steven E. Lobell, Norrin M. Ripsman, Jeffrey W. Taliaferro (eds), *Neoclassical Realism, the State, and Foreign Policy*, Cambridge: Cambridge University Press, 2009: 7.

④ Gideon Roes, Neoclassical Realism and Theories of Foreign Policy, *World Politics*, 1998 (1): 152.

以实现国家对外政策。① 也就是说，新古典现实主义对外政策研究的主要特色是将体系层次诱因与单元层次要素结合。

新古典现实主义在继承无政府状态下的国际权力分配格局约束或刺激国家的对外行为这个新现实主义核心理论的基础上重新将国内变量纳入该理论，从而使国际关系理论从体系层次研究回落到单元层次研究，并恢复了国内结构在国际关系中的地位。② 而对于体系要素与单元要素两个层次间的逻辑关系，新古典现实主义认为，体系要素是国家行为的自变量，单元要素是国家行为的干预变量，同时体系诱因与单元要素在导致对外政策结果中所发挥的作用是不一样的。体系诱因是自变量，单元要素是连接体系诱因与对外政策结果之间的干预变量，即国内变量与国际变量在发生作用的顺序上依然是后者有优先地位。这与"外交是内政的延续"的说法是一体两面，换言之，外交是为内政服务的。一国的对外政策变化是为了最大化地维护国家利益，而国际变量对一个国家国家利益的影响是明显的、直接的，因此国际主要行为体都会时刻关注国际体系的变化，并及时调整各自的对外政策，以最有利于其国内政治的发展。

新古典现实主义者并不愿意刻意论述国际层次、国内或者决策者层次间谁更具影响力。他们认为，从长期来看，一个国家的对外行为主要取决于体系层面的诱因——国家间实力分配；从短期来看，一个国家对外政策决策与行动很大程度上受制于"内部政治"，其中最重要的是领袖的看法与算盘以及各国政府为影响对外政策而调动公民社会资源的能力。③ 也就是说，从中长期观点而言，权力结构分析较具优势；但就短

---

① 刘丰、左希迎："新古典现实主义：一个独立的研究纲领？"，《外交评论》2009年第4期，第131页。

② 李巍："从体系层次到单元层次——国内政治与新古典现实主义"，《外交评论》2009年第5期，第135页。

③ [法]达里奥·巴蒂斯特拉，潘革平译：《国际关系理论（第三版修订增补本）》，北京：社会科学文献出版社2010年版，第102页。

期而言，决策者和国内因素则具有直接影响作用。新古典现实主义者指出，决策者和国内因素对对外政策行为的影响，既可能是干扰变量也可能是自变量的角色，需要依当时形势而定。总之，唯有透过多层次的分析才能较完整地有效解析对外政策行为。①

（2）关于权力

新古典现实主义认为，权力的分布是国际政治和各国对外政策首要决定因素，并将国家的相对权力作为理论起点。新古典现实主义学者比较关心相对权力，尤其是与本身相关国家间的权力分配关系。因此，新古典现实主义的权力分配，不仅是国际整体的权力分配，而且也注重国家间的互动关系。②也就是说，国际间的相对权力分布及其发展趋势确定了国家外部行为的大致参数。按照古希腊历史学家修昔底德对国家行为的说法："强国为所欲为，弱国尽受其苦。"③ 对于新古典现实主义者来说，当一国在国际体系相对权力上升时，该国将寻求在国际社会中获得更大的影响力；当相对权力消弱时，其外交活动与企图心也会随之减少。④ 同时，新古典现实主义认为，国家对外政策的首要目标是最大限度地谋取国家利益，尽力营造对己有利的国际环境，并在力所能及的范围内追求"影响力最大化"。但是，如果某个国家不顾国际权力分配，执意以决策者自我价值和国内政治因素来决定对外政策时，将会导致国家灾难的发生。⑤ 该理论认为，在不同的时间段，权力的各种因素发挥

---

① 郑端耀："国际关系新古典现实主义理论"，《问题与研究》2005年第1期，第124页。

② 郑端耀："国际关系新古典现实主义理论"，《问题与研究》2005年第1期，第126页。

③ Steven E. Lobell, Norrin M. Ripsman, Jeffrey W. Taliaferro (eds.), *Neoclassical Realism, the State, and Foreign Policy*, Cambridge: Cambridge University Press, 2009: 5.

④ Gideon Roes. Neoclassical Realism and Theories of Foreign Policy, *World Politics*, 1998 (1): 152.

⑤ Gideon Roes. Neoclassical Realism and Theories of Foreign Policy, *World Politics*, 1998 (1): 167.

着不同的作用,权力结构会受到外部环境不确定性的影响。新古典现实主义更加注重权力在国家社会层面的作用机制,更关注一国动员和资源汲取能力,也更加侧重于研究精英集团和国内社会对制度和执行对外政策的重要作用。[1]

(3) 关于决策者对权力分配的认知

新古典现实主义认为,对外政策是由决策者制定,而决策者对国际权力分配的认知可决定该国对外政策行为。[2] 不过,决策者认知却存在许多变数,主要包括政府内部缺乏对国际权力评估统筹策划的机构。因此,决策者常常随着不同形势的发展而做出反应。他们通常倾向于根据过去经验来评估现在或未来的发展,或者倾向于依照自己的理解来认定事件,或者从现状中寻找答案。这些都会使认知与现状之间出现偏差现象;国际权力产生迅速变化时容易发生错误认知,特别是在多级权力结构或者新兴强权快速崛起之时。总之,决策者认知和国际权力分配间实际上会存在差异变化空间。[3]

(4) 关于国家对外行为的类型

新古典现实主义者认为,国家对外政策行动未必会随着国际权力变化而采取相对应的措施以维护权力平衡。因为一个国家不只是关心国际权力的分配,同时还会关注本国的国家目标与对外政策利益等,并根据不同考虑采取不同的外交策略。因此,根据各国对待国际权力变化时的态度,可以将国家分为以下四类:满足现状者;有意改变现状者;愿意为追求国家目标(维持现状或改变现状)付出高代价者;见机行事,不愿付出代价,或只愿付出非常有限的代价者。同时,根据这四种类型

---

[1] 刘丰、左希迎:"新古典现实主义:一个独立的研究纲领?",《外交评论》2009年第4期,第131页。

[2] Gideon Roes. Neoclassical Realism and Theories of Foreign Policy, *World Politics*, 1998 (1):147.

[3] 郑端耀:"国际关系新古典现实主义理论",《问题与研究》2005年第1期,第127页。

的国家对各自国家目标与利益的考虑，可以将国家的对外行为归结为四类：A. 满足现状而不愿意付出代价，这类弱势国家倾向于采取追随的政策；B. 满足现状并愿意付出高代价，这类体系维护者倾向于采取权力平衡政策；C. 改变现状并愿意付出高代价，此类体系破坏者倾向于采取扩张政策；D. 改变现状但不愿付出代价，此类投机国家倾向于采取规避责任和追随政策。①

（5）关于应对威胁

对威胁的评估、认知是应对威胁的前提条件。新古典现实主义学者罗贝尔（Lobell）认为，国家在对威胁进行评估时需考虑来自体系、地区以及国内的威胁。体系与地区的威胁主要来自大国，而国内威胁大多来自可能反对现政权的民族或者族群。② 对本国受到威胁程度的判断直接决定一国对所处国际体系性质的判断。③ 对威胁水平的判断，需要考虑的因素包括：对手的综合实力、受到威胁的国家利益的重要程度、地缘的毗邻性、侵略意图（包括公开言论、文化传统和意思形态）。④

新古典现实主义学者认为，像维持现状国家（the status quo power）和修正主义国家（revisionist power）对威胁的判断是有区别的，但是维持现状国家与修正主义国家都会感觉到自己的安全利益受到别国的威胁。对于维持现状国家来说，修正主义国家的挑战行为构成了对其安全利益的威胁。对于修正主义国家来说，它们准备打破现有国际体系，就必然会与维持现状国家发生冲突，因此维持现状国家就对修正主义国家的安全利益构成了潜在威胁。当两个或两组修正主义国家的扩张行为互

---

① 郑端耀："国际关系新古典现实主义理论"，《问题与研究》2005年第1期，第128页。
② 刘若楠："新古典现实主义的进展与困境：评新古典现实主义国家和外交政策"，《国际政治科学》2010年第2期，第140页。
③ 荣正通、汪长明："国家对外部威胁的认知与反应：基于新古典现实主义的分析"，《中共南京市委党校学报》2012年第6期，第43页。
④ 荣正通、汪长明："国家对外部威胁的认知与反应：基于新古典现实主义的分析"，《中共南京市委党校学报》2012年第6期，第43页。

相冲突时,它们之间也会彼此构成威胁。为了应对威胁,修正主义国家和维持现状国家都可能选择通过联盟来增强己方的实力。①

对威胁的不同认知决定了国家在国际危机中的不同反应。在面对大国威胁时,小国与大国可选择的对外政策也不完全相同。大国面对敌对大国的重大威胁时,通常不会选择追随,而会选择绥靖或者制衡,即满足或遏制对方的野心。但是小国实力较弱,小国除了制衡和绥靖外,还有可能选择追随。②

(6) 关于对外政策

新古典现实主义认为,一个国家对外政策的影响和雄心首先取决于其在物质层面所拥有的相对实力,③ 换言之,国家对外政策的范围和追求,首先是由这个国家的相对物质权力决定的。而权力和能力对对外政策的影响又是间接的和复杂的,因为体系压力必须通过单元层次上的中介变量的转化,例如决策者的感知以及国家结构。④ 新古典现实主义的基本观点是,对外政策是国际体系和国家两个层次间以及两个层次内部各种要素复杂互动的结果。尽管一国实力以及该国在国际体系中的地位对国家政策选择具有决定性影响,但国内因素同样能够影响对外政策。体系诱因和单元要素在对外政策结果中所起的作用是不同的。如果将体系诱因作为对外政策的自变量,单元要素就是连接二者的中介变量,它可能加强也可能减弱体系诱因对单元行为的影响。在明确了体系和单元两个层次变量的不同作用之后,新古典现实主义学者主要关注单元要素

---

① 荣正通、汪长明:"国家对外部威胁的认知与反应:基于新古典现实主义的分析",《中共南京市委党校学报》2012 年第 6 期,第 43 页。
② 荣正通、汪长明:"国家对外部威胁的认知与反应:基于新古典现实主义的分析",《中共南京市委党校学报》2012 年第 6 期,第 44 页。
③ [法]达里奥·巴蒂斯特拉,潘革平译:《国际关系理论(第三版修订增补本)》,北京:社会科学文献出版社 2010 年版,第 102 页。
④ Steven E. Lobell, Norrin M. Ripsman, Jeffrey W. Taliaferro (eds), *Neoclassical Realism, the State, and Foreign Policy*, Cambridge: Cambridge University Press, 2009: 5.

在对外政策制定和执行中的影响。① 因为在新古典现实主义者看来，一个国家在国际关系中最显著的特征就是其在国际体系中所处的相对位置。不过，要理解国家如何回应和解读外部环境，则需要分析体系压力是如何通过包括国内政治结构以及决策者的认知等单元要素传导的，这就是新古典现实主义学者研究对外政策时的角度。

2. 研究方法框架

首先，根据从大到小、从国际到国内、从整体到个案的原则，采取逐步推演、循序渐进的步骤，使用实证经验、个案研究的方法。

其次，先考察国际或区域体系层次的权利分配状况，探索权力分配结构与国家行为的互动关系。

第三，研究重点转入国内政策层面，讨论影响国家行为与权力结构间关系的变数，主要包括政治结构、政策考量以及决策者。

第四，进行具体的个案研究。通过个案来检视权力结构与国家行为的关系，进而试图建立外交政策理论。

第五，根据个案研究的结果来验证理论假设的关系。②

对于不同的国家，国际体系和国内因素在其对外政策决策中能发挥的作用应该有所不同。相对而言，大国受国际体系影响较弱，非大国受国际体系影响较强。例如，美国、俄罗斯等大国受国际体系影响较弱，而像巴基斯坦这种非大国受国际体制影响较强。因此，本书采用新古典现实主义理论对巴基斯坦的对外政策决策进行分析。

---

① 刘丰、张睿壮："现实主义国际关系理论流派辨析"，《国际政治科学》2005年第4期，第120页。
② 郑端耀："国际关系新古典现实主义理论"，《问题与研究》2005年第1期，第129页。

── 第一章 ──

世界与地区格局中的巴基斯坦

第一节 世界格局中的巴基斯坦

一、冷战时期

巴基斯坦独立时,世界刚进入冷战时期,全球逐渐形成以美国为中心的资本主义阵营和以苏联为中心的社会主义阵营之间相对抗的局面。而广大刚刚诞生的来自亚洲、非洲和拉丁美洲的新生国家并不想与美国和苏联中的任何一个结盟,只想追求独立自主的外交政策。1956年,印度总理尼赫鲁(Jawaharlal Nehru)、埃及总统纳赛尔(Gamal Abdel Nasser)和南斯拉夫总统铁托(Josip Broz Tito)举行会谈,针对当时东西方两大军事集团严重对抗殃及广大中小国家的情况提出了不结盟主张。1961年9月,第一次不结盟国家首脑会议在南斯拉夫首都贝尔格莱德举行,来自25个国家的代表出席了此次会议,不结盟运动正式形成。

巴基斯坦独立后不久便因克什米尔归属问题与印度发生战争。对于在经济、财政、军事等各方面都弱于印度的巴基斯坦来说,为了维持国家生存,其不得不寻求外部力量的支持,于是将目光投向了美国。为了

第一章
世界与地区格局中的巴基斯坦

得到美国的经济与军事援助以保障国家生存安全，巴基斯坦主动将自己置于冷战对抗的格局之中，并向美国展示巴基斯坦的地理位置具有战略方面的重要性。1950年5月3日，巴基斯坦总理里阿夸特·阿里·汗（Liaquat Ali Khan）访问美国时表示："巴基斯坦一边与缅甸接壤，离二战期间日本扩张被逼停之处不远，另一边与伊朗和阿富汗接壤，在与中东产油区沟通联系方面具有重要位置。巴基斯坦还控制着许多山口，在过去，通过这些山口，印巴次大陆已经被入侵了90次。许多人倾向于将亚洲分为东南亚和中东地区，并将一个个国家分配在这个地区或者那个地区，其中巴基斯坦因特殊的地理位置而具有双重身份。"[1]

同时，美国也开始重视巴基斯坦在冷战格局中的重要意义。于是，巴基斯坦在1954年加入了以反共为目的的多个军事联盟组织，并获得美国大量的军事援助和经济援助。20世纪60年代，特别是中印边界冲突后，美国开始重视改善与印度的关系，因此巴基斯坦在美国全球冷战战略中的地位有所下降，巴基斯坦遂开始改善与苏联和中国的关系。在1965年和1971年的印巴战争中，巴基斯坦得到来自中国方面的大力支持，因而中巴关系越来越牢固。同时，由于美国不想卷入印巴战争，美巴间的军事同盟形同虚设，巴基斯坦也意识到美国并不能在关键时刻为自己提供所需要的支持；特别是在印度获得核能力后，巴基斯坦领导人坚信，防御印度唯一可靠的手段就是获得核武器。[2] 为此，巴基斯坦在阿里·布托执政时期开始发展核武器。

20世纪80年代，因苏联入侵阿富汗，在美国遏制苏联全球扩张的对外政策下，巴基斯坦的作用再次凸显。1981年6月15日，巴基斯坦与美国签订经济和军事援助协定，该协定规定在1981年到1986年的6

---

[1] Robert J. Mc Mahon, *The Cold War on the Periphery*: *The United States, India and Pakistan*, New York: Columbia University Press, 1994: 76.

[2] Dennis Kux, *The United States and Pakistan, 1947-2000: Disenchanted Allies*, Washington, D. C.: Woodrow Wilson Center Press, 2001: 223-224.

年里，美国将向巴基斯坦提供 32 亿美元援助用于发展经济和采购武器。①

总的来说，在美苏对抗的国际冷战格局中，巴基斯坦的地理位置决定了其在美国全球战略中的重要性。因此，整个冷战时期，巴基斯坦基本上都能得到来自美国的各方面援助。

二、后冷战时期

冷战结束后，世界由两极格局变成一国称雄。苏联从阿富汗撤军以及苏联解体，使以阿富汗抗苏战争为基础的美巴关系无法再维持下去。② 巴基斯坦失去了在美国围堵苏联战略中的重要地位。同时，美国及其西方盟国面临着大规模杀伤性武器，尤其是核武器扩散所带来的巨大威胁，于是防扩散，尤其是防核扩散，成为冷战后美国政府国家安全战略的重要内容。③ 美国认为全面禁止核试验可以使美国在世界范围内为阻止核武器扩散所做的努力成为可能。1991 年 7 月，美国与苏联签署《削减和限制进攻性战略武器条约》；1993 年，美国又与俄罗斯联邦签署《第二阶段削减战略武器条约》；1995 年 12 月，美国政府还推动联大通过一项决议，要求日内瓦裁军会议加快谈判，以便在 1996 年秋联大开始时各国能够签署全面核禁试条约。④ 同时，在 1995 年，《不扩散核武器条约》获得无限期延长；1996 年 9 月 10 日，联大以 158 票赞成、3 票反对、5 票弃权的压倒多数票通过了《全面禁止核试验条约》。

---

① Rajaendra K. Jain（eds），*US-South Asia Relations：1947 – 1982*，Vol. 2，Atlantic Highlands：Humanities Press，1983：463 – 464.

② Musa Khan Jalalzai，*The Foreign Policy of Pakistan：Kashimir，Afghanistan and Internal Securtiy Threats (1947 – 2004)*，Lahore：Ariana Publications，2003：137.

③ 王明芳、李培鑫："美俄核裁军协议及其对中国的影响"，《兰州大学学报（社会科学版）》2011 年第 6 期，第 62 页。

④ 朱明权："从首先签署到首先否决：美国与全面核禁试条约"，《当代亚太》2000 年第 2 期，第 11 页。

第一章
世界与地区格局中的巴基斯坦

促使巴基斯坦放弃核项目是美国在20世纪90年代处理与巴基斯坦关系的主题之一。1998年，在印度进行核试验的情况下，巴基斯坦顶住国际社会的压力也进行了核试验。随后，美国与国际社会对巴基斯坦实施制裁。1998年6月18日，美国总统克林顿宣布美国对印巴两国实施制裁，由美国国务院经济和农业局宣布的制裁措施主要有六个方面。第一，根据《对外援助法》，终止或延迟对外援助项目，包括终止向印度提供2100万美元的经济发展援助和住房政府担保；延迟600万美元的温室气体项目；贸易发展局不再考虑新的项目；禁止大部分对巴基斯坦的援助项目。第二，根据《武器出口管制法》，停止对外军事出售，撤销所有美国军需品清单中商业出口项目的许可，延迟向印度提供先前已经批准的防务产品和服务。第三，暂停所有美国政府或美国政府实体的信用担保承诺。第四，签署行政命令，以禁止美国银行向印度和巴基斯坦扩大贷款和信用。第五，取得八国集团支持，让国际金融公司推迟向印度和巴基斯坦提供除基本人道需求外的贷款。第六，拒绝出口所有受核或导弹理由控制的双用途物品。①

冷战后，巴基斯坦失去了在冷战时期中的重要性，并因继续发展核武器和支持阿富汗塔利班政权而在国际上留下诸多负面印象。

三、后"9·11"时期

2001年9月11日，发生在美国境内的恐怖袭击事件改变了全球的议事日程，反对恐怖主义随即成为全球性议题。美国将"9·11"肇事者锁定为在阿富汗塔利班政权庇护下的"基地"（Al Qaeda）组织，并要求巴基斯坦协助美国打击恐怖主义分子，这意味着巴基斯坦再次成为世界关注的对象。随后，穆沙拉夫（Pervez Musharraf）政权在权衡利弊

---

① 张贵洪：《超越均势：冷战后的美国南亚安全战略》，杭州：浙江大学出版社2007年版，第79页。

后加入了美国领导的反恐阵营；美国在阿富汗开展的"持久自由行动"，使巴基斯坦成为美国反恐行动的"前线国家"。① 作为对巴基斯坦支持美国反恐行动的回报，2001年10月，美国决定取消因1998年核试验和1999年军事政变而对巴基斯坦实施的制裁。2002年2月，巴基斯坦总统穆沙拉夫访美时，小布什（George W Bush）总统公布了对巴基斯坦的援助计划，包括：债务免除，2003财年免除约10亿美元债务；教育援助，2002年度提供3400万美元的教育援助计划，并启动一项多年度的约1亿美元的支持巴基斯坦加强教育及其改革的项目；民主援助，为2002年10月的巴基斯坦选举提供20亿美元支持；执法合作，美国司法部长邀请巴内政部长到华盛顿讨论反恐问题以及科技合作、空间合作和市场准入，并成立联合执法工作小组以改进反恐和反麻醉品合作；防务合作，2003年度为国际军事教育与训练提供100万美元，恢复核安全问题对话，重新建立防务协商小组，讨论军事关系。② 2003年7月，穆沙拉夫访美并与布什总统在戴维营举行会面，此访期间，美国批准在未来五年向巴基斯坦提供30亿美元的经济和国防援助。③ 2004年，出于对巴基斯坦支持反恐的回报，美国政府授予巴基斯坦"主要非北约盟国"地位。④

在国际社会重建阿富汗议程中，巴基斯坦具有举足轻重的作用。因巴基斯坦拒绝出席2012年12月5日在德国波恩举行的阿富汗问题国际

---

① 张贵洪：《超越均势：冷战后的美国南亚安全战略》，杭州：浙江大学出版社2007年版，第140页。
② 张贵洪：《超越均势：冷战后的美国南亚安全战略》，杭州：浙江大学出版社2007年版，第141页。
③ Musarrat Jabeen, Either You Are with US or Against Us, *South Asian Studies*, 2009（2）：181.
④ Rahul Roy-Chaudhury, The United States' Role and Influence on the India-Pakistan Conflict, *Disarmament Forum*, 2004（2）：37.

会议，此次国际会议成为"空谈会"。① 在近年来围绕阿富汗问题建立的多边机制中，几乎都有巴基斯坦的身影，这显示出国际社会已承认巴基斯坦在解决阿富汗问题中的特殊作用。例如，始于2007年的主要就阿富汗的政治和解进行商讨的土耳其、巴基斯坦、阿富汗三边首脑会议已经进行了七次；举行了三次首脑会晤的巴基斯坦、伊朗、阿富汗三国首脑会晤机制，在毒品控制、打击恐怖主义等方面进行了讨论与合作；同样，2009年至今举行了三次首脑会晤的俄罗斯、巴基斯坦、阿富汗、塔吉克斯坦四国首脑会晤机制，在打击毒品走私、跨国极端主义、区域过境贸易等方面进行了探讨与合作。

"9·11"恐怖袭击事件后，巴基斯坦加入美国主导的反恐阵营以及巴基斯坦在阿富汗重建中的重要作用，使巴基斯坦在国际上的重要性再次提高。

第二节 地区格局中的巴基斯坦

一、冷战时期

1947年8月，印巴分治，巴基斯坦正式建国。同年10月，印巴双方因克什米尔归属问题而发生争执。1948年3月，印军在克什米尔发起大规模攻势，并将战线推进到蓬奇（Poonch）到巴基斯坦旁遮普省（Punjab）边界一线，此时巴基斯坦的国家安全面临巨大威胁。为解除自身威胁，并帮助克什米尔穆斯林武装与部落武装抵御印军的进攻，5月初巴基斯坦政府决定派兵正式参战。至此，克什米尔土邦归属问题引

---

① 高潇潇：《巴基斯坦缺席阿富汗国际会议 波恩会议成'空谈会'》，中国广播网，2017年5月2日，http://china.cnr.cn/qqhygbw/201112/t20111206_508885503.shtml。

发的克什米尔内部穆斯林民众反对王公专制的抗争，演变成印巴双方直接参战的国际冲突——第一次印巴战争。1949年1月1日，印巴双方在联合国调停下正式停火。同年7月27日，印巴双方代表在卡拉奇签署《卡拉奇协议》，划定了双方在克什米尔的停火线，并确定停火线"南起默纳沃尔（Manawar），北至克兰（Keran），再从克兰向东到冰川地区（Glacier Area）"。① 此时，停火线以东、面积10万平方公里、约占克什米尔总面积54%的领土由印度控制；停火线以西、包括吉尔吉特（Gilgit）和巴尔蒂斯坦（Baltistan）等地区、占克什米尔总面积45%、共8.6万平方公里由巴基斯坦控制。

第一次印巴战争并没有解决任何实质性问题，反而为印巴关系埋下了持续冲突的种子。巴基斯坦意识到印度不会平等对待自己，正如印度内政部长帕特尔（Patel）所言，"迟早印巴应该再次统一"。② 巴基斯坦的生存面临来自印度的威胁。1964年12月，印度政府正式宣布克什米尔为印度的一个邦，这招致巴基斯坦和克什米尔地区人民的强烈反对，并引发大规模的武装抵抗。③ 该事件成为导致1965年8月第二次印巴战争的主要原因之一。1971年，印度利用巴基斯坦内乱之际成功肢解巴基斯坦，使东巴基斯坦独立为孟加拉国。巴基斯坦在失去东巴基斯坦后，拉大了与印度在各方面的实力差距。20世纪80年代，巴基斯坦开始寻求改善与印度的关系，且两国关系出现了缓和的迹象。虽然双边经贸往来以及官员会晤有所增加，但两国关系依然脆弱。

阿富汗在巴基斯坦建国之际就发表声明，反对把杜兰线作为巴基斯

---

① Agreement between Military Representatives of India and Pakistan Regarding the Establishment of a Cease—Fire Line in the State of Jammu and Lashmir, 29 July, 1949, 2017 – 05 – 02, http://peacemaker.un.org/sites/peacemaker.un.org/files/IN% 20PK _ 490729 _ % 20Karachi% 20Agreement.pdf.

② Gulzar Ahmed, *Pakistan Meets India Challenge*, Rawalpindi: Al Mukhtar Publishers, 1967: 35.

③ 胡志勇：《冷战时期南亚国际关系》，北京：新华出版社2009年版，第257页。

第一章
| 世界与地区格局中的巴基斯坦 |

坦与阿富汗之间的国际边界线。虽然在分治前，巴基斯坦境内的普什图人提出的建立独立的"普什图尼斯坦"（Pashtunistan）的要求被英国拒绝。① 但阿富汗政府仍然支持巴基斯坦境内普什图人提出的建立"普什图尼斯坦"的要求。巴基斯坦认为，1893年由英国外交大臣莫蒂默·杜兰（Mortimer Durand）作为英王全权代表与阿富汗国王阿布杜尔·拉赫曼·汗（Abdur Rahman Khan）签订的《杜兰协定》是合法的国际边界条约。同时，作为英印当局的继承者之一，巴基斯坦继承了其所签订的所有条约和协定，并获得对其领土和人民的全部主权。② 因此，巴基斯坦方面认为杜兰线是巴基斯坦与阿富汗间的合法国际边界线。由于巴阿边界领土问题，1947年9月30日，阿富汗在联合国关于巴基斯坦申请加入联合国组织的表决时投了反对票——这也是唯一一张反对票，而且杜兰线争议也经常导致两国关系紧张。由于"普什图尼斯坦"问题引起的领土争端，阿富汗和巴基斯坦曾三次爆发大规模边境武装冲突，并两次断交。③ 巴阿关系紧张导致巴基斯坦关闭边境，这给阿富汗经济造成不小影响，也是阿富汗为开辟新的贸易通道而倒向苏联的原因之一。"普什图尼斯坦"问题使巴基斯坦认为，需要在阿富汗支持一个亲巴政权以减少该问题对巴基斯坦的困扰。为此，20世纪80年代，在苏联入侵阿富汗之际，巴基斯坦积极支持、鼓励阿富汗国内各地的抗苏运动，以便为战后在喀布尔营建一个亲巴基斯坦政权创造条件。④ 巴基斯坦希望在阿富汗建立的亲巴基斯坦政权能承认杜兰线的合法性，以消除巴基斯坦在东线、西线同时面临领土争议问题的局面。

冷战期间，巴基斯坦与伊朗关系总体上保持友好状态。伊朗是第一

---

① 刘向阳："普什图民族主义的产生及发展"，《南亚研究》2012年第1期，第88页。
② 于卫青："普什图尼斯坦问题的演变及相关因素探析"，《国际论坛》2011年第2期，第33期。
③ 何杰："'普什图尼斯坦'问题简介"，《国际资料信息》2010年第6期，第20期。
④ 杨云安："普什图问题与阿富汗巴基斯坦关系"，兰州：兰州大学学位论文，2012年，第15页。

个承认巴基斯坦独立的国家。① 1950年3月，伊朗国王成为第一位访问巴基斯坦的外国元首。② 20世纪50年代中期，巴基斯坦与伊朗先后加入巴格达条约组织。1956年，两国成立了边界委员会，共同勘测边界，并签署了两国边界划分协定。③ 同时，伊朗在克什米尔问题上支持巴基斯坦的立场。20世纪80年代，因巴基斯坦总统推行的"伊斯兰化运动"具有瓦哈比主义特征，加之巴基斯坦与沙特和美国建立了密切联系，巴基斯坦与伊朗关系产生了隔阂。④ 但总体上说，在冷战期间，两国保持了较为密切的关系。

巴基斯坦与沙特总体上保持友好关系。1948年，沙特国王访问巴基斯坦，两国关系由公使级提升到大使级，⑤ 同时沙特阿拉伯在克什米尔问题上支持巴基斯坦的立场。1965年印巴第二次战争期间，沙特谴责印度入侵巴基斯坦的行径。同年10月15日，沙特代表团团长赛义德（Syed Omar Sakkaf）在联合国大会上再次重申沙特对巴基斯坦要求在克什米尔举行公投立场的支持。⑥ 1971年印巴战争导致东巴基斯坦宣布独立，并成立孟加拉国。沙特是在1974年2月巴基斯坦承认孟加拉国后，才正式承认孟加拉国的，而且在苏联入侵阿富汗期间，巴沙两国共同支持阿富汗境内的抗苏组织。1990年8月伊拉克入侵科威特，沙特寻求巴基斯坦的援助。随后，应沙特政府的邀请，巴基斯坦政府向沙特境

---

① Shah Alam, Iran-Pakistan Relations: Political and Strategic Dimensions, *Strategic Analysis*, 2004（4）：526.

② 杨翠柏："巴基斯坦与伊朗关系的演变"，《南亚研究季刊》1998年第3期，第43页。

③ 杨翠柏："巴基斯坦与伊朗关系的演变"，《南亚研究季刊》1998年第3期，第43页。

④ 杨翠柏："巴基斯坦与伊朗关系的演变"，《南亚研究季刊》1998年第3期，第45页。

⑤ Surendra Chopra, Kusum Lata Chadda, *Islamic Fundamentalism*, *Pakistan and the Muslim Word*, New Delhi, Kanishka Publishers, Distributors, 2009：177.

⑥ Mohammad Awdah Al-Shehri, *Saudi Arabia-Pakistan Relations: A Study in Bilatral Cooperation in Political, Economic and Military Fields (1967 – 1991)*, Lahore：University of the Pinjab, 2000：57–58.

第一章
| 世界与地区格局中的巴基斯坦 |

内派驻了军队。①

总之,冷战期间,巴基斯坦没能消除来自印度的安全威胁,因失去东巴基斯坦,巴基斯坦感受到来自印方更强的安全威胁;巴基斯坦与阿富汗之间的杜兰线问题一直影响巴基斯坦西部边界的安宁;巴基斯坦与沙特的亲密关系为巴基斯坦处理周边事务提供了各方面的支持。

二、后冷战时期

巴基斯坦与印度关系并没有因冷战结束而改善。两国领导人虽有改善关系的愿望,但克什米尔问题、宗教冲突等因素继续导致两国关系紧张。1992年9月3日,巴基斯坦总理谢里夫(Nawaz Sharif)与印度总理拉奥(P. V. Narasimha Rao)在雅加达不结盟国家首脑会议期间举行会谈,双方表示将努力改善两国关系。12月6日,印度教极端分子捣毁位于印度北方邦阿约提亚的巴布里清真寺(Babri Masjid)并导致印度教徒与穆斯林对抗,巴基斯坦反应强烈,因此巴印双方相互指责并驱逐对方外交人员,两国关系紧张。② 1996年,印度与巴基斯坦分别在各自控制的克什米尔地区举行大选,并相互指责对方的选举不合法,两国互逐一名外交官。③ 1998年5月,印巴相继进行核试验。1999年5—7月,印巴双方在克什米尔实控线附近的卡吉尔地区发生自1971年第三次印巴战争以来最严重的军事冲突,两国关系又回到冰点。

20世纪90年代,在巴基斯坦的支持下,阿富汗塔利班最终在1996年9月攻占喀布尔并取得阿富汗政权,并且巴基斯坦首先承认阿富汗塔利班政权。巴基斯坦认为,阿富汗塔利班不是普什图民族主义者,因此

---

① Mohammad Awdah Al-Shehri, *Saudi Arabia-Pakistan Relations*: *A Study in Bilatral Cooperation in Political, Economic and Military Fields (1967 – 1991)*, Lahore: University of the Pinjab, 2000: 75 – 76.
② 陈继东、晏世经:《印巴关系研究》,成都:巴蜀书社2010年版,第67—68页。
③ 陈继东、晏世经:《印巴关系研究》,成都:巴蜀书社2010年版,第69页。

对巴基斯坦领土没有企图。① 但是塔利班政权建立后同样不承认杜兰线的合法性,这未能满足巴基斯坦方面的愿望,只是两国没有在该问题上公开闹翻。

冷战后,国际格局与地区局势的变化使巴基斯坦—伊朗关系受到一定影响。伊朗开始加强与印度的政治、经济联系,印度与伊朗关系因此而发展了,这引起了巴基斯坦的不快。同时,巴伊双方在阿富汗问题上的分歧也很明显。在巴基斯坦积极支持以普什图人为基础的阿富汗塔利班之际,伊朗则支持塔吉克人、乌兹别克人、土库曼人和哈扎拉人来加强伊朗在阿富汗的影响。②

1998年5月,巴基斯坦顶住国际压力进行核试验后,沙特阿拉伯是为数不多的向巴基斯坦表示祝贺的国家之一。随后,沙特阿拉伯还承诺向巴基斯坦每天提供五万桶免费石油,以帮助巴基斯坦应对来自国际社会的经济制裁。③

总之,冷战后,阿富汗塔利班赢得阿富汗政权,这减轻了巴基斯坦对西部安全的担忧,但印巴关系却因核试验、卡吉尔冲突等变得相当紧张。

三、后"9·11"时期

在双方领导人的共同努力下,印巴关系逐步改善。2004年1月,在出席于伊斯兰堡举行的南盟峰会期间,印度总理瓦杰帕伊(Atal Bihari Vajpayee)分别与巴基斯坦总理贾迈利(Zafarullah Khan Jamali)、

---

① 杨云安:"普什图问题与阿富汗巴基斯坦关系",兰州:兰州大学学位论文,2012年,第15页。

② Ghani Jafar, Pakistan-Iran Relations: Back on Track?, *Strategic Studies*, 2011 (3): 35.

③ Pakistan's Defence Strategy in a Changing Global Scenario, Report of the Senate Committee on Defence and Defencean Production, 2012 (2): 33, 2017—05—02, http://www.senate.gov.pk/uploads/documents/1365092084_437.pdf.

第一章
世界与地区格局中的巴基斯坦

巴基斯坦总统穆沙拉夫举行会谈，双方同意推动两国关系正常化进程，并启动两国全面对话。虽然印巴两国的全面对话进程有利于化解双方间的敌意与分歧，但是 2008 年 7 月发生在印度孟买的爆炸案又将两国正在改善的关系打断。

阿富汗塔利班政权被美国推翻，以哈米德·卡尔扎伊（Hamid Karzai）为总统的阿富汗新政府也拒绝承认杜兰线。2013 年 5 月，卡尔扎伊总统仍然表示，阿富汗将永不承认杜兰线是巴阿两国的国际边界。① 巴基斯坦外交部则以杜兰线是已经解决了的问题来回击。由于巴基斯坦与阿富汗塔利班的联系和影响，在阿富汗民族和解和重建进程中，巴基斯坦仍然发挥着独特的作用。虽然老问题依然存在，但是两国都在努力寻求加强双边关系以使本国的利益最大化。

2002 年 12 月 23—25 日，伊朗总统穆罕默德·哈塔米（Mohammad Khatami）对巴基斯坦进行为期三天的访问，这显示巴基斯坦与伊朗在阿富汗问题上的分歧有所减缓。② 双方在外交、经贸等各方面的交往也更加频繁。

巴基斯坦与沙特继续保持友好关系。两国在反恐、伊斯兰事业、双边防务、经济等方面继续保持良好的合作；两国高层互访频繁，特别是巴基斯坦高层到访沙特更为频繁。

在获得核武器后，巴基斯坦对来自印度的安全威胁的担忧有所减轻，并开始努力改善与印度关系，且取得了一些进展。至此，巴基斯坦开始全面推行周边外交。

---

① Kabul will Never Recognise Durand Line: Karzai, The Nation, 2013-05-05（1）.
② Shah Alam. Iran-Pakistan Relations: Political and Strategic Dimensions, *Strategic Analysis*, 2004（4）: 538.

―― 第二章 ――

影响对外政策决策的国际因素

第一节 印度因素

在影响巴基斯坦对外政策决策的国际因素中,印度因素应该算是影响最大的外部因素。

一、印度奉行削弱巴基斯坦的政策

南亚次大陆分治是一次痛苦的经历,在分治过程中,双方都遭受了巨大损失。在两国独立前后,生活在现今巴基斯坦境内的印度教与锡克教民众涌向印度,生活在现今印度境内的大量穆斯林涌向巴基斯坦,在迁移的过程中,教派仇杀所导致的伤亡触目惊心。据当时的估计,死亡人数为20万到200万之间,[1] 这在两国民众心里留下难忘的痛苦记忆。

印巴分治与尼赫鲁设想的"大印度联邦"计划背道而驰,[2] 但印度国大党在迫不得已的情况下同意了印巴分治。因此,印度在分治过程中

---

[1] 刘莉:"英国的'分而治之'政策与印巴分治",《南亚研究季刊》2003年第3期,第59页。

[2] 陈继东:《当代印度对外关系研究》,成都:巴蜀书社2005年版,第21页。

第二章
影响对外政策决策的国际因素

极力削弱巴基斯坦的实力，并想方设法为巴基斯坦的生存制造障碍，希望其能早日垮台而重回印度怀抱。例如，在分割英属印度军队和军事物资时，印度不同意进行公平分割，坚决反对把穆斯林军人全都划给巴基斯坦，最后巴方只得到总人数的36%，共14万人。在分割大约13亿英镑的非固定军火物资时，印度坚决反对进行任何分配而据为己有。在分割英印政府留下来的财政储备时，巴基斯坦只得到11.6亿英镑中的17.5%，即使是这个数目，印度也百般刁难。在1947年10月克什米尔战争爆发后，印度便停止了这些款项的移交。① 然而，这种削弱巴基斯坦实力的政策反映在土邦归属问题上就是武力吞并加入巴基斯坦的朱纳加德（Junagadh）土邦，并不惜诉诸武力与巴基斯坦争夺克什米尔土邦。②

在土邦归并问题上，印度采取的这种双重标准使双方在克什米尔土邦归属问题上互不相让，甚至几次兵戎相见。

1858年，英国女王从东印度公司手中接管次大陆后，继续采取直接统治与间接统治相结合的治理模式。次大陆主体被英国直接统治的"英属印度"由当地人管理，但承认英国女王具有最高统治权的分散在次大陆的565个土邦被合称为"印度土邦"，在法律上，印度土邦不是英属印度的一部分。因此，在1947年印巴分治前，英国政府对英属印度部分的划分在原则上都做出了比较清楚的规定。在被称为"蒙巴顿方案（Mountbatten Plan）"的《关于次大陆宪政未来的声明》（Statement of 3 June 1947）及后来以此为基础制定的《印度独立法案（1947）》中，都对英属印度部分有比较明确的划分方案和原则。按此方案，新成立的巴基斯坦自治领的领土位于印度自治领的两侧，即后来成为孟加拉国的东巴基斯坦和巴基斯坦（当时称为西巴基斯坦）两部分。

---

① 王苏礼："中国对印度与巴基斯坦的外交政策"，北京：中共中央党校学位论文，2010年，第21页。

② 陈继东、晏世经：《印巴关系研究》，成都：巴蜀书社2010年版，第48页。

对于土邦，从法律上说，它们并不是英属印度的一部分，因此不可能将土邦的最终归属在分治方案中做明确的规定。因此，上述方案中对土邦与英国的关系以及印巴自治领成立后土邦的最终归属只能做方向性的、不太明确的表述。如《印度独立法案（1947）》中表示，自8月15日印度和巴基斯坦两个自治领成立之时起，英王陛下政府对印度土邦的最高统治权终止。与此同时，英王与印度土邦统治者签订的条约、协议，英王对土邦所承担的职责和义务以及根据条约、惯例、特许、默许或其他方式而享有的所有权力、权利、职权或管辖权等都随之失效。①

按照该法案的说法，英属印度独立之时也就是印度土邦与英王的各种协议失效之时。进一步说，此时的土邦从法律层面上说，完全有自主选择该土邦未来地位的权力。但是，根据《关于次大陆宪政未来声明》以及《内阁使团备忘录》（Cabinet Mission Memorandum of 12th May, 1946）等文件的精神，土邦应该与英属印度就共同关心的有关事务的未来规定进行谈判；各土邦应该选择或与继承政府达成某种"特殊性政治安排"，或参与建立联邦关系。也就是说，印巴分治时，各土邦对于自身归属可以有加入巴基斯坦或者加入印度的选择。

综合上述法律对土邦的不太明确的规定来看，土邦可以加入分治后的印度与巴基斯坦的任何一方是没有歧义的。但是，对是否可以独立于印度、巴基斯坦两个自治领之外的理解却又有分歧。按照英国与土邦签署的相关协定，在英国退出次大陆时，土邦将完全可以自行选择归属，即加入巴基斯坦或者印度，甚至独立。对于独立这个选项，英国政府以及印度国大党都不接受，各个土邦想独立几乎没有可能。但是对于加入两个自治领的原则、方式，所有的相关文件、法律或讲话都没有做明确的说明、具体的规定。蒙巴顿虽在一些讲话中曾暗示和建议要"参考民

---

① 孙建波：《克什米尔问题：历史与现实》，昆明：云南人民出版社2011年版，第39页。

第二章
| 影响对外政策决策的国际因素 |

意和地理因素",却没有说明怎样参考。[1] 这种不明确性是导致印巴关于土邦归属争议的一个重要原因,然而土邦的归属由王公决定却是明确的。[2]

1947年6月初,在"蒙巴顿方案"公布后,关于次大陆各土邦的未来归属问题便正式提上议事日程。虽然没有明确的归属原则,但是各土邦基本上都按照地理上毗邻的原则加入了印度或者巴基斯坦。可是克什米尔、海德拉巴(Hyderabad)以及朱纳加德(Junagadh)三个土邦却没有像其他500多个土邦那样,在分治前决定加入哪一方。

在分治时,这三个土邦中最先做出决定的是位于印度西海岸卡提瓦(Kathiawar)半岛上面积约8642平方公里的朱纳加德土邦,该土邦王公是穆斯林,但是居民中有80%是印度教徒。1947年8月15日,印巴分治的当天,王公宣布加入巴基斯坦,并签署《加入书》。随后,该土邦将加入巴基斯坦的《加入书》送到巴基斯坦首都卡拉奇,巴基斯坦总督真纳于1947年9月15日在该《加入书》上签了字。印度政府获悉此事后,拒绝承认朱纳加德土邦已加入巴基斯坦。印度认为,巴基斯坦政府接受朱纳加德土邦加入巴基斯坦的行为完全违反了分治过程中所确立和实行的原则。印度认为,任何有关许多人命运的决定都必须依据那些人的心愿来决定,任何有关领土归属的分歧都应通过公民投票来决定。[3] 9月12日,印度总理尼赫鲁向巴基斯坦总理发电报说,因该土邦80%人口为印度徒,因此印度政府不承认该土邦王公加入巴基斯坦的决定。印度总理提出,如果在当地举行由印度政府和朱纳加德土邦政府共同监督的公民投票的话,印度将接受该土邦人民对该问题的判定。巴基

---

[1] 孙建波:《克什米尔问题:历史与现实》,昆明:云南人民出版社2011年版,第40页。
[2] 陈继东、晏世经:《印巴关系研究》,成都:巴蜀书社2010年版,第90页。
[3] 孙建波:《克什米尔问题:历史与现实》,昆明:云南人民出版社2011年版,第42页。

斯坦拒绝了印度的提议。① 于是，9月17日，印度以保证国家安全和维持卡提瓦半岛地区的治安为由，将部队派往朱纳加德边境附近，② 并对其实行威胁和封锁，以迫使朱纳加德王公改变其决定。11月9日，印度占领朱纳加德首府，接管了该土邦政府。1948年2月20日，印度在朱纳加德组织了一次公民投票，结果绝大多数人选择了加入印度。由于建国伊始，百废待兴，巴基斯坦无力派兵到与巴基斯坦无陆地接壤但有海路相连的朱纳加德土邦，只能口头抗议，却没有采取其他激化双方矛盾的步骤。朱纳加德已是与巴基斯坦签署了《加入书》的土邦，因此巴基斯坦有理由认为朱纳加德土邦是巴基斯坦的一部分。这也是巴基斯坦至今仍然将朱纳加德印在其行政地图上的原因。

海德拉巴土邦的情况也类似。作为印度次大陆最大的土邦，海德拉巴土邦位于印度中部偏南，面积约21.419万平方公里，1600万人口中有85%为印度教徒。但海德拉巴土邦王公是伊斯兰教徒，因愿意加入巴基斯坦而引起作为土邦多数居民的印度教徒的不满和骚乱。印度不顾巴基斯坦的抗议，于1948年9月将军队开进海德拉巴，强行将其吞并。③

另一个还未决定去向的土邦——克什米尔土邦位于南亚次大陆最北端的喜马拉雅南麓，面积19万多平方公里，人口约500万。1846年，英国殖民者将占领的克什米尔地区卖给了信奉印度教的查谟土邦王公，两地合二为一，该地全称变为查谟和克什米尔土邦。该土邦穆斯林人口占77%，印度教徒占20%，其余为锡克教徒和佛教徒等。该土邦形成了穆斯林人口居多、但土邦王公为印度教徒的局面，这刚好与朱纳加德土邦和海德拉巴土邦相反。

---

① Mohammed Ayub Khan. The Pakistan-American Alliance: Stresses and Strains, *Foreign Affairs*, 1964 (2): 207.

② Mamnoon Ahmad Khan, *Kashmir Dispute A Search for Solutions (1947 - 2003)*, Karachi: University of Karachi, 2008: 39.

③ 陈继东："印巴关系：难解之结"，《南亚研究》2002年第1期，第4页。

第二章
影响对外政策决策的国际因素

印巴分治时,克什米尔土邦王公哈里·辛格(Hari Singh)对克什米尔的归属犹豫不决。哈里·辛格本人是印度教徒,倾向于归属印度,但是克什米尔绝大多数居民是穆斯林,要求归属巴基斯坦。哈里·辛格进退两难,骑虎难下,便试图同时与印度和巴基斯坦两个自治领接近,以期保持独立地位。因此,印巴双方都在争取克什米尔最终归属到自己国家。

1947年8月12日,哈里·辛格向印巴双方发电报,要求与双方缔结《维持现状协议》(Standstill Agreement)。巴基斯坦方面接受了这一意见,于1947年8月15日与克什米尔签订《维持现状协定》。[①] 根据这一协定,巴基斯坦负责克什米尔的邮电、交通以及食物、石油等必需品的供应。印度则要求克什米尔土邦派代表去印度的德里商谈条件,实际上是想要克什米尔土邦加入印度。

随着克什米尔土邦内部穆斯林民众反对印度教王公专制的自发斗争不断发展,克什米尔王公派兵镇压穆斯林民众并造成大量穆斯林死亡以及大量穆斯林逃往巴基斯坦一侧。该消息传到巴基斯坦边境地区,激怒了帕坦部落民。10月19日,约900名穆斯林组成的先头部队,乘摩托车从西北边境省的瓦济里斯坦(Waziristan)出发,向克什米尔进军。来自巴基斯坦的部落民于1947年10月20日越过边境,10月22日进抵多米尔(Domel),直指克什米尔邦首府斯利那加市(Srinagar)。10月25日,克什米尔土邦王公哈里·辛格逃到查谟,在印度土邦部秘书梅农(V. P. Menon)的建议下,其同意加入印度的行为。[②] 1947年10月26日,被逼无奈的克什米尔王公签署了加入印度的《加入书》。[③] 印度

---

① Muhammad Yusuf, *Pakistan*: *Milestones*: *Chronology March 1940 – August 2010*, Islamabad: Mr. Book, 2011: 30.

② M. S. Deora, R. Grover, ed, *Documents on Pakistan and International Conflicts* (Vol. 9), New Delhi: Anmol Publications Pvt. Ltd., 1993: 251.

③ Dennis Kux, *The United States and Pakistan, 1947 – 2000: Disenchanted Allies*, Washington, D. C.: Woodrow Wilson Center Press, 2001: 22.

— 47 —

随即派兵进入克什米尔。得知克什米尔王公哈里·辛格已经选择加入印度的消息后，巴基斯坦表示，克什米尔加入印度是通过欺诈和暴力方式达到的，巴基斯坦坚决不承认克什米尔加入印度。[①]

从以上三个土邦的归属来看，印度在三个土邦归属问题上采取了前后矛盾的做法。对于朱纳加德土邦与巴基斯坦政府签署的《加入书》，印度不予承认。印度方面认为，任何有关许多人命运的决定，都必须依据那些人的心愿来决定，任何有关领土归属的分歧，都应该通过公民投票来决定。也就是说，朱纳加德的归属要通过公民投票来决定，王公签署的《加入书》无效。但是，在克什米尔土邦加入印度问题上，印度却认为，克什米尔王公签署加入印度的《加入书》是有效的。这种明显前后矛盾的做法实质上是一种"双重标准"。如果说"蒙巴顿方案"没有明确次大陆土邦的归属问题是导致印巴关于土邦争议的最初原因，那么印度方面在土邦归属问题上前后不一致的行为则是最终使双方因土邦归属问题而兵戎相见以致出现三次战争并至今仍未解决的关键之所在。在朱纳加德土邦和海德拉巴土邦归属问题上，巴基斯坦已经对印度的行为表示不满，现在印度又胁迫克什米尔王公签署《加入书》。对此，巴基斯坦在克什米尔问题上不可能再退让。至此，克什米尔一步步演变成世界上有名的"火药桶"。

从分治之初，印度在财产分割、土邦归并方面奉行削弱巴基斯坦实力的政策使巴基斯坦感受到印度对其生存的威胁。为了生存和维护国家安全，抗衡印度便成了巴基斯坦生存下去的需要。由于印巴两国间实力悬殊大，巴基斯坦必须通过寻求外部力量的支持才能抵消来自印度的威胁。[②] 这就是巴基斯坦寻求与美国结盟的根本原因之所在。

[①] M. S. Deora, R. Grover, ed, *Documents on Pakistan and International Conflicts* (Vol. 9), New Delhi: Anmol Publications Pvt. Ltd., 1993: 251.

[②] 陈继东、晏世经:《印巴关系研究》，成都：巴蜀书社2010年版，第53页。

第二章
| 影响对外政策决策的国际因素 |

二、三次印巴战争

印巴分治后,印度的双重标准造成两国在克什米尔土邦归属问题上针锋相对,最终导致两国兵戎相见。

(一) 第一次印巴战争

第一次印巴战争表面上是由克什米尔的归属问题引起的,但实质上是印度对巴基斯坦分离出去的不满的表现。因此,一切可以削弱巴基斯坦生存的方式,都可以被印度使用。

1947年,随着英国宣布将尽快撤出次大陆并成立印度和巴基斯坦自治领后,克什米尔的局势就开始变得不太稳定了。6月,克什米尔穆斯林反对王公专制统治的运动在蓬奇爆发,并演变成要求脱离克什米尔土邦的运动。8月中旬,当巴基斯坦自治领成立时,蓬奇穆斯林民众到处悬挂巴基斯坦国旗,庆祝巴基斯坦的诞生。同时,查谟地区还发生了教派冲突,印度教徒和锡克教徒攻击穆斯林村庄,造成50万穆斯林被赶出查谟,其中可能有20万人死亡。[1] 当居住在巴基斯坦西北边境地区的普什图部落民从逃离到巴基斯坦境内的克什米尔穆斯林民众处获知土邦军队和警察参与了攻击穆斯林的事件后,他们决定支援克什米尔地区的穆斯林兄弟。这些部落民进入克什米尔后与当地穆斯林武装组织一同参与斗争。9月底,克什米尔王公政权已经占领了蓬奇的大部分地区。9月24日,蓬奇的反政府武装宣布独立,成立了以穆罕默德·易卜拉欣·汗(Mohammed Ibrahim Khan)为首的"自由克什米尔"(Azad Kashimir)政府。

部落民武装继续向克什米尔首都斯利那加推进,最近处已经只有7

---

[1] Alastair Lamb, *Kashmir: A Disputed Legacy 1846 - 1990*, London: Oxford University Press, 1991: 123.

公里了，为此，克什米尔王公决定向印度求援。但印度总督蒙巴顿认为，除非克什米尔签署《加入书》，否则不宜派兵。经过几轮劝说后，克什米尔王公在10月26日签署了《加入书》。10月27日，印度接受了克什米尔的加入。[①] 10月27日，印度的第一批330名锡克军人便空降到斯利那加。随后，印度军人开始大量进入克什米尔土邦，并与土邦军一道加入与巴基斯坦部落武装和当地穆斯林武装的战斗。

巴基斯坦获悉此事后深感震惊。印度总理尼赫鲁对此事的解释是，印度援助克什米尔并不是为了向它施加影响，使其加入印度。印度已经反复表明，任何有争议的领土或土邦的加入问题，必须根据人民的意愿做出决定，现在印度仍然坚持这一观点。[②] 此时，印度正对已经加入巴基斯坦的朱纳加德土邦进行军事威胁和全面封锁，以期该土邦能转投印度。同时，在克什米尔这边，印度利用该土邦内部发生危机之机，迫使克什米尔王公签署了加入印度的《加入书》。如果说朱纳加德王公签署的《加入书》不算，还要考虑当地民众的意愿，那么在克什米尔王公要求印度派兵相助时，蒙巴顿总督的"除非克什米尔签署《加入书》，否则不宜派兵"的话，就能显示出印方在执意搞双重标准。因此，真纳等巴基斯坦领导人不再相信印方领导人的这些话了。

由于双方分歧无法通过谈判解决，同时联合国调停也未能起到实质性作用，因此在1948年3月，印度发起大规模攻势，并将战线推近到蓬奇与巴基斯坦旁遮普省边界，巴基斯坦自身的国家安全面临巨大威胁。为解除自身威胁，帮助克什米尔穆斯林武装与部落武装抵御印军的进攻，5月初，巴基斯坦政府决定派兵正式参战。至此，克什米尔土邦归属问题从克什米尔内部的穆斯林民众反对王公专制的抗争，演变成印

---

① 孙建波：《克什米尔问题：历史与现实》，昆明：云南人民出版社2011年版，第42页。

② 孙建波：《克什米尔问题：历史与现实》，昆明：云南人民出版社2011年版，第59页。

第二章
| 影响对外政策决策的国际因素 |

巴双方直接参战的国际冲突。

1949年1月1日,印巴双方在联合国调停下正式停火。7月27日,印巴双方代表在卡拉奇签署《卡拉奇协议》,划定了双方在克什米尔的停火线,并确定停火线"南起默纳沃尔,北至克兰,再从克兰向东到冰川地区"。① 至此,停火线以东、面积10万平方公里、约占克什米尔总面积54%的领土由印度占领;停火线以西、包括吉尔吉特和巴尔蒂斯坦等地区、占克什米尔总面积45%、共8.6万平方公里由巴基斯坦占领。然而,约占1%的冰川地带没有被划分,这为印巴后来在此发生冲突埋下了祸根。

第一次印巴战争没有解决任何实质性问题,反而使印巴关系更加紧张。分治前的教派冲突演变成分治后的印巴战争。巴基斯坦对印度威胁其生存的认识更加深刻,为了应对来自印度方面的威胁,巴基斯坦决定寻求来自美国的各种援助,并最终走上了与美国结盟的道路。

(二) 第二次印巴战争

第二次印巴战争是由印度想进一步加强对印占克什米尔地区的控制与巴基斯坦不愿接受克什米尔现状之间的矛盾引起的。

1964年12月,当巴基斯坦得知印度将对克什米尔进行总统治理后,巴基斯坦驻美大使艾哈迈德(G. Ahmed)向纽约州长哈里曼(Harriman)表达了巴方对此事的关切以及对美方的不满。巴方认为,印度的举动将使克什米尔真正被分离。巴方认为,印度依靠美国的援助

---

① Agreement between Military Representatives of India and Pakistan Regarding the Establishment of a Cease-Fire Line in the State of Jammu and Lashmir, 29July, 1949, 2017 – 05 – 03, http://peacemaker.un.org/sites/peacemaker.un.org/files/IN% 20PK _ 490729 _ % 20Karachi% 20Agreement.pdf.

才态度强硬，所以美国可以威胁停止援助来阻止印度吞并克什米尔的举动。①

1964年12月，印度宣布克什米尔为印度共和国的一个邦，并限制停火线两边民众自由来往。此限制行为激起当地穆斯林群众的强烈不满，印军开始镇压当地穆斯林的反抗，巴基斯坦军队则暗中支持穆斯林部落武装。②另外，1965年2月22日，克什米尔地区政治领导人谢赫·阿卜杜勒（Sheikh Mohammed Abdullah）前往埃及、英国、法国以及阿尔及利亚访问，以争取国际社会对解决克什米尔争议的支持。谢赫在阿尔及利亚与中国总理周恩来会面，并被邀请访问中国。印度政府得知此消息后，立即宣布其护照无效。③5月8日，谢赫及其同伴回到印度后便被逮捕。该事件立刻在克什米尔谷地引起社会骚乱和示威活动，当地穆斯林要求无条件释放被非法逮捕的谢赫·阿卜杜勒。6月，印占克什米尔地区的社会变得更加动荡不定，谷地居民甚至开始拿起武器进行武装斗争。④

根据联合国印巴军事观察团的报告，在1965年上半年，印巴双方违反停火线的事件增加了很多。联合国观察团认定的违反事件有377起，其中，巴基斯坦违反218次，印度违反159次。⑤最严重的一次是

---

① Document 80, Telegram from the Department of State to the Embassy in Pakistan, Foreign Relations of the United States, 1964 – 1968, Vol. XXV, South Asia, 2017 – 05 – 03, http://history.state.gov/historicaldocuments/frus1964 – 68v25/d80.
② 陈继东：《当代印度对外关系研究》，成都：巴蜀书社2005年版，第117页。
③ 孙士海、江亦丽：《二战后南亚国家对外关系研究》，北京：方志出版社2007年版，第170页。
④ 孙建波：《克什米尔问题：历史与现实》，昆明：云南人民出版社2011年版，第121页。
⑤ Report of the Secretary-General on the current situation in Kashimir with Particular Reference to the Cesae-Fire Agreement, the Cease-Fire Line and the Functioning of UNMOGIP, S/6651, Sept. 3, 1965, UN Security Council, 1965: 3, 2017 – 05 – 03, http://www.un.org/en/ga/search/view_ doc.asp? symbol = S/6651.

第二章
| 影响对外政策决策的国际因素 |

1965年5月17日印度军队越过停火线占领了卡吉尔地区的巴方哨所。① 该事件是1949年以来对停火线的首次破坏，在联合国和美国的压力下，印度被迫于6月30日撤军。② 1965年8月5日起，巴方一侧（没有穿制服）的武装人员跨过停火线进入印方进行军事行动。③ 随后，双方在边境地区交火日益频繁，紧张局势进一步升级。9月1日，巴基斯坦陆军制定了代号为"大满贯行动"（Operation Grand Slam）的计划，准备在昌布（Chhamb）地区越过停火线反击印军，以防止印军继续进攻巴占克什米尔区。

联合国军事观察团对印巴两国相继破坏停火线一事要求双方将军事力量撤回到各自一侧，但是双方各执己见。9月4日，联合国军事观察团团长尼莫（Nimmo）要求巴基斯坦军队从昌布地区撤军，巴方则回应是被迫采取行动以停止印度吞并自由克什米尔。④ 另外，印度方面就一个步兵旅占领哈吉皮尔（Haji pir）地区一事表示，在该地区的行动是切断渗透者的必要自卫行为。⑤ 总之，此时双方都没有退兵的想法。9月6日，印度陆军在事先没有发出警告和最后通牒的情况下越过国际边

---

① 孙士海、江亦丽：《二战后南亚国家对外关系研究》，北京：方志出版社2007年版，第171页。

② 孙士海、江亦丽：《二战后南亚国家对外关系研究》，北京：方志出版社2007年版，第171页。

③ Report of the Secretary-General on the current situation in Kashimir with Particular Reference to the Cesae-Fire Agreement, the Cease-Fire Line and the Functioning of UNMOGIP, S/6651, Sept. 3, 1965, UN Security Council, 1965: 4, 2017 - 05 - 03, http://www.un.org/en/ga/search/view_doc.asp?symbol=S/6651.

④ Report of the Secretary-General on the Current Situation in Kashimir Withparticular Reference to the Cesae-Fire Agreement, the Cease-Fire Line and the Functioning of UNMOGIP, S/6651, Sept. 3, 1965, UN Security Council, 1965: 1, 2017 - 05 - 03, http://www.un.org/en/ga/search/view_doc.asp?symbol=S/6651.

⑤ Report of the Secretary-General on the Current Situation in Kashimir with Particular Reference to the Cesae-Fire Agreement, the Cease-Fire Line and the Functioning of UNMOGIP, S/6651, Sept. 3, 1965, UN Security Council, 1965: 1, 2017 - 05 - 03, http://www.un.org/en/ga/search/view_doc.asp?symbol=S/6651.

界，以拉合尔为目标向巴基斯坦发动进攻。这标志着印巴在克什米尔地区的冲突升级为两国的全面战争。当天，巴基斯坦总统阿尤布·汗正式宣布印巴两国处于战争状态。①

联合国以及世界各大国都对印度将战火烧到国际边境导致两国冲突升级为全面战争一事表示关切，并积极斡旋以促成双方早日停火。联合国安理会就此接连通过三个决议要求印巴双方停火。对于联合国决议，印巴双方虽有所保留，但还是表示接受联合国的决议。9月23日，印巴实现了停火。

对于巴基斯坦来说，其资源难以维持与印度展开持久战。安理会第211号决议已经认定克什米尔为未决争端，表明国际社会再次开始关注克什米尔问题。虽然此次战争没能解决克什米尔问题，但是引起国际社会对克什米尔局势的再度关注，因而在某种程度上已经达到巴基斯坦的目标。

对印度来说，持续战争对印度在国际社会的形象并无帮助，当9月6日印度越过国际边境对巴基斯坦发动进攻后，其在国际上受到普遍谴责。英国首相认为，印度的行为令人痛心。几乎所有穆斯林国家都对巴基斯坦持同情和支持立场，甚至苏联的态度也从过去支持印度转为中立，柯西金（Alexei Kosygin）总理还对印度越过国际边界提出批评。②因此，在这种情况下，如果印度再坚持不停火的话，只会导致国际社会更加倒向巴基斯坦一边，同时使印占克什米尔事务过多地暴露在国际社会的聚光灯下，这是印度不想看到的结果。

基于各自的考虑，双方接受了苏联总理柯西金的斡旋。印巴两国领导人于1966年1月4日在塔什干开始举行会谈，并在1月10日达成

---

① 周广健、吴如华、郭小涛：《南亚风云：印巴三次战争始末》，北京：世界知识出版社1997年版，第38页。
② 孙士海、江亦丽：《二战后南亚国家对外关系研究》，北京：方志出版社2007年版，第173页。

第二章
影响对外政策决策的国际因素

《塔什干宣言》(Tashkent Declaration)。该协议解决了此次停火的问题，但却无法根本性地解决克什米尔问题。

第二次印巴战争期间，美国对印巴两国同时进行武器禁运，其不履行军事盟国的义务使巴基斯坦大为失望，联美抗印的希望在关键时刻落空了。① 因此，在第二次印巴战争后，巴基斯坦开始调整自己的对外政策，在继续加强与美国关系的同时，改善了与苏联的关系。② 巴基斯坦还继续提升与中国的关系，尽量在各大国间保持等距离外交。

（三）第三次印巴战争

第三次印巴战争的实质是印度利用1970年12月巴基斯坦举行选举后产生的内部政治矛盾以及内部动乱试图将巴基斯坦肢解。

1970年巴基斯坦举行大选，大选后的严重分歧成为东西巴分裂的导火索，再加上东巴基斯坦遭遇洪灾，政府处理不当，国内形势日益紧张，巴基斯坦的内乱给印度提供了肢解巴基斯坦的机会。1971年4月10日，"孟加拉国临时政府"在印度成立。

1971年11月21日，在经过精心准备后，印军向位于杰索尔等地区的东巴政府军发动进攻，公开以武力支持巴基斯坦分裂主义分子。③ 12月23日，巴基斯坦总统叶海亚·汗（Yahya Khan）宣布，因印度入侵东巴基斯坦，巴基斯坦全国处于紧急状态。④ 同时，巴基斯坦总统还致函联合国秘书长吴丹（U Thant），表达了对印度违反联合国宪章的

---

① 陈继东、晏世经：《印巴关系研究》，成都：巴蜀书社2010年版，第55页。
② Mohammed Ahsen Chaudhri, Pakistan's Relations with the Soviet Union, *Asian Survey*, 1966 (9)：500.
③ 杨翠柏、刘成琼：《列国志·巴基斯坦》，北京：社会科学文献出版社2005年版，第266页。
④ Muhammad Yusuf, *Pakistan: Milestones: Chronology March 1940 – August 2010*, Islamabad: Mr. Book, 2011：47.

谴责。①

　　印度不理会巴基斯坦宣布进入紧急状态，继续进攻东巴。12月3日下午5时，巴基斯坦总统叶海亚·汗宣布迎战印度军队的入侵，对印度的不宣而战进行反攻。② 1971年12月3日晚10点左右，印度总理英迪拉·甘地（Indira Gandhi）向全国发表广播讲话称："在孟加拉发生的战争已经成为对印度的战争……我们别无他法，只得使我们国家进入战时体制。"③ 此时印度全国进入紧急状态，并向巴基斯坦宣战。

　　印度的战略企图是东攻西守，并以夺占东巴基斯坦为最终目标。巴基斯坦的战略指导方针则是极力固守各战略要地，以此粉碎印度军队的突击行动。

　　在东巴基斯坦战场上，印度陆军在海军和空军的配合下，集中兵力从东面、西面和北面三个方向对东巴基斯坦实施"多路向心突击"。④

　　12月7日，联合国大会通过要求战争双方实行停火的决议，但印度没有接受停火要求，反而加紧作战行动，以求在印巴敌对行动停止前捞取最大的胜利果实。⑤ 12月15日，印度军队完成从三个方向对达卡（Dhaka）的合围，完全切断了东巴基斯坦与外部世界的任何联系。⑥ 东巴基斯坦守军于12月16日向印军军队投降，当天下午4时31分，印军奥罗拉（Jagjit Singh Aurora）中将代表印度，巴军尼亚齐（Abdullah Khan Niazi）中将代表巴基斯坦在投降书上签了字，⑦ 至此东巴战场战争宣告结束。

---

　　① 周广建、吴如华、郭小涛：《南亚风云：印巴三次战争始末》，北京：世界知识出版社1997年版，第114页。
　　② 赵德喜、王佑生：《印巴对抗何时休》，郑州：中原农民出版社2000年版，第150页。
　　③ ［印］克里尚·巴蒂亚，吴可仁译：《英迪拉·甘地传》，长春：时代文艺出版社2003年版，第351—352页。
　　④ 陈继东：《当代印度对外关系研究》，成都：巴蜀书社2005年版，第120页。
　　⑤ 赵德喜、王佑生：《印巴对抗何时休》，郑州：中原农民出版社2000年版，第182页。
　　⑥ 陈继东：《当代印度对外关系研究》，成都：巴蜀书社2005年版，第120—121页。
　　⑦ 赵德喜、王佑生：《印巴对抗何时休》，郑州：中原农民出版社2000年版，第184页。

在西巴基斯坦战场上，双方进行了以空战为主的交战。交战结果是，双方均未取得决定性战果。①

在东巴基斯坦战场取得胜利后，印度于12月17日宣布在西巴基斯坦地区实施"单方面停火"。巴基斯坦接受了印度的停火建议，至此西巴基斯坦战场作战也结束了。

此次战争最终导致面积14.4万平方公里的东巴基斯坦独立为孟加拉国。此次战争使巴基斯坦在经济、军事和政治影响力各方面与印度的差距进一步拉大，而印度取得对巴基斯坦的绝对优势。更为重要的是，1972年7月，印巴双方领导人达成的《西姆拉协定》（Simla Treaty）确认了在解决克什米尔问题时把外部势力排除在外，由印巴双方协商解决的原则。该协定防止了克什米尔问题国家化，拒绝了区外势力调解或提交联合国讨论的情况，实际上又否定了执行联合国原有相关决议的合法性和必要性，这让巴基斯坦吞下了一颗不利于自己的苦果。②

第三次印巴战争后，巴基斯坦与印度实力差距拉大是巴基斯坦决定启动核武器计划的主要原因之一。由于受《西姆拉协定》的约束，巴基斯坦通过支持克什米尔地区"自由战士"来提醒国际社会克什米尔问题还没有解决，这便成了巴基斯坦的克什米尔政策之一。

三、核试验和卡吉尔冲突

1998年5月11日和13日，印度在靠近巴基斯坦边界的博克兰地区进行了五次核试验并宣布印度成为核国家。随后，印度执政党及政府高官对巴基斯坦的一系列带有威胁性质的讲话，使巴基斯坦意识到印度在常规武器方面已经占有优势，并且在核试验后更是以核武相威胁，因而

---

① 陈继东：《当代印度对外关系研究》，成都：巴蜀书社2005年版，第121页。
② 陈继东、晏世经：《印巴关系研究》，成都：巴蜀书社2010年版，第64页。

巴基斯坦必须进行核试验以自卫。① 巴基斯坦在 5 月底进行六次核试验后，两国在核威慑下达到力量平衡。

1999 年 5—7 月，印巴双方在卡吉尔地区进行了激烈的冲突，此次冲突是 1998 年双方公开进行核试验后最严重的一次，国际社会担心双方的冲突可能发展成核战争。在美国总统克林顿的强力介入下，巴基斯坦总理谢里夫同意采取具体行动恢复实际控制线，与《西姆拉协议》保持一致，② 随后卡吉尔冲突逐渐结束。

核试验使巴基斯坦抵消了印度的常规力量优势，减轻了对印度威胁的担心。卡吉尔冲突使双方都意识到，如果两国再次发生战争的话，则有引发核战争的可能性。因此，印度开始调整对巴基斯坦的政策立场，同时巴基斯坦也开始积极寻求与印度全面改善关系，这为进入 21 世纪后，两国通过对话寻求解决争端、改善双边关系提供了基础。

综上所述，分治时，印度在土邦归属问题上的双重标准使印巴两国从一开始就陷入领土争议之中。同时，印度领导人对印巴分治不满，认为巴基斯坦不应该成立并希望总有一天合并必然会到来。③ 这使巴基斯坦从建国之初就面临生存危机。

为了抵消印度方面对自身生存的威胁，巴基斯坦只有通过依靠外部力量来增加自己的实力，以实现与印度和平共处。最后，巴基斯坦在 1954 年加入了美国在中东及东南亚编织的反对共产主义的军事集团，走上了与美国结盟的道路。

1971 年第三次印巴战争后，印度成功肢解巴基斯坦，东巴基斯坦脱离巴基斯坦而独立为孟加拉国。失去东巴的巴基斯坦在综合国力方面与印度的差距进一步拉大，巴基斯坦对来自印度的安全威胁的担心并未

---

① Zafar Khan, Pakistan's Nuclear Weapons Testing May 1998: External and Internal Pressures, *IPRI Journal* XII, 2012（1）：44.
② 张贵洪：《超越均势：冷战后的美国南亚安全战略》，杭州：浙江大学出版社 2007 年版，第 97 页。
③ 赵德喜、王佑生：《印巴对抗何时休》，郑州：中原农民出版社 2000 年版，第 185 页。

第二章
| 影响对外政策决策的国际因素 |

降低。

1974年印度进行了一次"和平核试验"后，巴基斯坦也加紧推进核武化进程，以防止来自印度的威胁。

1998年5月印度公开进行核试验，并对巴基斯坦进行核威胁。巴基斯坦认为，如果自己没有核能力，巴基斯坦将在克什米尔问题上遭受核勒索。① 于是，1998年5月28日，巴基斯坦也公开进行核试验以回应印度的威胁。核试验后，印巴双方在核威慑下达到力量平衡。

通过分治时期的土邦归属问题、三次印巴战争、1998年核试验以及1999年卡吉尔冲突事件，印巴关系被称为"冲突的关系"，② 这对巴基斯坦的对外政策产生较大影响。巴基斯坦的对外政策所关注的焦点一直是与印度的关系，其他一切外交活动都以此为核心展开，并服从于确保国家生存这个最高利益。③ 在能确保维护自身国家安全的情况下，巴基斯坦愿意实现与印度关系的正常化，这也是1998年核试验后，印巴两国实现核威慑平衡后，巴基斯坦积极推动印巴全面对话进程的原因。

总之，印度是影响巴基斯坦对外政策的最大外部因素。

第二节　美国因素

自第二次世界大战以来，美国成为全球军事、科技以及经济领先的发达国家，在世界事务中的影响力不可小觑，并冷战结束后成为世界唯一的超级大国。对需要依靠外力抗衡印度的巴基斯坦来说，美国是其选

---

① Noman Omar Sattar, *Pakistan's Nuclear Posture: Deterrence in a Regional Setting*, Indiana: University of Notre Dame, 2000: 150.

② Mushahid Hussain, *Pakistan India Relations: the Conflicted Relationship*, PILDAT Briefing Paper, 2003（3），2017 - 05 - 02，http://www.pildat.org/Publications/publication/FP/PakistanIndiaRelations.pdf.

③ 陈继东、晏世经：《印巴关系研究》，成都：巴蜀书社2010年版，第53页。

择的主要对象之一。

一、提供经济援助

独立之初的巴基斯坦经济形势比较严峻，仅旁遮普和信德的农业略有优势，重工业完全没有，轻工业微乎其微，甚至连普通消费品都需要进口。①

1947年，巴基斯坦只有80家较大的工厂，其中，棉纺织厂17家，丝织厂2家，火柴厂8家，玻璃制造厂4家，制糖厂7家，肥皂厂4家，水泥制造厂5家，化工厂2家，机械修配厂和机械厂45家（其中一半以上是铁路修配厂）。除上述企业外，巴基斯坦还有2000家左右的半手工业和手工业小工场、企业。② 由此可见，巴基斯坦建国初期工业底子薄弱，国家资金匮乏。因此，建国后巴基斯坦奉行通过动员国内外资金提高投资率来加快经济发展的政策。由于国内储蓄率低，其投资率与储蓄率间的巨大差额要通过国外资金填补，即依赖外国援助发展经济。③

在冷战期间，美国作为头号强国，具有强大的经济实力，有能力为巴基斯坦提供资金和技术。早在1947年9月，巴基斯坦财政部长就询问美国驻巴基斯坦临时代办查尔斯·刘易斯（Charles Lewis）美国能否向巴基斯坦提供财政援助。刘易斯认为，巴基斯坦应该准备好有关财政状况和援助要求的文件，再由巴基斯坦驻美国大使与美国政府协商。④ 随后，巴基斯坦总督真纳任命财政部的拉伊克·阿里（Laik Ali）为其

---

① 陆水林：《巴基斯坦》，重庆：重庆出版社2004年版，第84页。
② [苏]兹麦耶夫，孙越生、沈受君译：《巴基斯坦的经济和对外贸易》，北京：财政经济出版社1957年版，第9页。
③ 李德昌：《巴基斯坦经济发展》，成都：四川大学出版社1992年版，第329页。
④ M. S. Venkataramani, *The American Role in Pakistan 1947 - 1958*, Lahore: Vanguard Books Ltd, 1984: 14 - 16.

第二章
影响对外政策决策的国际因素

私人特使,去华盛顿正式向美国寻求援助和支持。[1] 阿里的任务是,寻求五年间美国向巴基斯坦提供20亿美元贷款,以此满足巴基斯坦经济发展和国防需要。[2] 但美国政府未答应此次贷款请求。

在巴基斯坦的努力下,1951年2月,在科伦坡计划下,巴基斯坦与美国签订了第一个技术援助协定。1952年2月2日,在美国第四点计划下,巴基斯坦与美国于签署了美国将向巴基斯坦提供60万美元技术和经济援助的协议。[3] 1952年9月,巴基斯坦与美国华盛顿进出口银行签订第一笔商品贷款协议。[4] 1954年,巴基斯坦与美国正式成为盟友后,美国向巴基斯坦提供的经济援助进一步增加。据巴基斯坦财政部长在1959年3月31日透露,截至1959年3月,外国允诺向巴基斯坦提供的各项非军事援助共约11亿美元,其中美国允诺的各项非军事援助为9.56亿美元。[5] 美国的援助占总援助量的86.5%。

1952—1985年,美国向巴基斯坦提供70亿美元经济援助,占同期巴基斯坦从各种渠道获得的250亿美元外国经济援助的28%;加上1987—1993年间美国对巴基斯坦的第二笔一揽子援助,1989—1990财年,巴基斯坦成为仅次于以色列和埃及的接受美国援助最多的国家。[6]

巴基斯坦在冷战期间能得到大量来自美国的经济援助是以美苏对抗为前提的,这些经济援助是巴基斯坦帮助美国对抗苏联的"回报"。而冷战结束后,当美国不再需要巴基斯坦帮助其对抗苏联时巴基斯坦获得美国的经济援助也减少了;当巴基斯坦的行为不符合美国利益时,美国

---

[1] Muhammad Asim Malik, *Pakistan-US Security Relationship 1947 – 2006: Analysis of Areas of Convergence and Divergence*, Lahore: University of Education, 2010: 63.

[2] Dennis Kux, *The United States and Pakistan, 1947 – 2000: Disenchanted Allies*, Washington, D. C.: Woodrow Wilson Center Press, 2001: 20.

[3] John P. Glennon (eds), *Foreign Relation of the United States, 1952 – 1954, Africa and South Asia*, Vol. 11, Part 2, Washington D. C.: US. Government Printing Office, 1983: 1818.

[4] 李德昌:《巴基斯坦经济发展》,成都:四川大学出版社1992年版,第330页。

[5] 铎生:《巴基斯坦的经济和政治》,北京:世界知识出版社1960年版,第85页。

[6] 李德昌:《巴基斯坦经济发展》,成都:四川大学出版社1992年版,第337页。

甚至会对巴基斯坦实施经济制裁。

　　1989年2月苏联最后一批军队从阿富汗撤离和1991年底苏联解体等事件标志着美苏对抗的冷战结束，这使巴基斯坦在美国全球战略中的地位开始下降。1990年10月，美国总统布什未能向国会提供巴基斯坦没有发展核武器的证明，根据《普雷斯勒修正案》的规定，美国冻结了向巴基斯坦提供的上亿美元经济援助款。① 1998年5月巴基斯坦进行核试验后，美国对巴基斯坦进行经济制裁。1999年10月，巴基斯坦谢里夫政府被陆军参谋长穆沙拉夫推翻，美国以践踏民主为由再次对巴基斯坦实施制裁。

　　2001年的"9·11"恐怖袭击事件后，巴基斯坦成了支持美国打击恐怖主义的前线国家和非北约盟国，美国再次加强对巴基斯坦的经济援助。按照美国方面的统计，"9·11"恐怖袭击事件后的十年间，美国一共向巴基斯坦提供了66.3亿美元的经济援助。②

　　巴基斯坦建国以来，美国的经济援助在其能源、交通等基础设施建设、农业发展等领域产生了积极的促进作用，但美国的经济援助也使巴基斯坦的民族工商业遭到巨大打击。如1956年左右，巴基斯坦工业发展公司的前任主席古拉姆·法鲁克·汗（Ghulam Faruque Khan）一再强调，巴基斯坦要实现经济独立就必须自己拥有钢铁工业。尽管该公司几年来一再提出建立巴基斯坦第一所炼铁厂的方案，但每次都被美国的国际合作署等援助机构加以否决。③

---

　　① 张贵洪：《超越均势：冷战后的美国南亚安全战略》，杭州：浙江大学出版社2007年版，第38页。
　　② SASSI Research Team, *US Economic aid to Pakistan*, SASSI Policy Brief No. 3, 2011 (3): 4, 2014-03-03, http://www.sassi.org/wp-content/uploads/2012/05/SASSI-Policy-Brief.pdf.
　　③ 铎生：《巴基斯坦的经济和政治》，北京：世界知识出版社1960年版，第94页。

第二章
影响对外政策决策的国际因素

二、给予军事支持

巴基斯坦建国时希望能与所有邻国和平相处，但在建国几个月后，印巴就因克什米尔土邦的归属问题而兵戎相见。同时，印度在各个领域限制巴基斯坦，希望巴基斯坦重回印度怀抱的想法使巴基斯坦对自己的安全生存状况越发担忧。1947 年印巴分治后，巴军得到的军用物质又少又差，按照巴基斯坦陆军总司令阿尤布·汗的说法，巴基斯坦军队组织、装备极差，每个士兵一年只有五发子弹。巴基斯坦的处境极其令人绝望。[1]

为此，巴基斯坦必须通过外力来与印度抗衡。巴基斯坦自然将目光放在了头号强国美国的身上。为了能获得美国的军事援助，巴基斯坦主动将自己置于冷战格局中，并以此向美国推销其地缘位置的重要性以及在对美国抵抗共产主义扩张中的重要意义。随着美国政策的调整，巴基斯坦对美国的重要性得以体现，美国遂于 1954 年将巴基斯坦拉入其全球反共阵线。

对于巴基斯坦来说，其 1954 年与美国结盟就意在抗衡印度对巴基斯坦的安全威胁。巴基斯坦也希望军事结盟政策可以鼓励美国减少对印度的经济援助，并通过美国向印度施压以得到一个总体上满意的解决克什米尔问题的决议。[2] 而反共并不是巴基斯坦最关心的事务。

在两国结盟的背景下，美国向巴基斯坦提供了大量军事援助。1954—1965 年，美国向巴基斯坦提供了 6.72 亿美元的军事物质以及与

---

[1] Mohammed Ayub Khan. *Friends, Not Masters: A Political Autobiography*, London: Oxford University Press, 1967: 21.

[2] Jayanta Kumar Ray, India and Pakistan as Factors in Each Other's Foreign Policies, *International Studies*, 1966 (1/2): 51.

480号公法赠与条款相关的近7亿美元的安全防御援助。① 据美国国际开发署发布的绿皮书《美国海外贷款和赠款》的数据显示，1954—1979年，美国总共向巴基斯坦提供了价值13.327亿美元的军事援助。②

20世纪80年代，巴基斯坦帮助美国利用阿富汗的"圣战者"来抵抗苏联入侵阿富汗，巴基斯坦再次获得美国大量的军事援助。1982—1992年，美国向巴基斯坦提供的军事援助共21.927亿美元。③

巴基斯坦在冷战期间能得到大量来自美国的军事援助是以美苏对抗为前提的。美国向巴基斯坦提供这些援助是希望其用在抵抗来自共产主义的威胁上，并不希望巴基斯坦将这些军事援助"挪作他用"来对付印度。而巴基斯坦则是想借美国之力抵消印度的威胁，并不太在意共产主义的威胁。然而，美巴间这种"同床异梦"式的结盟使巴基斯坦联美抗印的想法在印巴冲突的关键时刻却没有派上用场。

1989年初，苏联最后一批军队从阿富汗撤离。1991年底苏联解体，巴基斯坦在美国全球战略中的作用不再重要。同时，因巴基斯坦开发核武器、1998年5月核试验以及1999年军人政权再次上台等事件，美国中止了对巴基斯坦的军事援助，并对其实施一系列制裁。

2001年"9·11"恐怖袭击事件后，巴基斯坦再次成为美国打击恐怖主义的盟友。随后，美国撤销了对巴基斯坦的制裁并开始对巴基斯坦进行军事援助。1999—2011年，美国向巴基斯坦又提供了39.410亿美

---

① Rashmi Jain, *The United States and Pakistan 1947 – 2006 : A Documentary Study*, New Delhi: Radiant Publishers, 2006: 15.

② U. S. Overseas Loans and Grants: Obligations and Loan Authorizations, July 1, 1945 – September 30, 2011, 2014 – 03 – 03, http: //gbk.eads.usaidallnet.gov/data/files/us_ military_ historical.xls.

③ U. S. Overseas Loans and Grants: Obligations and Loan Authorizations, July 1, 1945 – September 30, 2011, 2014 – 03 – 03, http: //gbk.eads.usaidallnet.gov/data/files/us_ military_ historical.xls.

第二章
| 影响对外政策决策的国际因素 |

元的军援。①

虽然美国提供军事援助是以符合美国的国家利益为前提的——20世纪50—60年代是为了将巴基斯坦纳入美国的反共联盟,② 20世纪80年代是为了阻止苏联的进一步南下,"9·11"恐怖袭击后则是为了打击阿富汗的恐怖主义组织,但是美国向巴基斯坦提供的军事援助也确实增强了巴基斯坦的国防能力。

由上可见,建国初期,为了得到美国的援助以抵消来自印度的威胁,巴基斯坦在朝鲜战争、旧金山对日和会方面支持美国立场,甚至加入《巴格达条约组织》和《东南亚条约组织》,致使巴基斯坦无法与苏联和中国全面发展关系,同时也导致巴基斯坦与许多中东伊斯兰国家发展关系受阻。美国对巴基斯坦的援助是出于美国国家利益的需要,冷战期间是为了拉巴基斯坦抗衡苏联,"9·11"恐怖袭击事件后是为了使巴基斯坦帮助其反恐。然而,冷战结束后到"9·11"恐怖袭击事件前这一阶段,巴基斯坦对美国而言"无用了",因此其从美国得到的援助也大幅减少,甚至遭受美国的制裁。

在巴基斯坦最需要美国帮助时,美国的表现未能使巴基斯坦政府感到满意。美国在向巴基斯坦提供各种援助的同时,也想改造巴基斯坦的政治体制。正如巴基斯坦著名经济学家夏希德·卡达尔(Shahid Kardar)指出的那样,对美国的军事、经济援助依赖的增强很自然地造成美国干扰巴基斯坦的内政。③ 对美国援助的依赖也使美国对巴基斯坦的对外政策形成干扰。因为美国对巴基斯坦的援助是有限度的,而且通常会考虑印度的感受,因此巴基斯坦深感失望,并感到美国靠不住。因

---

① U. S. Overseas Loans and Grants: Obligations and Loan Authorizations, July 1, 1945 – September 30, 2011, 2014 - 03 - 03, http://gbk.eads.usaidallnet.gov/data/files/us_ military_ historical.xls.
② 李德昌:《巴基斯坦经济发展》,成都:四川大学出版社1992年版,第352页。
③ 李德昌:《巴基斯坦经济发展》,成都:四川大学出版社1992年版,第352页。

此，巴基斯坦转而寻求多元化的外部支持。①

第三节 中国因素

1950年1月5日，巴基斯坦政府宣布承认中华人民共和国中央人民政府为中国合法政府。② 经过双方外交人员的谈判，中国与巴基斯坦于1951年5月21日正式建交。自建交后，两国政府和民间友好交往便逐年加强。

1951年9月，巴基斯坦成立"巴中友好协会"。1952年3月，中国参加在卡拉奇举办的巴基斯坦国际工业博览会。1952年10月，北京举行亚洲和太平洋地区和平会议时，巴基斯坦派出了一个29人的代表团参会。1955年8月，中国伊斯兰教协会副主席达浦生率领朝圣团自麦加返国途中在巴基斯坦做了两周的访问，并捐款一万卢比救济灾民。1955年9月，中国红十字会捐赠人民币五万元救济巴基斯坦水灾灾民，周恩来总理还去电慰问。

1956年是中巴两国建交以来友好往来最密切的一年。1月，中国全国人大副委员长宋庆龄访问巴基斯坦，受到隆重接待。3月，巴基斯坦伊斯兰共和国宣布成立时，中国副总理贺龙代表中国政府前往祝贺。10月18—29日，巴基斯坦总理苏拉瓦底（Huseyn Shaheed Suhrawardy）访问中国。12月20—30日，中国总理周恩来回访巴基斯坦，③ 两国发表联合公报称："两国总理认为，他们两国的政治制度的不同和他们对于许多问题的不同见解，并不妨碍他们两国间友好的加强。两国总理高兴

---

① 陈继东、晏世经：《印巴关系研究》，成都：巴蜀书社2010年版，第164页。
② 中华人民共和国外交部亚洲司：《中华人民共和国和巴基斯坦伊斯兰共和国双边关系重要文献汇编》，北京：世界知识出版社2006年版，第2页。
③ 麦浪：《今日巴基斯坦》，北京：世界知识出版社1957年版，第189—190页。

地确认，在他们两国之间并没有任何真正利益的冲突。"① 正是因为两国秉持着这种"求同存异"的精神，两国关系一直发展较顺利。两国关系随着时间的推移而越发巩固，对中国友好已经成为巴基斯坦对外政策的基石。

一、平衡印度

1954 年，巴基斯坦与美国签署《共同防御援助协定》；1955 年 1 月，巴基斯坦政府批准《东南亚集体防务条约》，巴基斯坦正式加入东南亚条约组织；1955 年 9 月 23 日，巴基斯坦正式加入《巴格达条约》，并成为巴格达条约组织成员。至此，巴基斯坦成为美国拼凑的反共军事集团中的关键一环。为了迎合艾森豪威尔和杜勒斯等美国领导人倡导的反对中立主义政策，巴基斯坦在此期间的反共调门比较高。② 这使得巴基斯坦与中国的关系有所停滞。

在巴基斯坦全力迎合美国的反共立场之际，美国政府开始调整对印政策，加大援助印度的力度，巴基斯坦对此深感不满。1959 年中印关系发展受阻，美国认为这是拉拢印度遏制中国的良好时机。1962 年 10 月，中印爆发边境冲突后，美国在印度总理尼赫鲁的军事求援下高兴地答应了印度的请求，同时还要求巴基斯坦向印度承诺在此期间不会进攻印度，巴基斯坦最后拒绝了美国的要求。同年 11 月 22 日，巴基斯坦总统阿尤布·汗召开内阁会议讨论巴基斯坦的外交路线问题，此次会议确定，巴基斯坦在外交上要调整与苏联和中国的关系。③ 巴基斯坦认为，在这样的大背景下与中国改善关系可以平衡印度的影响力。随后，中巴

---

① "中华人民共和国国务院总理周恩来和巴基斯坦伊斯兰共和国总理苏拉瓦底联合声明"，《中华人民共和国国务院公报》1956 年第 47 期，第 1155 页。
② 兰江：《冷战时期美巴关系研究》，成都：四川大学学位论文，2013 年，第 82 页。
③ 阿尔塔夫·高哈，邓俊秉译：《阿尤布·汗：巴基斯坦首位军人统治者》，北京：世界知识出版社 2002 年版，第 143—144 页。

— 67 —

两国本着公平合理、互谅互让的精神，并且基于万隆会议所阐明的十项原则，在不到 5 个月的时间里通过友好谈判达成了边界协定。1963 年 3 月 2 日，中国外长陈毅和巴基斯坦外长阿里·布托在北京正式签署《中华人民共和国政府和巴基斯坦政府关于中国新疆和由巴基斯坦实际控制其防务的各个地区相接壤的边界的协定》。随着两国友好关系的加强，中国政府改变了其在克什米尔问题上的立场，从提倡通过双边和平谈判到要求"自决"和全民投票来解决该问题。[1]

1965 年第二次印巴战争期间，中国政府通过多种方式表达了对巴基斯坦的支持。9 月 4 日，中国副总理兼外交部长陈毅在卡拉奇机场会见巴基斯坦外交部长阿里·布托时，公开宣布中国的三个"坚决"政策，即："中国坚决支持巴基斯坦方面反击印度武装挑衅的正义行动。中国坚决谴责印度方面破坏印巴停火线，挑起和扩大冲突的挑衅行为。中国坚决认为克什米尔问题应该按照印巴对克什米尔人民做出的保证那样，根据克什米尔人民愿望进行解决。"[2]

9 月 7 日，中国把印度对巴基斯坦的侵略与中国安全联系起来，并发表了措辞强硬的声明。第二天，中国外交部直接对印度侵犯中国边界一事向印度发去照会。照会严正警告印度政府必须撤除在中国—锡金边界非法建筑的军事设施并撤走军事人员，停止在边界地区对中国的各种侵略和挑衅活动。否则，一切后果由印度方面承担。[3] 随后，中国政府通过外交、军事等方式向印度施压。

此时，印度在对待巴基斯坦时不得不考虑中国的反应从而受到某些

---

[1] 阿卜杜勒·哈菲兹："中国与南亚关系：正在出现的趋势"，陈和丰、王鸿余、杜幼康等编：《90 年代中国与南亚国家关系》，成都：四川人民出版社 1995 年版，第 42 页。

[2] 成晓河："第二次印巴战争中中国对巴基斯坦的支援"，《外交评论》2012 年第 3 期，第 78 页。

[3] 成晓河："第二次印巴战争中中国对巴基斯坦的支援"，《外交评论》2012 年第 3 期，第 78 页。

牵制。① 中国在关键时刻对巴基斯坦的支持赢得了巴基斯坦人民的信任和好感。这为两国建立起最真诚的友好关系奠定了基础。

二、道义支持

第二次印巴战争期间，中国政府对巴基斯坦提供的道义和外交上的支持赢得了巴基斯坦人民的信任和好感。巴基斯坦绝大多数民众深深感谢中国的支持，卡拉奇的学生举着周恩来和陈毅的大幅照片来到中国大使馆向中国大使表达感谢；巴基斯坦的一些律师和诗人都赞美中国；②外交部长阿里·布托认为，中国是唯一对巴基斯坦的真实请求给予同情的国家；③阿尤布·汗总统在给中国领导人的信中表示："在巴基斯坦面临考验的时刻，中国坚决站在巴基斯坦一边；中国这种崇高的表现与慷慨支持，将凝结成两国之间永恒的友谊。"④

第三次印巴战争期间，中国在联合国积极活动，以支持巴基斯坦。1971年12月3日，印巴战争全面爆发后，中国提出的谴责印度入侵东巴，并要求停火和撤军的方案被苏联否决。12月4日，中国常驻联合国代表黄华在安理会紧急会议上发言，"东巴基斯坦问题纯粹属于巴内政，任何人没有权利干涉。印度政府以东巴基斯坦问题为借口，武装侵略巴基斯坦是不能容许的"。⑤

第三次印巴战争结束后，中国在外交上继续给予巴基斯坦支持。

---

① 陈继东、晏世经：《印巴关系研究》，成都：巴蜀书社2010年版，第181页。
② 王苏礼："中国对印度与巴基斯坦的外交政策"，北京：中共中央党校学位论文，2010年，第81页。
③ R. K. Jain (ed), *China-South Asia Relations, 1947–1980*, New Delhi: Radiant Publishers, 1981: 112.
④ 郑义炜："中巴友好60年：深层次的战略合作伙伴关系解读"，杜幼康：《国家间关系的典范：中巴建交后两国关系的回顾与展望》，北京：时事出版社2012年版，第80页。
⑤ 谢益显：《中国外交史：中华人民共和国时期1949—1979》，郑州：河南人民出版社1988年版，第411—413页。

1972年8月8日，孟加拉人民共和国（原东巴基斯坦）向联合国安理会提出加入联合国的申请。此时，印度军队尚未完全撤出东巴，而巴基斯坦也还未承认孟加拉国。因此，中国从反对肢解一个主权国家的原则出发在安理会投了反对票，从而否决了孟加拉国加入联合国的决议草案。这也是中国自恢复联合国席位以来第一次在安理会行使否决权。

1974年2月22日，巴基斯坦承认了孟加拉国。同年5月14日，孟加拉国重新提出加入联合国的申请，要求安理会重新审议，中国同意安理会重新审议。1974年6月10日，安理会正式通过了接纳孟加拉国加入联合国的决议。[①] 在巴基斯坦承认孟加拉国的情况下，中国与孟加拉国才于1975年10月4日正式建立外交关系。

中国在国际场合支持巴基斯坦保持领土完整的立场和对印度入侵东巴行径的谴责使巴基斯坦与中国的关系进一步加强。

在20世纪80年代苏联入侵阿富汗并对巴基斯坦构成威胁的情况下，中国支持巴基斯坦为自身安全所做的斗争。

1998年印度首先进行五次核试验，中国对印度破坏世界和平的行为进行了严厉谴责。[②] 巴基斯坦在本国安全受到来自印度威胁的情况下被迫进行六次核试验后，中国对巴基斯坦的行为给予理解和同情。中国并没有对巴基斯坦进行谴责，只是根据一贯主张全面禁止和彻底销毁核武器、反对任何形式的核武器扩散的立场，对巴基斯坦的行为表示"遗憾"。[③]

"9·11"恐怖袭击事件后，虽然巴基斯坦协助美国打击阿富汗恐怖主义。但是，美国等国家却把反恐不力的责任推到巴基斯坦身上，没

---

① 过家鼎：“常任理事国如何行使否决权”，《世界知识》2005年第12期，第41页。
② “外交部发表声明 中国政府强烈谴责印度核试验”，《人民日报》1998年5月15日，第1版。
③ “外交部发言人说 中国对巴基斯坦进行核试验深表遗憾”，《人民日报》1998年5月29日，第1版。

第二章
影响对外政策决策的国际因素

有客观地看待巴基斯坦为打击恐怖主义所做出的努力。① 国际恐怖组织的产生涉及政治、经济、社会、民族、宗教等问题以及外国势力干预等因素，极其复杂。对此，2010年12月中国总理温家宝在访问巴基斯坦期间表示，巴基斯坦处在国际反对恐怖主义斗争的前沿，做出了重要贡献，并付出了巨大牺牲，这是有目共睹的事实，国际社会要给予巴基斯坦充分肯定和大力支持。②

中国对巴基斯坦立场的支持和利益的维护是两国互相理解和支持的真实写照。

三、全天候友谊

中巴两国建交60多年来，两国关系历经两国国内政府更替和国际风云变幻，在时间的洗礼中越发牢固。

早在1955年5月23日，毛泽东主席在与巴基斯坦驻北京大使苏尔坦努丁·艾赫迈德（Sultanuddin Ahmad）会谈时，就表达了这样一个愿望：鉴于两国之间的友好意愿，双方关系将发展得更加牢固、更为友好。③

1963年中巴签署边界协定后，双方又签署了《中巴航空运输协定》以及《经济技术合作协定》和《文化合作协定》。

为了帮助巴基斯坦建立自己的国防工业，中巴两国先后在1965年12月、1966年7月、1967年5月和1969年9月签订了四个军事援助和军工合作协定：中国向巴基斯坦提供飞机、火炮、坦克、弹药等武器装

---

① 郑义炜："中巴友好60年：深层次的战略合作伙伴关系解读"，杜幼康：《国家间关系的典范：中巴建交后两国关系的回顾与展望》，北京：时事出版社2012年版，第61—62页。
② 温家宝："风雨同舟 共创未来——在巴基斯坦议会的演讲"，《人民日报》2010年12月20日，第2版。
③ 马苏德·汗："巴基斯坦和中国的关系"，杜幼康：《国家间关系的典范：中巴建交后两国关系的回顾与展望》，北京：时事出版社2012年版，第3页。

备,帮助巴基斯坦建立军工企业,增强巴基斯坦的国防力量。[1] 同时,中国还向巴基斯坦传授必要的技术和转售必要设备,以使巴基斯坦能在国防生存领域尽量达到自立。例如,巴基斯坦从中国获得 MBT2000[巴方称"哈立德"(Al Khalid)坦克]主战坦克的同时,还向巴方转交了改型坦克的生产线,以至巴基斯坦还可以把经过一些本土化改进的哈立德坦克出口到其他国家。[2]

由中巴联合研制的"枭龙"[巴方称"雷电"(Thunder)战机]轻型多用途战斗机在中国的帮助下于 2008 年 1 月正式开始在巴基斯坦航空联合体(Pakistan Aeronautical Complex)进行组装。现今,巴基斯坦已具备了飞机的部装、总装、零部件生产和试飞能力,巴基斯坦已成为世界上为数不多的具有第三代战机生产能力的国家之一。[3] 中方还帮助巴基斯坦在卡拉奇自主生产 F-22 护卫舰。

2013 年,中巴决定启动中巴经济走廊建设,全面推进两国经济合作。

2015 年 4 月 20 日,中国国家主席习近平访问巴基斯坦,与巴总理谢里夫举行会谈,双方一致同意将中巴关系提升为全天候战略合作伙伴关系,不断充实中巴命运共同体内涵,致力于中巴世代友好。

中国对巴基斯坦的帮助使巴基斯坦感到中国是真心地希望巴基斯坦繁荣、发展。中巴间"全天候"友谊是经受了各自国内局势变化和政府更迭考验的,是建立在两国相互理解和支持之上的。

总而言之,1977 年 12 月,邓小平副总理在与访华的巴基斯坦领导人齐亚·哈克会谈时表示:"在你们困难的时候,我们始终是站在你们

---

[1] 王泰平:《中华人民共和国外交史(第二卷),1957—1969》,北京:世界知识出版社 1998 年版,第 88 页。
[2] 郑义炜:"中巴友好 60 年:深层次的战略合作伙伴关系解读",杜幼康:《国家间关系的典范:中巴建交后两国关系的回顾与展望》,北京:时事出版社 2012 年版,第 68 页。
[3] 杨铁虎、田牛:"巴基斯坦已成为具有第三代战机生产能力的国家之一",人民网,2017 年 5 月 2 日,http://world.people.com.cn/n/2013/1118/c1002-23576766.html。

这一边的，尽管我们的力量有限，能够做到的也有限。我们衷心希望巴基斯坦强大、发展。"① 正是中国希望巴基斯坦自立、强大的思想使得两国关系历经风雨、历久弥坚。正是这种信任使巴基斯坦在做出重大对外政策时都会以不同方式与中国领导人磋商。不论是1965年的第二次印巴战争、1971年第三次印巴战争、1998年的核试验，还是"9·11"恐怖袭击事件后巴基斯坦决定加入美国的反恐阵营等重大事件期间，巴方都会通过不同方式、不同渠道与中方进行磋商，中方也总是给予巴方支持、理解或提出建议，并尊重巴方的决定。正是中国对巴基斯坦的理解和尊重使巴基斯坦对中国更加信任，这也是巴基斯坦把对华友好作为其对外政策基石的主要原因。

---

① 郑义炜："中巴友好60年：深层次的战略合作伙伴关系解读"，杜幼康：《国家间关系的典范：中巴建交后两国关系的回顾与展望》，北京：时事出版社2012年版，第64页。

── 第三章 ──

影响对外政策决策的国内因素

第一节 军队因素

巴基斯坦军队不仅在巴基斯坦国内政治事务中起着举足轻重的作用,而且在巴基斯坦制定对外政策,特别是在涉及与邻国印度、阿富汗等事务中具有不可忽视的作用。巴基斯坦军队在外交事务、国家政治中的重要作用是由巴基斯坦建国后的国内政治发展以及与周边国家关系等因素互动中建立起来的。

一、脆弱的议会制

巴基斯坦建国后,首任总督阿里·真纳和首任总理阿里·汗的个人威望使巴基斯坦国内各种矛盾和冲突不至于太严重。当两位领导人先后于 1948 年和 1951 年去世后,巴基斯坦国内各政治、宗教派别的分歧便越来越严重,特别是旁遮普省的反艾哈迈迪亚派(Ahmadiyya)活动最终导致大范围的暴力冲突。1953 年 3 月 6 日,随着反艾哈迈迪亚派的暴力冲突范围越来越大,巴基斯坦在整个旁遮普省实施军法管制,阿扎姆·汗（Azam Khan）中将被任命为军法管制执行官。① 这开了巴基斯坦军人涉入国内政治事务的先河。

随后，在巴基斯坦国内政局混乱、各党派斗争不止的情况下，巴基斯坦总统伊斯坎德尔·米尔扎（Iskander Mirza）在1958年10月7日解散了巴基斯坦联邦、四省政府和立法机构，禁止政党活动，并任命巴陆军总司令阿尤布·汗为军法管制首席执行官。② 20天后，阿尤布·汗发动不流血政变，接任总统。从此，巴基斯坦便开始了为期12年的军人统治时期。

1970年12月，巴基斯坦举行首次全国大选，结束了军人政权，但是没能实现权力的和平过渡，最终巴基斯坦因政党之争而国家分裂。

随后，人民党政府执政也未能实现政府权力的和平交替。1977年3月大选，人民党赢得压倒性胜利，但反对党却认为人民党在选举中舞弊，不接受选举结果，并导致国家动乱。

同年7月5日，巴基斯坦军队接管国家政权，全国实行军法管制，哈克出任军法管制首席执行官。此次军人政权直到1988年8月17日齐亚·哈克总统因飞机爆炸而罹难后结束。

在接下来的"民主十年"，巴基斯坦恢复议会制体制，但是其政权更迭频繁、腐败问题严重、经济发展缓慢，最后导致陆军参谋长穆沙拉夫将军于1999年10月12日接管政权。此次军人政权直到2008年8月18日穆沙拉夫总统辞职而结束。随后，巴基斯坦再次恢复议会制政府。

巴基斯坦议会政治体制运行期间表现出来的脆弱性是军队涉入政治并几次接管政权的主要原因之一。随着军人统治时间的增加，巴基斯坦军队在政治、外交中的作用越来越大。即使是在议会制下的文人政府执

---

① Muhammad Yusuf, *Pakistan*：*Milestones*：*Chronology March 1940 – August 2010*，Islamabad：Mr. Book，2011：60.
② Muhammad Yusuf, *Pakistan*：*Milestones*：*Chronology March 1940 – August 2010*，Islamabad：Mr. Book，2011：86.

政时期，军方在涉及重大对外政策决策中依然有举足轻重的作用。文人政府执政期间，在与其他机构相比之下，军方显得更加廉洁、高效，加之政府机构间或党派间产生自身不可调和的矛盾或分歧时，往往会寻求军方的支持或"判决"，这也使得军方在政策制定中的作用越来越重要。

二、来自外部的威胁

巴基斯坦与一般国家建国有所不同，是以宗教为基础的"两个民族"理论为指导，在英印帝国从印度次大陆撤退之时建立的以穆斯林为主的国家，以区别于以印度教徒为基础的印度。巴基斯坦成立之初便面临来自邻国的威胁，才分治几个月，印度与巴基斯坦便因克什米尔归属问题发生了第一次印巴战争；另外，西边的阿富汗也因杜兰线问题向新生的巴基斯坦提出领土要求。

在国家生存受到威胁的情况下，当然需要壮大军队来保护国家的生存。在巴基斯坦建国初的几年里，国防开支就占巴基斯坦中央政府收入的85%，[1] 正如阿里·布托所说，巴基斯坦的安全与领土完整比经济发展更重要，[2] 足见军队在巴基斯坦的重要性。同时，在没有充足装备的支持下，巴基斯坦军队仍然保持高标准训练和高昂的士气，[3] 巴基斯坦军队显示出的高度纪律性、凝聚力和自信心，也为军队赢得了民众的支持。[4]

---

[1] Parvez Hasan, Learning from the Past: A Fifty-year Perspective on Pakistan's Development, *The Pakistan Development Review*, Part I, 1997 (4): 366.

[2] Zulfiqar Ali Bhutto, *Myths of Independence*, Karachi: Oxford University Press, 1969: 152.

[3] Fredrick Aandahl, Willian Z. Slany (eds), *Foreign Relations of the United States*, Vol. 5, 1950, Washington: Department of State of US, 1978: 1491.

[4] 夏立安、杜林："巴基斯坦军人政治浅论"，《南亚研究季刊》1997年第1期，第48页。

第三章
影响对外政策决策的国内因素

在巴基斯坦看来,来自邻国印度的对其国家生存的威胁一直没有消除,巴基斯坦需要警惕印度。因此,巴基斯坦军方在涉及对印度政策方面有着较高的参与度。

综上所述,在军人执政时期,军队在对外政策制定中的作用自不必说。由于军人长期执政,因此即使在文人政府时期,军人同样在对外政策中扮演重要角色。1989年苏联从阿富汗撤军后,巴基斯坦外交部官员和民选领导人在制定和执行阿富汗政策中的作用才开始增加,但是陆军的高级指挥官以及三军情报局仍然在制定对阿富汗政策中发挥着重要作用。①

第二节 伊斯兰教因素

一、巴基斯坦立国基石

南亚次大陆的穆斯林和印度教徒有着共同的祖先、血统和语言,他们虽然宗教信仰不同,但并不影响他们和睦相处。然而,自莫卧儿帝国灭亡、大英帝国在印度建立殖民政权以后,这种情况就发生了变化。②

随着英国殖民统治的建立,印度教徒和穆斯林间的分歧、矛盾越来越大,以至于穆斯林逐渐提出在南亚次大陆建立自己国家的思想。印度近代伊斯兰教改革家、哲学家和教育家赛义德·艾哈迈德·汗（al—Sayyid Ahmad Khan）最早提出穆斯林是一个民族的理论。后来,穆斯林著名诗人伊克巴尔在1930年的穆斯林联盟年会上第一次明确提出建

---

① Hasan Askari Rizvi, Civil-military Relations in Contemporary Pakistan, *Defence Journal*, 2017-05-04, http://www.defencejournal.com/july98/civilmilitary1.htm.

② 麦浪:《今日巴基斯坦》,北京:世界知识出版社1957年版,第2—3页。

立巴基斯坦的主张。他说:"我愿意见到旁遮普、西北边省、信德和俾路支合并成为一个单一的国家。不管是继续留在不列颠帝国之内作为一个自治政府,还是在不列颠帝国之外而自立,我认为在印度西北部组成一个穆斯林国家,至少是西北印度穆斯林的最终命运。"① 1940年3月22—23日,全印穆斯林联盟拉合尔年会通过了建立独立的穆斯林国家的"拉合尔决议"。② 经过七年的斗争,英国最终在1947年6月公布了将英属印度按照居民宗教信仰分为印度和巴基斯坦两个自治领的"蒙巴顿方案"。③ 1948年8月14日,巴基斯坦正式成立。

巴基斯坦成立后,伊斯兰教在国家政治中的地位、影响越来越大。1956年2月颁布的巴基斯坦第一部宪法规定国名为"巴基斯坦伊斯兰共和国"。该宪法第197条规定,"总统将建立一个研究伊斯兰教的机构来指导高级研究,以协助在真正的伊斯兰教基础上重建穆斯林社会"。④

1973年宪法则规定,伊斯兰教为国教。只有穆斯林才能担任国家最高领导职务,同时制定了关于保证法律和公民权与《古兰经》和《逊奈》相一致的条款。⑤

齐亚·哈克执政时期,伊斯兰教更是渗透到国家生活的各个方面。冷战后,巴基斯坦的伊斯兰教影响继续强化。

无论是在巴基斯坦建国运动时期,还是在巴基斯坦建国后的治理中,伊斯兰教都具有重要作用。伊斯兰教为巴基斯坦统治者取得了群众的拥护和支持,为维护国内稳定提供了合法性。⑥ 总之,伊斯兰教是巴

---

① 麦浪:《今日巴基斯坦》,北京:世界知识出版社1957年版,第4页。
② Muhammad Yusuf, *Pakistan: Milestones: Chronology March 1940 – August 2010*, Islamabad: Mr. Book, 2011: 9.
③ 陆水林:《巴基斯坦》,重庆:重庆出版社2004年版,第29页。
④ The Constitution of the Islamic Republic of Pakistan of 1956, 2014 - 03 - 04, http://www.therepublicofrumi.com/archives/56_12.htm.
⑤ 耶斯尔:"巴基斯坦建国后伊斯兰教的发展",《新疆社会科学》2009年第5期,第67页。
⑥ 陈继东、晏世经:《印巴关系研究》,成都:巴蜀书社2010年版,第186页。

基斯坦立国和治国的基石。

二、国际身份定位

作为以伊斯兰教立国的国家，穆斯林国家的身份使巴基斯坦能与中东等广大穆斯林国家建立紧密联系，也使其在与印度的对抗中可以得到广大穆斯林国家的声援。

为了突出穆斯林国家的身份，巴基斯坦积极倡导穆斯林国家的联合，这不仅可以突出巴基斯坦的伊斯兰特征，而且能赢得穆斯林国家对巴基斯坦的声援。

1949年2月18—20日，在穆斯林联盟领导人扎曼（Khaliq ai-Zaman）的倡议下，世界穆斯林大会（Motamar Al-Alam Al-Islami）在卡拉奇召开。该会议为非政治性质，主要是以穆斯林社会和文化为纽带，提供一个了解穆斯林兄弟真实想法的论坛。[1]

1949年11月25日至12月5日，巴基斯坦财政部长古拉姆·穆罕默德在卡拉奇首次组织国际伊斯兰经济组织（IIEC）会议，并提出穆斯林国家经济集团的概念。[2] 通过这个国家集团间的经济合作，以使伊斯兰国家之间能达到互相支援的目的。[3]

在1951年于卡拉奇召开世界穆斯林大会期间，来自36个国家的超过120个代表团参会。此次大会通过了包括支持巴基斯坦立场在内的13个决议。这些决议表达了对克什米尔、海德拉巴、朱纳加德等印度境内穆斯林占多数地方以及巴勒斯坦、北部非洲、南部非洲、厄立特里亚、

---

[1] Sohail H. Hashmi (ed). *State Sovereignty Change and Persistence in International Relations*, University Park: The Pennsylvania State University, 1997: 63.

[2] Mohammad Ashraf Chaudhry, *Pakistan: Resilient, Resourceful, but Rudderless*, Bloomington: Author House, 2009: 218.

[3] A Z Hilali, *US-Pakistan Relationship: Soviet Invasion of Afghanistan*, Burlington: Ashgate Publishing Limited, 2005: 34.

索马里兰（Somaliland）和南斯拉夫的支持；宣布对任何穆斯林国家的侵略将视为对所有穆斯林国家的侵略。① 此次大会还决定将世界穆斯林大会的总部设在卡拉奇。

1974 年 2 月在巴基斯坦拉合尔召开第二次伊斯兰国家首脑会议，巴基斯坦在伊斯兰世界的地位得到极大提高。此次会议共有 37 个国家参会，22 位国家元首或政府首脑出席了此次峰会。② 此次峰会为巴基斯坦赢得了远高于其相应国家能力的国际声望，同时也部分实现了早年国家创立者期望将巴基斯坦建成地区和世界大国的目标。③

巴基斯坦在发展核武器时也将此与伊斯兰相联系。巴基斯坦总理阿里·布托曾经表示，基督教、犹太教和印度教的文明均有制造核武器的能力。共产主义国家也有这种能力，然而只有伊斯兰教文明没有这种能力，但是这种状况就要改变了。④

总之，作为一个穆斯林国家，巴基斯坦在外交上执行全力支持穆斯林解放事业的政策。巴基斯坦的伊斯兰身份使其与中东巴勒斯坦事务紧密地联系在一起，并采取非常强烈的反以色列立场。1967 年第三次中东战争期间，巴基斯坦坚决支持阿拉伯人民的反侵略斗争。⑤ 1973 年第四次中东战争期间，巴基斯坦继续支持中东地区的穆斯林国家。巴基斯坦向埃及和叙利亚派遣医疗队，巴基斯坦飞行员还在叙利亚参加防御行动。因此，巴基斯坦外交部长阿齐兹·艾哈迈德（Aziz Ahmed）在联合

---

① Sohail H. Hashmi (ed), *State Sovereignty Change and Persistence in International Relations*, University Park: The Pennsylvania State University, 1997: 63.
② Muhammad Yusuf, *Pakistan: Milestones: Chronology March 1940 – August 2010*, Islamabad: Mr. Book, 2011: 169.
③ 沈宏："巴基斯坦的战略选择：伊斯兰、联盟与进攻性防御"，《南亚研究》2011 年第 1 期，第 69 页。
④ [印] B. L. 卡克，安启光、赵常谦译：《布托死牢中的笔记》，北京：新华出版社 1980 年版，第 50 页。
⑤ 鲁金安："试论巴基斯坦对外政策中的伊斯兰因素"，《南亚研究》2003 年第 1 期，第 40 页。

国大会上对以色列没有执行安理会第242号决议进行谴责。① 这为巴基斯坦赢得了伊斯兰世界的尊重。同时，伊斯兰世界也在经济、对外政策、宗教认同和联合国事务等方面给予巴基斯坦帮助和支持，② 特别是对巴基斯坦的克什米尔立场表示支持。

20世纪90年代初中亚国家独立后，巴基斯坦决定率先给予中亚五国外交承认，并邀请中亚五国元首访问巴基斯坦，还分别与这些国家签订经济贸易协定，建立官方经济合作关系。③ 巴基斯坦与中亚国家的宗教信仰一致是推动双方迅速接近的主要原因。

但是，巴基斯坦对外政策中的伊斯兰倾向和对伊斯兰国家的倾斜制约了巴基斯坦与美国关系的发展。④ 巴基斯坦国内伊斯兰政党及其支持者的反美情绪不仅制约了巴基斯坦的对美政策，也使美国加深了对巴基斯坦的疑虑，这严重影响了巴美关系的发展。

第三节 政党因素

一、巴基斯坦政党政治及其演变

在巴基斯坦，由于代议制政府与军人政权交替执政，巴基斯坦的政党政治发展历程相对曲折。

建国初的十余年里，巴基斯坦建立代议制政府的努力失败。由于权

---

① Michael B. Bish, In Search of Identity and Security: Pakistan and the Middle East, 1947 - 77, *Conflict Quarter*, 1992 (3): 44.
② 陈继东、晏世经：《印巴关系研究》，成都：巴蜀书社2010年版，第182页。
③ 鲁金安："试论巴基斯坦对外政策中的伊斯兰因素"，《南亚研究》2003年第1期，第42页。
④ 陈继东、晏世经：《印巴关系研究》，成都：巴蜀书社2010年版，第184页。

力过分集中到个人,政党权力过分集中到穆盟以及巴基斯坦的文化、宗教和社会经济结构等因素,政党政治没能在巴基斯坦政治中健康成长。

巴基斯坦政府在治理国家的过程中,其权力过分集中在总督手中。总督真纳既是穆盟主席,又是制宪议会主席,再加上在建立巴基斯坦过程中积累的威望,他几乎成了国家法定的发号施令者,开创了集权的先例。

1953年4月,古拉姆·穆罕默德总督"如同人们擦去溢在桌面上的牛奶一样"解除了纳则姆丁的总理职务;1954年10月,他又"把制宪议会从国家政治地图上擦掉了"。①

另外,政治集权还表现在穆斯林联盟不允许其他政党存在上。1950年,巴基斯坦首任总理里阿夸特·阿里·汗公开声明"巴基斯坦是在穆斯林联盟争取下得到的,只要我还活着,就不会允许任何一个别的政党活动"。穆盟的一党统治政策把许多政治家推向了自己的对立面,不仅没有实现一党统治,在里阿夸特·阿里·汗死后,反而出现了政党林立的局面。②

在建国后的十年间,由于此阶段政府更替频繁,议会制度流于形式,因此政党政治没能得到正常发展。

随后,阿尤布·汗接管政权,实施军法管制。阿尤布·汗认为政党政治是国家政局动乱的原因,并严厉指责政党和政治家们的勾心斗角。阿尤布·汗说,自从伟大领袖真纳和里阿夸特·阿里·汗先生去世后,政治家们便开始了谁也制止不了的大吵大闹,仅仅是为满足他们的政治欲望和卑鄙的目的,而不顾会对国家造成多么严重的恶劣影响。这些政治家只会进行无休止的、无情的斗争,却拿不出任何对国家有利的政策主张,只会煽动地方主义情绪、宗派和宗教纠纷,唆使一部分巴基斯坦人去反对另一部分巴基斯坦人。这样,国家和人民的情况变得越来越

---

① 李德昌:"巴基斯坦的政治发展",《南亚研究季刊》1985年第2期,第69页。
② 李德昌:"巴基斯坦的政治发展",《南亚研究季刊》1985年第2期,第69页。

第三章
影响对外政策决策的国内因素

槽。因此，阿尤布·汗取消了一切政党，并禁止政党活动。①

1962年7月16日，阿尤布·汗签署《1962年政党活动法》，恢复了政党活动，但在军人执政的总统制下，政党政治有名无实。

随着国内政治的发展，政党力量在国内逐渐成熟和壮大。1970年12月7日，巴基斯坦举行历史上第一次由选民直接选举国民议会议员的全国大选。这次选举可以说是各政党斗争和争取的结果，并在平等和健康的情况下顺利进行了投票。按照正常选举规则，应由获得多数席位的政党来组织政府，②拥有160席的人民联盟（Awami League）打算联合西巴拥有26席的五个小党，以占总席位62%的186席上台执政，但是只拥有国民议会27%席位的巴基斯坦人民党却不愿接受成为国民议会反对党的地位，称自己是西巴唯一有代表性的党，有权分享权力。③巴基斯坦人民党要求获得多数席位的政党与获得少数席位的政党分享权力、组成联合政府的行为，背离了公认的正常选举规则。巴基斯坦政党在政党政治进程中显示出的不成熟行为最终导致东巴基斯坦独立为孟加拉国。

随后，阿里·布托领导的人民党在巴基斯坦执政，并在1973年制定了巴基斯坦历史上的第三部宪法。该宪法规定：巴基斯坦实行议会制。

1977年3月7日，巴基斯坦举行了第二次全国大选，执政的人民党在选举中获胜。此次大选是在人民党政府控制了一切舆论工具，多数主要反对党领导人在狱中的情况下进行的，因而人民党获胜是意料之中的。但是，让人们感到吃惊的是，人民党竟然取得如此优势的胜利，就

---

① 李德昌："巴基斯坦的政治发展（续一）"，《南亚研究季刊》1985年第3期，第51页。
② 高鲲、张敏秋：《南亚政治经济发展研究》，北京：北京大学出版社1995年版，第97页。
③ 高鲲、张敏秋：《南亚政治经济发展研究》，北京：北京大学出版社1995年版，第97页。

连人民党本身也对该党在旁遮普省取得93%的席位感到意外；反对党在竞选活动中颇得选民支持，可为什么在选举结果中会败得如此惨呢？① 据报道，这是因为有些投票站被关闭数小时，投票箱在枪口下被移走，重复投票被承认，在街上发现有做了记号的选票等等。② 由九个政党组成的巴基斯坦全国联盟（Pakistan National Alliance）认为巴基斯坦人民党利用国家机器在选举中采取舞弊行为，因此不承认此次选举结果。3月11日，全国联盟在卡拉奇、海德拉巴、木尔坦以及其他一些城镇举行大规模抗议活动。③

此次大选没有使巴基斯坦在政党政治下实现权力的和平过渡，反而造成国家动乱，并导致军人再次接管政权。

1977年7月5日，巴基斯坦陆军参谋长齐亚·哈克接管政权，并禁止一切政党活动。

1985年底，巴基斯坦取消军法管制并恢复政党活动。1988年齐亚·哈克总统遇难，哈克总统的去世使巴基斯坦迎来了一个以选举和民选政权为特征的恢复民主的新时期，④ 即"民主十年"。

1988年11月16日，巴基斯坦举行全国大选。此次大选在平静、自由和公正的氛围中进行，未出现任何政党和团体指责大选有舞弊行为，未见任何政治势力公开抵制的现象。⑤

在接下来的1990年、1993年以及1997年的全国大选中，各党都接受选举结果，顺利完成政府更替。这表明，巴基斯坦的政党政治在逐渐

---

① 李德昌：《巴基斯坦的政治发展（1947—1987）》，成都：四川大学出版社1989年版，第177页。
② M. G. Weinbaum. The March 1977 Elections in Pakistan: Where Everyone Lost, *Asian Survey*, 1977（7）: 614.
③ M. G. Weinbaum. The March 1977 Elections in Pakistan: Where Everyone Lost, *Asian Survey*, 1977（7）: 614-615.
④ 孙红旗：《巴基斯坦研究（第一辑）》，北京：中国社会科学出版社2012年版，第49页。
⑤ 李德昌：《巴基斯坦的政治发展（1947—1987）》，成都：四川大学出版社1989年版，第257—258页。

走向成熟,各政党开始遵守选举规则,承认选举结果。

1999年10月12日,巴基斯坦陆军参谋长穆沙拉夫接管政权,并暂时中断政党活动。

2002年10月,巴基斯坦举行全国大选,支持穆沙拉夫的穆斯林联盟(领袖派)在选举中获胜。

2008年2月18日,巴基斯坦举行全国大选,人民党在大选中获胜,原执政党穆盟(领袖派)在选举中失利。2008年8月18日,穆沙拉夫辞去总统职务。[1] 巴基斯坦完成军人政权向民选政府的平稳过渡,进入民选政府执政的新阶段。

五年任期届满的人民党在2013年5月举行的大选中失利,随后将权力移交给获胜的穆斯林联盟(谢里夫派)。

人民党完成五年执政任期并顺利完成权力移交,创造了巴基斯坦政党政治的新记录。从1947年8月巴基斯坦建国到2013年5月全国大选后顺利完成权力交接来看,巴基斯坦的政党政治经历了一个从不成熟到逐步成熟的过程,这是事物发展的规律,也体现了巴基斯坦社会自身的特点。由此可预见,在未来,政党政治终将是巴基斯坦政治发展的趋势。

二、巴基斯坦主要政党

政党政治能有效运作的基础是在政党基础上的选举。巴基斯坦自1947年8月独立以来,到1970年12月才举行了第一次在政党基础上的选举。从1970年到2017年,巴基斯坦共举行了九次以政党为基础的全国大选。这九次大选分别在1970年12月、1977年3月、1988年11月、1990年10月、1993年10月、1997年2月、2002年10月、2008

---

[1] 孙红旗:《巴基斯坦研究(第一辑)》,北京:中国社会科学出版社2012年版,第50页。

年2月和2013年5月举行。①

在巴基斯坦政党政治历程中，通过赢得全国大选后在联邦政府执政的政党主要为巴基斯坦人民党和穆斯林联盟（谢里夫派）。其中，人民党上台执政四次，穆斯林联盟（谢里夫派）执政三次。除在联邦执政的政党外，在巴基斯坦各省执政的政党也对巴基斯坦的对外政策有着不同程度的影响，如统一民族运动党（MQM）、巴基斯坦正义运动党（PTI）等。

（一）巴基斯坦人民党

巴基斯坦人民党成立于1967年，主要影响在信德省和旁遮普省等地，自成立以来共参加过九次全国大选。人民党在佐勒菲卡尔·阿里·布托、贝娜齐尔·布托、阿西夫·阿里·扎尔达里的领导下分别于1971年12月至1977年7月、1988年12月至1990年8月、1996年11月至1999年10月、2008年3月至2013年3月在联邦政府执政。②同时，自成立以来，巴基斯坦人民党在信德省共赢得五次议会选举，并获准组建信德省政府；在旁遮普省赢得两次议会选举，并在该省组阁执政。

（二）巴基斯坦穆斯林联盟（谢里夫派）

巴基斯坦穆斯林联盟（谢里夫派）成立于1988年，主要影响在旁遮普省等地，自成立以来共参加过七次全国大选。该党在纳瓦兹·谢里夫的领导下分别在1990年10月、1997年2月和2013年5月在联邦政府执政。同时，自成立以来，巴基斯坦穆斯林联盟（谢里夫派）在旁遮普省赢得三次议会选举，并在该省组阁执政；在俾路支斯坦省赢得一

---

① 2002年10月大选是以政党为基础的全国大选，但巴基斯坦最主要两大政党——人民党和穆盟（谢里夫派）的领导人贝·布托和谢里夫均未能参选，加上穆沙拉夫是军人总统，这次选举的民主性受到反对党质疑，国际社会也有要求巴恢复民主的呼吁。所以，通常把穆沙拉夫执政时的巴政府归为军人政权。因此，本书在讨论政党政治时也将此次选举排除在外。

② 向文华：《巴基斯坦人民党研究》，北京：人民出版社2015年版，第1页。

次议会选举,并在该省组阁执政。

(三) 统一民族运动党

统一民族运动党成立于1984年,主要影响在信德省的卡拉奇、海得拉巴等主要城市,自成立以来共参加过六次全国大选。其中,2002年大选赢得342个国民议会席位中的17个,并与穆斯林联盟(领袖派)在联邦政府联合组阁;2008年大选中赢得25个国民议会席位,遂加入人民党执政的联邦政府。同时,统一民族运动党也多次被获得信德省组阁权的政党邀请加入信德省政府。

(四) 巴基斯坦正义运动党

巴基斯坦正义运动党成立于1996年,是巴基斯坦发展最快的党派之一,自成立以来共参加过四次全国大选。其中,2002年大选中赢得一个国民议会席位;2013年大选中赢得35个国民议会席位,并成为议会第三大党。同时,巴基斯坦正义运动党于2013年赢得了开伯尔—普赫图赫瓦省议会的124个席位中的63个,并在该省组阁执政。2018年7月,赢得全国大选,并开始在联邦执政。

三、主要政党对外政策宣言

(一) 巴基斯坦人民党对外政策宣言

人民党发布的1970年选举宣言主张,为实现巴基斯坦独立的对外政策,必须退出《东南亚条约组织》和《中央条约组织》;巴基斯坦已经体会到美国干涉其内政以及美国军事人员驻扎在巴基斯坦领土上导致的危险形势。巴基斯坦将不允许新殖民主义国家为战争目的以任何形式在巴基斯坦领土上驻军或与军事战略有关的飞越巴基斯坦领空的行为;

与穆斯林国家团结一致,并完全和无保留地支持阿拉伯国家和巴勒斯坦解放运动。① 同时,将继续执行与印度的对抗政策,直到克什米尔问题和其他相关问题得到解决为止。②

在阿里·布托领导的巴基斯坦人民党执政下,巴基斯坦在 1972 年 11 月 9 日退出了《东南亚条约组织》并疏远了美国,同时积极谋求加强与阿拉伯国家的关系。由于 1973 年后国际石油价格猛涨,中东的阿拉伯国家一举变成"暴发户",巴基斯坦改善与中东国家关系后,不仅得到大量来自中东国家的经济援助以抵消美国减少对巴基斯坦援助的影响,而且巴基斯坦加强与中东国家的关系也使巴基斯坦在穆斯林世界的地位大幅上升。③ 与美国的"压力+干涉"不同,中国始终如一地支持巴基斯坦,④ 因此人民党政府继续加强与中国的紧密关系。

另外,由于印度试图制造核武器,人民党政府也试图从各方面满足巴基斯坦制造核武器的条件。1972 年 1 月 20 日,阿里·布托总统在木尔坦主持会议,确定巴基斯坦向核武器道路迈进。⑤ 这为后来印巴实现核威慑平衡奠定了基础。

1988 年人民党的选举宣言表示,人民党将遵循《西姆拉协议》精神解决克什米尔争议。人民党认为,恢复阿富汗独立和中立并建立阿富汗人民自己选择的民主政府符合巴基斯坦利益;随着苏联从阿富汗撤军以及苏联内外政策的转变,苏联和巴基斯坦可以建立友好关系并加强经济和文化交流。人民党还认为,巴基斯坦与美国的关系可以回溯到巴基斯坦建国之初,虽然两国关系经历了困难和分歧,但两国在教育、文

---

① Manifesto – 1970, 2017 – 05 – 02, https://www.ppp.org.pk/wp-content/uploads/2016/02/manifesto1970.pdf.
② A. B. S. Jafri (eds), *The Political Parties of Pakistan*, Karachi: Royal Book Company, 2002: 104.
③ 胡国松:"布托时期巴基斯坦的对外政策",《南亚研究季刊》1992 年第 2 期,第 47—50 页。
④ 胡国松:"布托时期巴基斯坦的对外政策",《南亚研究季刊》1992 年第 2 期,第 47 页。
⑤ 宋德星、孙静:"论巴基斯坦的核政策",《南亚研究季刊》2006 年第 4 期,第 52 页。

第三章
影响对外政策决策的国内因素

化、科技等领域的合作越来越深入，从长远来看，这些领域的合作与巴基斯坦从美国接受的经济和军事援助同样重要。①

1993年人民党的竞选宣言中关于该党的对外政策主张为：努力与印度达成《共同削减武器条约》（Mutual Arms Reduction Treaty）；与中国保持友好关系是我们对外政策的基石；加强与正在崛起的日本的关系；穆斯林国家间的紧张关系要求我们去帮助我们的穆斯林朋友，而不是选边站；加强与阿富汗和中亚国家的经济联系；给予欧洲国家，特别是法国、德国、英国和意大利外交优先；加强与俄罗斯的关系。②

20世纪90年代，贝·布托领导的人民党两次上台执政。贝·布托根据国家实际情况和外部环境的变化以及个人与美国政界的关系，调整了该党对美国的政策，继续改善与美国的关系。巴基斯坦军方支持贝·布托第二次上台执政就考虑到其能改善巴基斯坦与美国的关系。

人民党2008年的竞选宣言表示，人民党将与邻国阿富汗、印度、伊朗和中国保持友好关系，并将进一步加强与美国、加拿大、日本、欧盟和英联邦的关系。同时，巴基斯坦地处中亚、海湾和海湾国家委员会的交汇处，人民党将努力促进与这些地区的贸易和文化交流。宣言还认为，一个繁荣的巴基斯坦将促进南亚繁荣。如果要实现上述目标，就必须与印度保持和平关系。人民党支持克什米尔人民的权利，并将继续通过与印度的全面对话进程解决包括克什米尔问题在内的印巴间问题。③

在扎尔达里执政期间，巴美关系虽因反恐等问题而分歧不断，但又因巴美互有需要，遂双方都在尽力维持巴美关系。在中巴关系方面，人民党继续推进中巴友好关系，巴基斯坦总统、人民党联合主席扎尔达里

---

① Manifesto – 1988，2017 – 05 – 02，https：//ppp. org. pk/wp-content/uploads/2016/02/manifesto1988. pdf.

② Manifesto – 1993，2017 – 05 – 02，https：//ppp. org. pk/wp-content/uploads/2016/02/manifesto1993. pdf.

③ Manifesto – 2008，2017 – 05 – 02，http：//www. pppusa. org/upload/manifesto2008. pdf.

甚至计划每三个月访问中国一次。①

由上可看出，随着国际格局和周边环境的变化，人民党的对外政策也在进行调整，从 20 世纪 70 年代的对抗印度到现在努力地与包括印度在内的周边邻国保持友好关系。②

（二）穆斯林联盟（谢里夫派）的对外政策宣言

穆斯林联盟（谢里夫派）2008 年的竞选宣言指出：将按照联合国相关决议，并以克什米尔人民的愿望为基础，尽一切努力解决克什米尔问题。在公平、公正基础上和平解决与印度间所有悬而未决的问题。促进伊斯兰会议组织（OIC）成员国间的团结和统一，并加强该组织的有效性和可信度。巴基斯坦将特别关注加强与伊斯兰兄弟国家的关系。中国是巴基斯坦经过时间考验的朋友，我们需要尽力加强和提升这种关系。该党还认为，作为一个发展中的不结盟国家，巴基斯坦对外政策应该尽力加强与亚非拉地区其他发展中国家的关系，特别是经济领域的关系。③

在 2013 年大选期间，穆斯林联盟（谢里夫派）竞选宣言中对如何加强、改善与邻国关系有以下表述：巴基斯坦追求与我们之间有分歧的邻国关系正常化的政策，为实现与所有国家，特别是我们的邻国建立友好、合作的关系的目标，我们寻求通过和平谈判找到解决方法。④

1990—1993 年，在谢里夫第一次执政期间，由于其对阿富汗和克什米尔的政策引起美国不满，巴基斯坦差点被列入恐怖主义国家名单。⑤ 由

---

① 饶博、李忠发："巴中两国合作前景广阔——访巴基斯坦总统扎尔达里"，新华网，2008 - 10 - 13，http：//news. xinhuanet. com/newscenter/2008 - 10/13/content_ 10189691. htm。

② A B S Jafri（eds），*The Political Parties of Pakistan*，Karachi：Royal Book Company，2002：93 - 94.

③ Pakistan Muslim League（N）- (PML-N) MANIFESTO 2008，2017 - 05 - 02，http：//www. apnahyderabad. com/special/pml-n-MANIFESTO - 2008. asp.

④ Pakistan Muslim League（N）Manifeso 2013，2017 - 05 - 02，http：//pmo. gov. pk/documents/manifesto. pdf.

⑤ 刘善国："巴基斯坦政局从动荡步入稳定"，《南亚研究季刊》1997 年第 3 期，第 17 页。

此可见,该党维系与美国关系的能力还不足。1997年,纳瓦兹·谢里夫领导的穆斯林联盟(谢里夫派)第二次上台执政。谢里夫认为,为了本地区经济发展和繁荣,巴基斯坦希望与印度建立良好的和平睦邻关系。他希望尽早通过谈判解决巴基斯坦与印度之间的争端。① 2013年6月至2018年5月,纳瓦兹·谢里夫领导的穆斯林联盟(谢里夫派)第三次上台执政。执政期间,谢里夫政府在周边外交上取得了一定成绩。例如,通过努力,在谢里夫任内,巴基斯坦加入上海合作组织的程序正式启动,并在2017年7月正式成为上合组织正式成员国。在印巴关系方面,印度总理莫迪在2015年12月25日访问完阿富汗回国途中闪电式造访巴基斯坦,并在拉合尔与巴总理谢里夫举行会晤,这是自2004年印度总理瓦杰帕伊(Atal Bihari Vajpayee)访问巴基斯坦以来,印度总理首次到访巴基斯坦。②

(三)统一民族运动党对外政策宣言

统一民族运动党2013年竞选宣言中就对外政策有如下表示:统一民族运动党想要巴基斯坦有一个独立的外交政策,并促进巴基斯坦与所有国家,特别是邻国保持亲密、友好和尊敬的关系。该党相信和平共处政策,相信所有争议和冲突可以通过对话与和平方式解决。统一民族运动党将按照克什米尔人民的意愿,通过有意义、真诚和值得尊敬的对话来解决克什米尔问题。该党鼓励与印度的信任建立措施和对话进程,并渴望在南亚国家间建立和平与紧密合作关系,特别是在经济领域,以便为生活在该地区的全球1/5的人口提供和平、进步和繁荣。③

---

① 刘秀英:"再度出山的巴基斯坦总理纳瓦兹·谢里夫",《现代国际关系》1997年第3期,第42页。
② 赵卓昀、闫亮、陈鹏:"印度总理时隔12年首访巴基斯坦",2017-05-02,http://news.xinhuanet.com/world/2015-12/27/c_128570562.htm.
③ Empowering People: MQM Manifesto 2013, 2018-04-22, http://www.cpdi-pakistan.org/wp-content/uploads/2013/05/MQM-Manifesto-2013-Eng.pdf.

(四) 巴基斯坦正义运动党对外政策宣言

巴基斯坦正义运动党 2013 年竞选宣言表示：正义运动党将在主权平等、互利和互不干涉内政的基础上与所有邻国一道促进地区和平；更积极地追求我们的政治和经济利益；在主权平等的基础上与印度和平共处，并通过公正的解决方案来解决悬而未决的争端；坚定支持克什米尔争取自由的斗争，并在联合国决议和自决权的基础上促进争议的解决；在共同利益和共同价值观的基础上，与美国建立新型互利关系；通过在商业、贸易和安全领域的持续合作，进一步加强与中国的传统友谊；积极促进与伊斯兰国家，特别是与伊朗、沙特和海湾国家的团结，并进一步加强经济和安全联系；通过加强与阿富汗的独特、密切关系，支持阿富汗快速恢复正常的努力；寻求改善与俄罗斯的关系，并加强互利合作；与欧洲，特别是欧盟维持传统的亲密关系和互利合作；寻求与东盟、日本、非洲和拉丁美洲建立更加广阔的经济互助渠道；寻求成为上海合作组织正式成员国；与志同道合的国家在世界贸易组织事务上密切协调谈判立场。[①]

综上所述，从巴基斯坦的政党政治来看，巴基斯坦正形成"两个全国性政党＋多个地方性政党"的格局。

从对外政策方面来看，人民党和穆斯林联盟（谢里夫派）的主要政策主张相差不大，但也各有侧重点。例如，为通过和平方式解决印巴间所有悬而未决的问题，1999 年 2 月谢里夫总理与印度总理瓦杰帕伊在拉合尔签署《拉合尔宣言》，并开启拉合尔进程；而人民党则反对巴基斯坦单独签署《不扩散核武器条约》，尽力推动与印度签署《共同削

---

① An Agenda for Resurgence: The Manifesto of Pakistan Tehreek-e-Insaf: 2013, 2018 - 04 - 12, http://www.cpdi-pakistan.org/wp-content/uploads/2013/05/PTI_ Manifesto_ 2013.pdf.

减武器条约》。①

此外，政党政治中的在野党也会对执政党的对外政策造成一定的影响。例如，1998年5月，当印度公开进行核试验后，巴基斯坦总理谢里夫认为，巴基斯坦作为一个负责任国家，需要对是否进行核试验进行仔细分析后再做决定，② 在野的人民党则要求政府跨过核门槛。2011年，人民党政府准备给予印度贸易最惠国待遇时，穆斯林联盟（谢里夫派）则对此决定持强烈保留态度。

总之，政党政治使巴基斯坦政府在制定对外政策时受到来自其他政党的制衡，这有利于促使巴基斯坦的对外政策最大限度地合理化。

---

① A B S Jafri (eds), *The Political Parties of Pakistan*, Karachi: Royal Book Company, 2002: 108.
② Samina Yasmeen, Pakistan's Nuclear Tests: Domestic Debate and International Determinants, *Australian Journal of International Affairs*, 1999 (1): 52.

第四章

巴基斯坦对外政策决策机制

第一节 对外政策目标

对外政策是一国在处理国际事务、对外关系时所遵循的基本原则和方针。

对于巴基斯坦的对外政策,巴基斯坦第一任总督、国父阿里·真纳在1948年2月曾发表看法,他表示:"巴基斯坦的对外政策是与世界所有国家建立友善的关系,我们没有侵略任何国家的企图,我们愿意按诚实和公平原则处理国家间关系和国际交往,并准备努力为促进世界的和平与繁荣做贡献。巴基斯坦将从物质和道义上支持世界上被压迫的民族,并维护联合国宪章原则。① 巴基斯坦的1956年宪法第24条、② 1973年宪法第40条"加强与穆斯林世界的关系、促进国际和平"中指出:巴基斯坦应在伊斯兰团结的基础上努力维护和加强与穆斯林国家间的兄弟关系,支持亚、非、拉人民共同利益,增进各国间亲善与友好关

---

① M. K. Akbar, *Pakistan: from Jinnah to Sharif*, New Delhi: Mittal Publications, 1997: 197.

② The Constitution of the Islamic Republic of Pakistan of 1956, 2014 – 03 – 03, http://www.therepublicofrumi.com/archives/56_00.htm.

第四章
巴基斯坦对外政策决策机制

系，促进国际安全与和平，提倡通过和平方式解决国际争端。① 在现实中，巴基斯坦与各国和平相处、以和平方式解决争端的愿望并未能实现，而且巴基斯坦从建国之初就受到邻国的安全威胁。

与其他国家一样，对外政策是巴基斯坦寻求保护、促进和发展包括国家安全在内的国家利益的工具，然而一国的国家利益是由其历史、地缘政治和人民的愿望等因素决定的。对于一直处于危险之中的巴基斯坦来说，国家安全是最重要的国家利益。② 据此，我们可以概括出巴基斯坦制定对外政策时需要考虑的因素：一是追求作为一个完全独立国家的安全与生存；二是因历史、地缘政治和印巴关系紧张等因素，保卫领土完整成为对外政策焦点；三是强化穆斯林认同，与整个穆斯林世界团结一致，毫不退缩地支持穆斯林事业；四是依赖西方国家，以满足巴基斯坦经济、政治和军事持续发展的需求。③ 应该说，基于自身安全威胁的经历和体验，巴基斯坦特别重视和强调奉行国际公认的国家间关系模式，即尊重所有国家的主权和领土完整、不干涉别国内政、互不侵犯、和平解决争端。④

具体而言，按照国父真纳和巴基斯坦宪法规定的原则，巴基斯坦对外政策的目标可概括为：

（1）保护包括克什米尔在内的国家安全和地缘战略利益。

（2）促进巴基斯坦成为一个有活力、进取、温和和民主的伊斯兰国家。

（3）创造宏观政治架构，以追求海外经济和社会利益。

---

① M. G. Chitkara, *Human Rights in Pakistan*, New Delhi: A. P. H. Publishing Corporation, 1997: 361.

② Latif Ahmed Sherwani, The Objectives of Pakistan Foreign Policy, *Civilisations*, 1966 (2): 226 – 232.

③ Muhammad Saleem Mazhar, Naheed S. Goraya, Foreign Policy of Pakistan: Internal Challenges, *Journal of Political Studies*, 2013 (2): 92 – 93.

④ Foreign Policy, 2017 – 05 – 02, http://www.mofa.gov.pk/content.php?pageID=Foreign%20Policy.

(4) 巩固巴基斯坦的商业和经济利益。
(5) 保护海外巴基斯坦人的利益。
(6) 与世界所有国家，特别是主要大国和周边邻国发展友好关系。
(7) 确保最有效地利用资源来促进国家发展。①

第二节 参与对外政策决策的行为主体

一、建国以来的政治体制演变

从建国至今的60多年里，巴基斯坦政治体制发生了一些变化：一是巴基斯坦先后颁布三部宪法，经历三次军事政变，民选政府和军人政府交替执政，大致十年轮回一次；二是国家总统和政府总理的权力多次转换，总统（总督）制和总理制交替实施。伴随着种政治体制演变，虽然参与对外政策决策的主要机构变化不大，但这些机构在对外政策决策中的地位和作用却有相应变化。因此，在论述对外政策决策机构之前，需先厘清巴基斯坦所经历的政体变化，其中最重要的是考察总统制和总理制交替实施的情况。②

（一）总督时期

从1947年8月独立到1956年3月颁布第一部宪法，巴基斯坦中央政府的实权基本上都掌握在总督手里，即实行总督制。这一时期巴基斯坦政府是根据经修改的《1935年印度政府法》（Government of India Act

---

① *Yearbook of Pakistan Foreign Relations*, 2003 – 2004, Pakistan: Ministry of Foreign Affairs, 2004：8.
② 自巴基斯坦建国到1956年第一部宪法颁布前称为总督，1956年第一部宪法颁布后称为总统。

第四章

| 巴基斯坦对外政策决策机制 |

of 1935）组建的，并基本上承袭了英国殖民统治时期的传统，保持了英国人过去建立的官僚制度。其要点是：巴基斯坦总督拥有行政、司法和组建军队的权力；总督下设部长会议——内阁、各部长由总督任免等。① 按照《印度独立法案（1947年）》（Indian Independence Act, 1947）第5章的规定，新自治领应任命一位总督代表新自治领政府。第6章第3条规定，新自治领总督有权批准该自治领立法机关通过的所有法律。②

从实际情况来看，巴基斯坦独立之初，德高望重的国父阿里·真纳担任第一任总督，由他指定巴基斯坦首任内阁、主持内阁会议、制定政策，总理没有实权。③

1948年9月11日，真纳因病去世。随后，国家实权转移到真纳的密友、首任总理、国家二号人物里阿夸特·阿里·汗手上。也就是说，真纳去世至里阿夸特·阿里·汗被刺身亡这段时间内，巴基斯坦曾短暂实行总理制。

1951年10月16日，里阿夸特·阿里·汗总理被人枪杀。接下来，马利克·古拉姆·穆罕默德（Malik Ghulam Mohammad）继任总督直到1955年10月。在这四年里，穆罕默德大权在握，多次解散政府和罢免政府总理，巴基斯坦恢复实行总督制。例如，1953年4月，穆罕默德总督以不能制止旁遮普省动乱和解决粮食为由解散纳齐姆丁（Khawaja Nazimuddin）为总理的政府；1954年10月24日，以制宪会议已无人民性为由将其解散，并将穆罕默德·阿里·波格拉（Mohammad Ali Bogra）为总理的政府一同解散；随后又由穆罕默德·阿里·波格拉组

---

① 肖敬民、吴鹏等：《南亚核风云：印巴核实验扫描》，北京：长虹出版社1998年版，第80页。
② Indian Independence Act, 1947, 2017-05-02, http://www.legislation.gov.uk/ukpga/1947/30/pdfs/ukpga_19470030_en.pdf.
③ 李德昌：《巴基斯坦的政治发展：1947—1987》，成都：四川大学出版社1989年版，第44页。

建新的内阁,并运行到 1955 年 8 月;1955 年 10 月 6 日,伊斯坎德尔·米尔扎(Isakandar Mirza)接替马利克·古拉姆·穆罕默德的总督之职,成为巴基斯坦第四任总督。

(二) 宪法时期

从 1956 年 2 月颁布第一部宪法至今,是巴基斯坦政治体制的宪法时期,除了军人政府废除或暂停实施宪法外,巴基斯坦政治体制遵循宪法原则。

1956 年 2 月 29 日,第二个制宪议会颁布了巴基斯坦第一部宪法。根据该宪法,总督改称为总统,时任总督米尔扎将军于 1956 年 3 月 23 日(即宪法实施日)成为巴基斯坦伊斯兰共和国首任总统。

巴基斯坦历次颁布的宪法都将巴基斯坦定义为联邦制国家,而且巴基斯坦的联邦制有其自身特点。

1. 1956 年和 1962 年宪法规定,总统拥有实权,主要表现在有权解散议会及任命总理上,即实行总统制

例如,1956 年宪法第 37 条规定,由总理领导的部长内阁协助或建议总统行使其权力,同时总统可以自由任命获得议会信任投票的新总理。第 39 条规定,巴基斯坦行政权属于总统并由总统实施。第 40 条规定,武装力量最高指挥权属于总统,总统有权任命三军最高指挥官。第 42 条规定,总理应该向总统通报内阁所有有关行政和拟议立法等事务。第 50 条规定,总统有召集、休会以及解散议会的权力。① 一些党派认为,"国家元首的权力极大"是 1956 年宪法的缺点之一。②

米尔扎在职期间频繁撤换中央政府,30 个月内四次更换政府,先后组成穆罕默德·阿里(Mohammed Ali)政府(任期 13 个月)、侯赛

---

① The Constitution of the Islamic Republic of Pakistan of 1956, 2014 - 03 - 02, http://www.therepublicofrumi.com/archives/56_ 00.htm.

② 麦浪:《今日巴基斯坦》,北京:世界知识出版社 1957 年版,第 116 页。

因·沙希德·苏赫拉瓦迪（Hussain Shaheed Suharwardi）政府（任期13个月）、伊斯梅尔·伊拉欣·昌德里加尔（Ibrahim Ismail Chaundrigar）政府（任期仅2个月）和马利克·费洛兹·汗·努恩（Malik Feroz Khan Noon）政府（任期10个月）。① 总统行使这些权力在巴基斯坦宪法中有相应的法律依据。

1962年，在阿尤布·汗（Muhammad Ayub Khan）军人政府执政时期，巴基斯坦颁布了建国以来的第二部宪法，即1962年宪法。该宪法第17条规定，巴基斯坦总统有权任命军队最高指挥官。第23条规定，总统有权解散议会。第31—36条规定，巴基斯坦行政权属于总统，有权任命部长、议会秘书、总检察长、最高法院首席大法官等。②

2. 1973年宪法规定，巴基斯坦实行总理制，总统只是礼仪性职务

1971年第三次印巴战争后，阿里·布托成为巴基斯坦总理。他推动制定了巴基斯坦第三部宪法，即1973年宪法。该宪法第48条第1款规定，巴基斯坦总统按照总理的建议行使其职权；第2款规定，总统的命令须由总理副署方可生效；③ 第58条规定，在总理建议下，总统可以解散国民议会；④ 第90条规定，巴基斯坦联邦行政权应在总统的名义下由总理和联邦部长组成的联邦政府实施；⑤ 第243条第1款规定，巴基斯坦武装力量由联邦政府控制和指挥。⑥ 因此，在布托执政时期，政府

---

① 拾遗之："巴基斯坦'十月革命'"，《南亚研究季刊》1993年第4期，第61页。
② The Constitution of the Republic of Pakistan, 2014 - 03 - 02, http://www.therepublicofrumi.com/archives/62_00.htm.
③ Shaukat Mahmood, *Constituting of the Islamic Republic of Pakistan 1973*, Lahore: Legal Research Centre, 1973: 133.
④ Shaukat Mahmood, *Constituting of the Islamic Republic of Pakistan 1973*, Lahore: Legal Research Centre, 1973: 137.
⑤ Shaukat Mahmood, *Constituting of the Islamic Republic of Pakistan 1973*, Lahore: Legal Research Centre, 1973: 161.
⑥ Shaukat Mahmood, *Constituting of the Islamic Republic of Pakistan 1973*, Lahore: Legal Research Centre, 1973: 511.

总理大权在握，总统只是礼仪性职位，但是这种状况后来被齐亚·哈克（Zia ul-Haq）改变。

3. 1973年宪法第8修正案：总统重掌大权

1978—1988年为齐亚·哈克军人政府执政时期。1985年，齐亚·哈克总统颁布1973年宪法第8修正案，该修正案最重要的一条就是在1973年宪法第58条中增加了第2款，即联邦政府在按宪法条款以及选民必要呼吁的形势下不能继续履行其职责时，总统可以解散国民议会。① 这就是有名的第58条（2b）规定，该规定的实质是把国家实权由总理转归于总统。

4. 1973年宪法第13修正案：总理重掌大权

1997年4月，巴基斯坦议会通过宪法第13修正案，其中最重要的一条就是将第58条（2b）删除。②

5. 1973年宪法第17修正案：总统重掌大权

2003年12月，在穆沙拉夫军人政府执政时期，巴基斯坦议会通过宪法第17修正案。该修正案规定，总统经最高法院批准后有权解散国民议会，与总理协商后有权任免三军领导人。③

6. 1973年宪法第18修正案：总理重掌大权

2010年4月，巴基斯坦议会通过宪法第18修正案，废除前总统穆沙拉夫颁布的宪法第17修正案，取消总统解散国民议会的第58条（2b）规定，再次恢复为：在总理建议下，总统可以解散国民议会。同时，该修正案将任命巴基斯坦武装力量指挥官的条款改为：巴基斯坦联

---

① Safdar Mahmood, *Pakistan: Political Roots and Development: 1947 – 1999*, London: Ocford University Press, 2000: 103.
② The Constitution (Thirteenth Amendment) Act, 1997, 2017 – 05 – 02, http://www.pakistani.org/pakistan/constitution/amendments/13amendment.html.
③ Constitution (Seventeenth Amendment) Act, 2003, 2017 – 05 – 02, http://www.pakistani.org/pakistan/constitution/amendments/17amendment.html.

第四章
巴基斯坦对外政策决策机制

邦政府控制和指挥武装力量；在总理建议下，总统任命参谋长联席会议主席、陆军参谋长、海军参谋长和空军参谋长。①

从以上国家最高权力在总统和总理间转换的情况可以看出，从建国至今，不论是军人政府执政还是民选政府执政，巴基斯坦总统在政治体制中掌握实权的时间居多。

从巴基斯坦独立到 2018 年穆斯林联盟（谢派）完成执政，共 71 年，共有 18 任总督/总统，其中，没有实权的总督/总统只有六位，共历时 19 年。这六位分别是 1948 年 9 月至 1951 年 10 月担任总督的齐姆丁（Khawaja Nazimuddin），1973 年 8 月至 1978 年 9 月担任总统的法兹尔·伊拉希·乔杜里（Fazal Ilahi Chaudhry），1997 年 12 月至 1998 年 1 月担任总统的瓦希姆·萨贾德（Wasim Sajjad），1998 年 1 月至 2001 年 6 月担任总统的穆罕默德·拉菲克·塔拉尔（Mohammed Rafiq Tarar），阿西夫·阿里·扎尔达里（Asif Ali Zardari）担任总统的最后三年（即 2010 年 4 月至 2013 年 9 月），以及 2013 年 9 月至 2018 年 9 月担任总统的马姆努思·侯赛因（Mamnoon Hussain）。② 总体上说，除这 14 年之外，巴基斯坦可以被称为总统制。

阿里·布托执政后期、20 世纪 90 年代、谢里夫第二次执政时期、扎尔达里执政后期、谢里夫第三次执政时期以及当前的伊姆兰·汗执政时期，巴基斯坦实行总理制，总统只是礼仪性职务。总体来看，巴基斯坦建国以来的政治体制经历了总统制和总理制的交替演变，并有向总理制发展的趋势。

---

① Constitution（Eighteenth Amendment）Act, 2010, 2017 - 05 - 02, http://www.pakistani.org/pakistan/constitution/amendments/18amendment.html.
② 从法律上说，在 2010 年 4 月宪法第 18 修正案通过后，扎尔达里将实际权力转移给了吉拉尼总理，但扎尔达里总统与吉拉尼总理同属人民党，且扎尔达里为该党联合主席。因此，在实际操作中，扎尔达里的权力要大于宪法规定的权力。

二、总统

巴基斯坦建国 70 多年来，总统制的时间居多，这就决定了总统在国家对外政策决策中具有重要地位。

1956 年宪法第 37 条规定，总统可以自由任命获得议会信任投票的新总理。第 39 条规定，巴基斯坦行政权属于总统并由总统实施。第 42 条规定，总理应该向总统通报内阁所有有关行政和拟议立法等事务。1962 年宪法第 31 条规定，巴基斯坦行政权属于总统并由他直接或者通过服从于他的官员实施。[①] 1973 年宪法使巴基斯坦政体变成总统虚位的"总理制"。然而，齐亚·哈克的军事政变和 1985 年的宪法第 8 修正案、穆沙拉夫的军事政变和 2003 年的宪法第 17 修正案，又使巴基斯坦回到了总统制。

不论是实行总理制还是总统制，巴基斯坦政府与外国政府或国际组织签署协定或加入国际公约，都需要总统签字才能生效，因此巴基斯坦总统在对外政策决策中有形式上的最终裁决权。

三、总理

从巴基斯坦建国至今，巴基斯坦联邦政府架构中曾经有 20 多年没有总理一职，这主要出现在军人执政时期。[②] 在此期间，联邦各部直接向总统负责。除上述时间段外，巴基斯坦联邦政府设立总理一职时，又可以分为两种情况，即"总统制"下的总理和"议会制"下的总理。两者的区别在于：是否有最终决定权。两者的共同之处在于：都是对外

---

① The Constitution of the republic of Pakistan, 2014 - 03 - 02, http: //www. therepublicofrumi. com/archives/62_ 00. htm.

② 分别是在阿尤布·汗、叶海亚·汗执政时期和阿里·布托执政前期（1958 年 10 月到 1973 年 8 月）；齐亚·哈克执政初期（1977 年 7 月到 1983 年 3 月）共计 23 年。穆沙拉夫执政前期（1999 年 10 月至 2002 年 11 月），穆沙拉夫自任相当于总理的首席执行官一职。

第四章
巴基斯坦对外政策决策机制

政策决策过程中的重要参与者。

四、内阁

无论是在军人政府还是民选政府执政期间,巴基斯坦联邦内阁都是对外政策决策的关键参与机构之一,而且巴基斯坦联邦内阁相关部门还是对外政策的主要执行者。

1956年宪法第37条规定,成立由总理领导的、各部部长组成的内阁,协助或建议总统行使其权力。①

1962年宪法第33条规定,为协助总统履行权力,总统可以从议员中选择合适人选任命为总统的部长理事会(Council of Ministers)的部长成员。②

1973年宪法第90条规定,巴基斯坦联邦行政权由总理和联邦部长若干人组成的联邦政府以总统名义行使,并通过联邦首席执行官(即总理)行使联邦行政权。③

按照巴基斯坦联邦政府《工作程序(1973年)》第16条规定,涉及与外国间互派外交和商务代表、签署协议、友好使团出访和代表参加国际会议等建议,必须提交给内阁;所有与外国进行谈判的任何文化或其他协议的建议,原则上应第一时间提交给内阁批准,只有内阁批准之后才能进入实质性谈判。④ 该规定表明,对于与外交相关的事务,必须经过内阁讨论。同时,巴基斯坦政府与外国政府或国际组织签署协定或加入国际公约,都需要经过内阁批准,总统签字后才能生效。

---

① The Preamble of the Constitution of Pakistan (1956), 2014-03-02, http://www.therepublicofrumi.com/archives/56_00.htm.

② The Constitution of the Republic of Pakistan, 2014-03-02, http://www.therepublicofrumi.com/archives/62_00.htm.

③ Shaukat Mahmood, *Constituting of the Islamic Republic of Pakistan 1973*, Lahore: Legal Research Centre, 1973: 161.

④ Cabinet Secretariat, Rules of Business 1973, 2017-05-02, http://www.cabinet.gov.pk/frmDetails.aspx?id=14&opt=policies.

在巴基斯坦内阁相关部门中，外交部和国防部无疑是与制定对外政策关系最密切的两个部门。

（一）外交部

外交部是巴基斯坦专门处理外交事务的部门。巴基斯坦所有与外国政府、巴基斯坦驻外机构、外国驻巴外交机构或国际组织的交流都应正式通过外交部完成。[①] 外交部是巴基斯坦对外政策决策过程中的主要参与者。

以规范巴基斯坦联邦政府工作职责的《工作程序（1973年）》为例，该条例第13条规定，所有影响巴基斯坦对外政策和外交关系行为的事件都应该咨询外交部。[②] 同时，外交部也是巴基斯坦对外政策执行的核心部门。在《工作程序（1973年）》中的计划表 II 中列出了关于外交部的职责，共15项，包括处理对外关系，处理与其他国家签署协议、条约，对其他国家宣布战争或和平，等等。[③]

巴基斯坦外交部内设部长、国务部长。外交部实际工作由外交秘书领导，数名分管不同领域外交关系的辅秘协助其工作。在辅秘之下，由各司、局、部门负责人协助辅秘工作（参见图4-1）。

巴基斯坦驻外大使及其他海外使团受外交部指导，并向外交部提交看法和建议。同时，驻外大使及其他海外使团协助外交部完成相关任务。

对于一般外事情况的处理，通常按照以下程序执行：针对新的情况，外交部处级领导会主动提议或者回应上级的指导，起草相关对外政策草案。如果形势需要，比处级领导高一级别的司长会亲自起草外交政策草案。必要时，他们还需咨询其他司级领导。根据不同情况和形势的要求，外交部

[①] Cabinet Secretariat, Rules of Business 1973, 2017 – 05 – 02, http：//www. cabinet. gov. pk/frmDetails. aspx？id = 14&opt = policies.

[②] Cabinet Secretariat, Rules of Business 1973, 2017 – 05 – 02, http：//www. cabinet. gov. pk/frmDetails. aspx？id = 14&opt = policies.

[③] Cabinet Secretariat, Rules of Business 1973, 2017 – 05 – 02, http：//www. cabinet. gov. pk/frmDetails. aspx？id = 14&opt = policies.

第四章
| 巴基斯坦对外政策决策机制 |

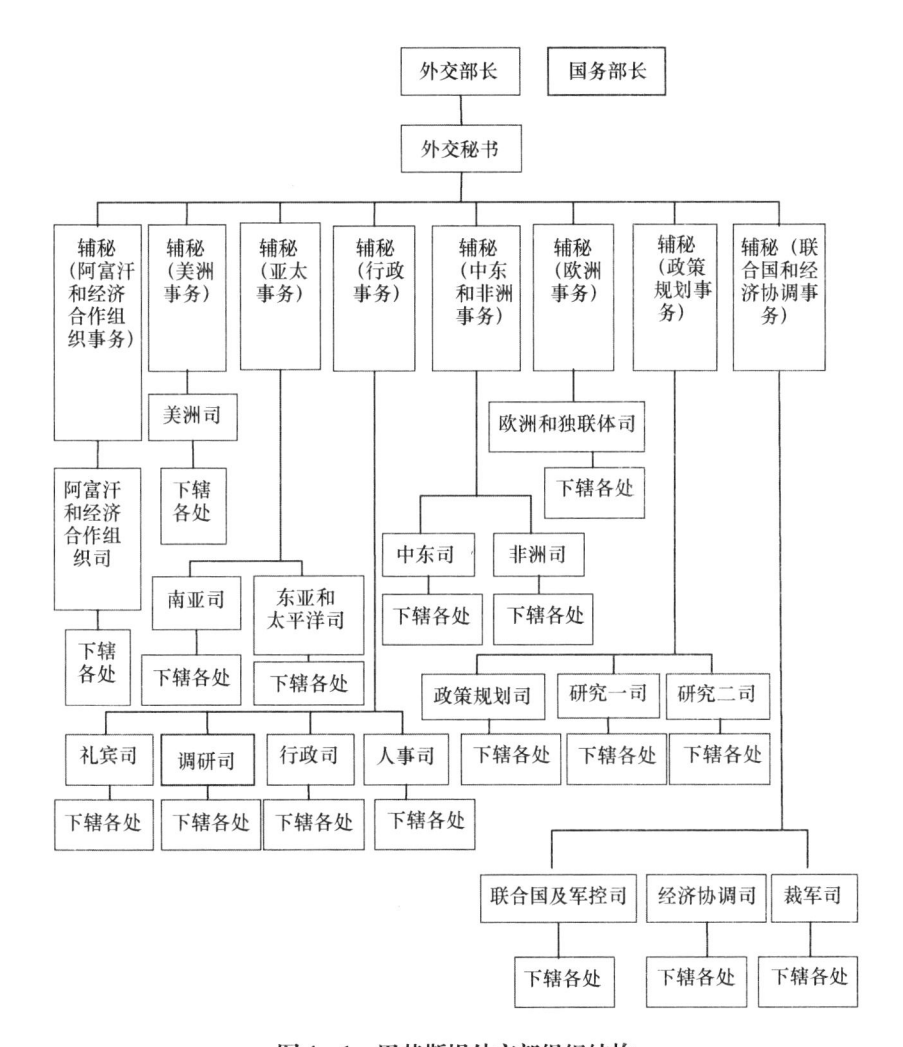

图 4-1　巴基斯坦外交部组织结构

资料来源：Javid Husain, *The Process of Foreign Policy Formulation in Pakistan*, Briefing Paper of PILDAT, 2004（12）：7，2017-05-03，http：//www.pildat.org/Publications/publication/FP/TheProcessofForeignPolicyFormulationinPakistan.pdf.

也要咨询相关海外使团或者其他部门。如果建议符合现行政策，该事件可以在相关司局级决定，或者上报给负责的相关外交辅秘决定，这取决于事件的重要程度。非常重要的情况，文件将上报给外交秘书，根据形势需要和事件的重要程度，外交秘书可以与外交部长、总理和总统商讨。

如果起草草案提出的建议或措施超出现行对外政策的范畴，该文件需通过外交秘书上报到外交部长和总理处批准。如果该建议或措施与其他部有关，在上报总理或内阁做决定之前，外交部一般要和相关部进行磋商。

对于非常重要的事件，在做最终决定之前需正式或非正式与总统磋商。

更重要的事件，外交部长或总理可以咨询议会领导，或者在议会进行辩论，以获得议会的信任和支持。

一旦决策机构做出相关决定，外交部门将在巴基斯坦海外使团或使馆领导人帮助下负责执行。[1]

（二）国防部

国防部是在国防领域推行巴基斯坦政府政策，管理和协调巴基斯坦联邦政府各部委以及各军种在国防领域活动的联邦国家执行机构。

巴基斯坦国防部设部长、国务部长。两个部长级职位。国防秘书是最高文官，负责日常事务，由三名分别处理陆、海、空三军事务的辅秘协助国防秘书工作。辅秘下再设由联秘领导的各司（参见图 4-2）。

巴基斯坦国防部的任务就是"使巴基斯坦三军能保卫国家主权和领土完整，通过军事手段和其他与国防相关的能力保护巴基斯坦国家利益和资产"。[2] 按照巴基斯坦联邦政府《工作程序（1973 年）》的规定，国防部负责处理与外国政府有关防务方面的协议和条约以及向其他国家

---

[1] Javid Husain, The Process of Foreign Policy Formulation in Pakistan, Briefing Paper of PILDAT, 2004 (12): 7, 2017 - 05 - 03, http://www.pildat.org/Publications/publication/FP/TheProcessofForeignPolicyFormulationinPakistan.pdf.

[2] Ministry of Defence Pakistan. Year Book 2009 - 2010, Rawalpindi: Defence Division of Ministry of Defence, 2010: 8, http://www.mod.gov.pk/gop/index.php? q = aHR0cDovLzE5Mi4xNjguNzAuMTM2L21vZC91vZC91vZC91vZC91vZC91vZC91vZC91vZC91vZC91vZC91vZC91vZC91vZC91vZC91vZC91vZC91vZC91vZC91vZC91vZC91vZC91vZC91vZC91vZC91vZC91vZC91vZC91vZC91vZC91vZC91vZC91vZC91vZC91vZC91vZC91vZC91vZC91vZC91vZC91vZC91vZC91vZC91vZC91c2F0aW9uIEL1B1YmxpY2F0aW9uL 1l1YXJfQm9va19 21wbGV0ZV8yMDEwLTExLnBkZg%3D%3D.

第四章
| 巴基斯坦对外政策决策机制 |

提供军事援助有关事务。①

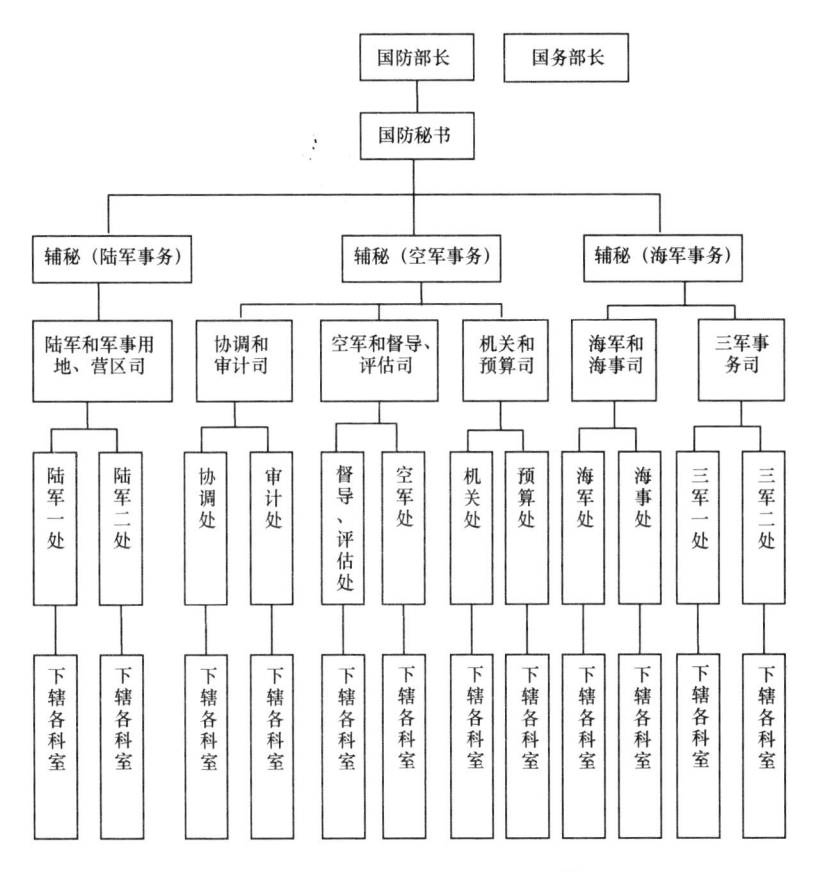

图 4-2 巴基斯坦国防部组织结构

资料来源：此图是根据巴基斯坦国防部网络上关于该部组织结构相关表、图表综合而成。

---

① Cabinet Secretariat, Rules of Business 1973, 2017-05-02, http://www.cabinet.gov.pk/frmDetails.aspx?id=14&opt=policies.

(三) 跨部门委员会

1. 内阁防务委员会 (Defence Committee of the Cabinet)

1976年5月,巴基斯坦总理阿里·布托正式发布《高级防务组织白皮书》,此书指出,需要有组织机构安排以处理国家安全与防务事务。① 同年,巴基斯坦的内阁防务委员会成立。1997年,巴基斯坦内阁重新组建内阁防务委员会。2008年人民党政府上台执政后,内阁防务委员会再次恢复。总理领导下的内阁国防委员会由国防部长、外交部长和财政部长组成。而被例行邀请参加会议的人员还有国防秘书、外交秘书、财政秘书、参联会主席以及陆军、海军和空军参谋长。三军情报局(ISI)局长和情报局(IB)局长则定期出席会议。②

内阁防务委员会的职能是:制定和解释防务政策与战略;协调对国防可能产生影响的外交、政治、经济和军事方面的方针和政策;决定武装力量的规模、结构及作用;评估国家的战略水平与状态。③ 从2008年3月到2013年3月的人民党执政时期,内阁国防委员会共召开12次会议。④

---

① Citizens Monitoring Report, Performance of the Defence Committee of the Cabinet, Pakistan Institute of Legislative Development and Transparency, 2012: 11, 2017 – 05 – 03, http://www.pildat.org/publications/publication/CMR/PerformanceoftheDefenceCommitteeoftheCabinet _ Report_ March2012. pdf.

② Citizens Monitoring Report, *Performance of the Defence Committee of the Cabinet: March 2012 – March 2013*, Pakistan Institute of Legislative Development and Transparency, 2013: 9, 2017 – 05 – 03, http://www.pildat.org/publications/publication/CMR/PerformanceoftheDefenceCommitteeoftheCabinet _ Mar2012toMar2013. pdf.

③ 朱建新、王晓东:《各国国家安全机构比较研究》,北京:时事出版社2009年版,第22页。

④ Citizens Monitoring Report, *Performance of the Defence Committee of the Cabinet: March 2012 – March 2013*, Pakistan Institute of Legislative Development and Transparency, 2013: 15, 2017 – 05 – 03, http://www.pildat.org/publications/publication/CMR/PerformanceoftheDefenceCommitteeoftheCabinet _ Mar2012toMar2013. pdf.

第四章
| 巴基斯坦对外政策决策机制 |

2. 国家安全委员会 (National Security Council)

巴基斯坦国家安全委员会最早成立于叶海亚·汗 (Agha Muhammad Yahaya Khan) 执政时期,由叶海亚·汗政府设立以古拉姆·奥马尔少将为秘书的国家安全委员会,隶属于巴基斯坦总统和军法首席执行官办公室,但是此时的国家安全委员会在决策制度中还没有发挥作用。①

1985年3月,齐亚·哈克总统颁布恢复宪法令 (Revial of the Constitution Order),以第152条A款为依据,设立国家安全委员会。该条规定:巴基斯坦设立国家安全委员会,有权就宣布紧急状态、国家安全以及其他可能涉及国家安全的重要事务向总统提出建议。国家安全委员会由11名成员组成:总统、总理、参议院主席、参联会主席、陆海空三军参谋长和四个省的首席部长。② 然而,国家安全委员会的成立受到大多数政党的反对,1985年10月,为了在议会通过宪法第8修正案,国家安全委员会被解散。③ 在宪法第8修正案第152条中,关于建立国家安全委员会的A款被删除。④

1988年贝·布托当选总理后,与军方达成协议,将国防委员会以超宪法的紧急委员会的新名称予以保留。该委员会成员由三军参谋长、三军情报局局长、外交部长、国防部长和内政部长组成,并由总统牵

---

① National Security Council: a Debate on Institutions and Processes for Decision-making on Security Issues, Pakistan Institute of Legislative Development and Transparency, 2012: 17, 2017 – 05 – 03, http://www.pildat.org/publications/publication/CMR/NaionalSecurityCouncil-debateonInstitutionsandprocessesfordecisionmakingonsecurityissues.pdf.

② President's Order 14 of 1985, Revival of the Constitution of 1973, 1985, 2017 – 05 – 03, http://www.pakistani.org/pakistan/constitution/orders/po14_1985.html.

③ National Security Council: a Debate on Institutions and Processes for Decision-making on Security Issues, Pakistan Institute of Legislative Development and Transparency, 2012: 18 – 19, 2017 – 05 – 03, http://www.pildat.org/publications/publication/CMR/NaionalSecurityCouncil-debateonInstitutionsandprocessesfordecisionmakingonsecurityissues.pdf.

④ Constitution (eighth amendment) Act, 1985, 2017 – 05 – 02, http://www.pakistani.org/pakistan/constitution/amendments/8amendment.html.

头，且该委员会对国家重大事务拥有最后发言权。[1]

1999年10月30日，刚刚接管政权的穆沙拉夫成立国家安全委员会，该委员会包括首席执行官（国家安全委员会主席）、陆海空三军参谋长和其他由首席执行官任命的成员，而且该委员会可以向首席执行官提供关于国家安全、外交、治安、腐败、问责等各方面的建议。2000年8月，改组后的国家安全委员会组成人员包括陆海空三军参谋长、外交部长、内政部长、财政部长和商务部长。2001年，再次改组后的国家安全委员会包括总统、参联会主席、三军参谋长、四省省督及总统任命的其他人员。[2] 2004年4月19日，巴基斯坦议会两院通过建立国家安全委员会的法案后，总统穆沙拉夫签署了建立国家安全委员会的法令。该法令规定，国家安全委员会由13名成员组成：总统（国家安全委员会主席）、总理、参议院主席、国民议会议长、参联会主席、三军参谋长、国民议会反对党领袖和四个省的首席部长。同时，联邦内阁成员和高级官员可以在被邀请的情况下出席会议。[3]

跨部门委员会有利于军、政各主要部门参与涉及国家安全、外交等重大问题的政策制定。基于巴基斯坦军人执政的特殊历史，民选政府对军方参与国家对外政策制定过程相当敏感，因此民选政府时期通常成立由总理负责的内阁防务委员会，而军人执政或总统拥有实权时期则设立由总统负责的国家安全委员会。

---

[1] 李德昌：《巴基斯坦的政治发展（1947—1987）》，成都：四川大学出版社1989年版，第264页。

[2] National Security Council: a Debate on Institutions and Processes for Decision-making on Security Issues, Pakistan Institute of Legislative Development and Transparency, 2012: 20, 2017-05-03, http://www.pildat.org/publications/publication/CMR/NaionalSecurityCouncil-debateonInstitutionsandprocessesfordecisionmakingonsecurityissues.pdf.

[3] National Security Council: a Debate on Institutions and Processes for Decision-making on Security Issues, Pakistan Institute of Legislative Development and Transparency, 2012: 21, 2017-05-03, http://www.pildat.org/publications/publication/CMR/NaionalSecurityCouncil-debateonInstitutionsandprocessesfordecisionmakingonsecurityissues.pdf.

第四章
巴基斯坦对外政策决策机制

总的来说，跨部门委员会制度还没正式固定下来，不论是内阁防务委员会还是国家安全委员会，建立和运行的时间都不长，其在国家对外政策制定中的作用还不明显。随着巴基斯坦的政治转型以及政治架构的稳定，总理领导的内阁防务委员会在以后的对外政策决策中的作用会越来越大。

五、议会

在巴基斯坦历史上，军队曾多次接管政权。军人执政时期，议会要么长时间停止运行；要么由于其权威和应有职能被大大削弱，而在表面上继续运行，其实际上在对外政策决策上参与度不高。即使在民选政府时期，因民选政府相对虚弱而军队影响力依然强大，巴基斯坦的议会机制也并不完善且运行无效率。[1] 在20世纪90年代的"民主十年"，议会在对外事务决策上的影响力相当有限。[2] 例如，1997—1999年，国民议会外交事务常设委员会邀请相关专家、学者就克什米尔、卡吉尔冲突、核扩散、印巴关系等重要问题举行演讲、讨论，但相关政府机构却很少考虑该委员会的观点。前巴基斯坦国民议会外交事务常设委员会主席阿卜杜尔·瓦希德（Mian Abdul Waheed）认为，与许多国家相比，国民议会在巴基斯坦外交政策的审查、分析和制定中几乎很少或实际上没有作用，甚至连给议员们审查、分析外交事务的机会都不能保证，更

---

[1] Javid Husain, *the Process of Foreign Policy Formulation in Pakistan*, Briefing Paper of PILDAT, 2004（12）: 8, 2017 – 05 – 03, http: //www. pildat. org/Publications/publication/FP/TheProcessofForeignPolicyFormulationinPakistan. pdf.

[2] The Foreign Policy Process in Pakistan, Lahroe: PILDAT, 2004: 191, 2017 – 05 – 02, http: //www. pildat. org/Publications/publication/FP/ForeignPolicyProcessinPakistanproceedings_ 04_ 2004. pdf.

不用说参与制定对外政策了。①

  与其他很多国家的议会不同，巴基斯坦议会在联邦行政当局与外国签署协议或加入国际公约上没有直接权限，然而这些与对外事务有关的协议却是由内阁审议并批准的。内阁批准后，总统签署便走完国内批准程序。这显示出政府不需要将任何与外国或国际组织签订的外交协议交给议会批准。② 议会在对外事务中没有制度上的程序性作用，这自然会导致其对巴基斯坦外交事务的影响力下降。由于巴基斯坦议会在对外事务上对联邦行政当局没有制度上的约束性权力，巴基斯坦议会只有通过其他方式表达关于对外政策的看法并发挥有限影响。

  随着巴基斯坦对外政策决策机制的不断完善，巴基斯坦议会在对外政策中的监督作用逐步增加：议会两院可以通过各自的跨党派对外事务常设委员会（Standing committee of Foreign Affairs）就国际、国内重大事件以及巴基斯坦的对外政策等议题进行讨论；议会可通过听证的方式了解政府在重大对外政策上的观点，并就外交事务进行质询；议会还可就外交问题通过对联邦政府无约束力的决议。巴基斯坦议会便是通过这些方式来影响该国对外政策制定和执行过程的。③

  为了表明其对外政策得到了国内认同，巴基斯坦联邦政府也需要议会的支持。如 2011 年 12 月 2 日，巴基斯坦参议院通过决议，谴责北约越境袭击巴基斯坦边境哨所，④ 这为巴基斯坦政府做出关闭经过巴基斯

---

  ① The Foreign Policy Process in Pakistan, Lahroe: PILDAT, 2004: 191, 2017 - 05 - 02, http://www.pildat.org/Publications/publication/FP/ForeignPolicyProcessinPakistanproceedings_ 04_2004.pdf.

  ② Parliamentary Oversight of Pakistan National Assembly, 2017 - 05 - 03, http://www.ipu.org/parline - e/reports/CtrlParlementaire/2241_ F.htm#defnat.

  ③ Javid Husain, *the Process of Foreign Policy Formulation in Pakistan*, Briefing Paper of PILDAT, 2004 (12): 7 - 8, 2017 - 05 - 03, http://www.pildat.org/Publications/publication/FP/TheProcessofForeignPolicyFormulationinPakistan.pdf.

  ④ Senate condemns Nato attack in Mohmand, (2011 - 12 - 03), 2017 - 05 - 02, https://www.thenews.com.pk/archive/print/618488 - senate-condemns - nato - attack - in - mohmand.

第四章
巴基斯坦对外政策决策机制

坦境内的北约补给线的决定提供了支持。

六、军队

军队在国家事务中发挥重要作用是由巴基斯坦建国后的国内、国外形势造就的,有其特殊性。[①] 军队对巴基斯坦对外政策的影响可分为直接影响和间接影响。

巴基斯坦建国后曾出现过四次军人政府,军人执政的时间长达32年之久。在军人执政时期,军队直接参与国家对外政策的制定与执行。

在民选政府执政时期,巴基斯坦的主要外部安全威胁并没有因军人政府执政和民选政府执政的交替而改变。因此,即使在民选政府执政期间,军方也积极介入国家对外政策的制定和执行。民选政府离不开军方的协助和支持,同时双方也以各种形式就外交问题进行协商与沟通。

总之,在各个时期,军方对巴基斯坦的对外政策决策都具有重要作用。

(一) 情报机构

在任何国家,情报机构通过各种方式收集相关信息,并向对外政策制定者提交相关评估,在对外政策制定中扮演着重要角色,巴基斯坦的情报机构也不例外。

巴基斯坦最主要的情报机构有情报局(Intelligence Bureau,IB)、军事情报局(Military Intelligence,MI)和三军情报局(Inter-Service Intelligence,ISI)。其中,三军情报局是最大和最主要的情报机构。

1947年第一次印巴战争中,军方暴露出在情报收集、共享和协调方面的弱点。巴基斯坦为加强三军情报分析和军事协调能力,遂于

[①] 巴基斯坦军队由陆、海、空三军组成,陆军起主导作用。这里主要分析巴基斯坦陆军。

1948年成立了三军情报局。三军情报局最初主要负责收集、分析和评估外部的军事和非军事情报，且主要以印度为主要对象，后来则内外情报都收集。在阿尤布·汗时期，三军情报局被用来收集国内东巴基斯坦地区的政治情报。阿里·布托领导的民选政府时期，三军情报局被用来收集俾路支斯坦省叛乱组织的情报。齐亚·哈克执政时期，三军情报局负责收集信德民族主义分子的情报，监视在1979年伊朗革命后巴基斯坦国内什叶派组织的活动情况，还被用来监视20世纪80年代早期人民党领导人及其联盟发起的恢复民主运动的情况。[①]

三军情报局局长由陆军参谋长提名、总理任命，军衔为陆军中将。从法律程序上说，三军情报局直接向总理负责。由于军方对巴基斯坦政治进程的长期控制和影响，在实际运作中，三军情报局长直接向陆军参谋长汇报情况。

按照三军情报局的章程，其主要任务有三方面：一是获取和协调对外战略情报；二是向联邦政府提供国家安全情报和向武装力量提供反情报建议；三是获取国内安全情报。[②]

三军情报局局长由三名分管不同领域的副局长协助工作。三军情报局的任务由下辖的八个分工不同的部门完成。它们分别是：联合情报北方处（the Joint Intelligence North, JIN），该处主要负责处理与阿富汗塔利班和克什米尔地区相关情报事务；联合情报处（the Joint Intelligence Bureau, JIB），负责巴基斯坦国内外公开信息和人员情报收集，而该处的政治科（Political Wing）负责处理与政党、学生团体有关的国内政治事务；联合反情报处（the Joint Counter-Intelligence Bureau, JCIB），负责监视国内外外交人员以防情报泄露和主要负责阿拉伯国家、伊朗以及

[①] USA International Business Publications, *Pakistan Intelligence, Security Activities and Operations Handbook*, Wanshington D. C.：International Business Publications, Inc., 2011：38.

[②] The Foreign Policy Process in Pakistan, 2004：151, Lahroe：PILDAT, 2017 – 05 – 02, http://www.pildat.org/Publications/publication/FP/ForeignPolicyProcessinPakistanproceedings_ 04_ 2004. pdf.

第四章
| 巴基斯坦对外政策决策机制 |

亚洲其他地区的情报收集行动；联合通讯情报处（the Joint signals Intelligence Bureau，JSIB），负责所有与通信有关的情报事务；联合情报综合处（the Joint Intelligence Miscellaneous，JIM），负责在国外的间谍行动；联合情报X处（the Joint Intelligence X，JIX），负责机关工作以及各部门间协调等，该处相当于秘书处；联合情报技术处（the Joint Intelligence Technical，JIT），负责收集所有技术和通信情报；特别科（Special Wing，SW），负责情报人员的训练及与外国情报机构联络（参见图4-3）。①

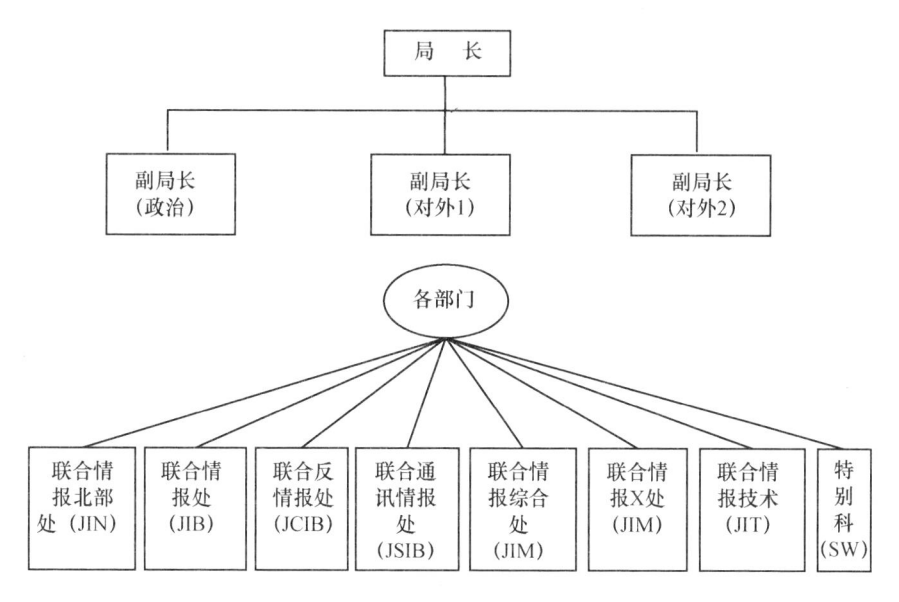

图4-3 三军情报局组织机构

资料来源：Rizwan Hussain, Pakistan and Emergence of Islamic Militancy in Afghanistan, Hampshire：Ashgate Pub Ltd, 2005.

---

① Rizwan Hussain, *Pakistan and the Emergence of Islamic Militancy in Afghanistan*, Hampshire：Ashgate Pub Ltd, 2005：250-251.

以三军情报局为代表的巴基斯坦情报机构在国家对外政策中扮演的角色主要是在恰当的层面向国家决策层提供情报支持，包括向内阁汇报、外交部定期报告以及三军情报局与外交部不同级别间的交流、向联合参谋总部（JSHQ）和内阁防务委员会提供情报。[①]

情报机构提供包括敌对国家和友好国家在内所有国家的情况。内容包括：政治体制及其特点和历史展望；经济实力和前景；国防政策、国防实力、武器获得以及未来计划；对巴关系和政策及其对巴基斯坦利益的影响；其他可能对巴基斯坦制定对外政策有帮助的方面，包括可能影响巴基斯坦国内形势的行动。[②] 因此，可以说，三军情报局等情报机构是决策层的眼睛。

另外，三军情报局还承担对外政策的执行角色。三军情报局前局长贾维德·阿什拉夫·卡齐（Javed Ashraf Qazi）表示，三军情报局像其他各国情报机构一样，通过执行一些秘密行动以支持公开的政策。[③]

总之，在巴基斯坦，由于民选政府的脆弱和频繁的军事接管，与军队有联系的情报机构在对外政策制定过程中扮演着重要角色。

（二）陆军军长会议

巴基斯坦陆军最高长官为陆军参谋长，通过位于拉瓦尔品第（Rawalpindi）的陆军总部（GHQ）实现对军队的领导。陆军总部是作战指挥机关，负责对军队的管理和战斗调遣，制定陆军建设计划，完善组织

[①] The Foreign Policy Process in Pakistan, 2004: 151, Lahroe: PILDAT, 2017 – 05 – 02, http://www.pildat.org/Publications/publication/FP/ForeignPolicyProcessinPakistanproceedings_ 04_2004.pdf.

[②] The Foreign Policy Process in Pakistan, 2004: 145, Lahroe: PILDAT, 2017 – 05 – 02, http://www.pildat.org/Publications/publication/FP/ForeignPolicyProcessinPakistanproceedings_ 04_2004.pdf.

[③] The Foreign Policy Process in Pakistan, 2004: 152, Lahroe: PILDAT, 2017 – 05 – 02, http://www.pildat.org/Publications/publication/FP/ForeignPolicyProcessinPakistanproceedings_ 04_2004.pdf.

第四章
巴基斯坦对外政策决策机制

机构，组织、安排总部与各部队的战役和战斗准备、进行侦查和反侦查，协调与其他兵种的战斗行动。①

巴基斯坦陆军下辖11个军，分别是：军部位于自由克什米尔曼格拉（Mangla）的第1军；军部位于旁遮普省木尔坦（Multan）的第2军；军部位于旁遮普省拉合尔的第4军；军部位于信德省卡拉奇（Karachi）的第5军；军部位于旁遮普省拉瓦尔品第的第10军；军部位于开伯尔—普赫图赫瓦省白沙瓦的第11军；军部位于俾路支斯坦省奎塔（Quetta）的第12军；军部位于旁遮普省古杰兰瓦拉（Gujranwala）的第30军；军部位于旁遮普省巴哈瓦尔布尔（Bahawalpur）的第31军；总部位于旁遮普省拉瓦尔品第的陆军防空指挥部和陆军战略力量指挥部。各军军长在陆军总部定期参加由陆军参谋长主持的陆军军长会议（the Corps Commanders' Meeting）。

由军长、主要参谋人员以及重要部门高级军官出席的军长会议，是巴基斯坦军队最重要的决策机制，是陆军参谋长了解各军情况以及各军向上级汇报各方面形势和各自关切的重要途径，也是军方在重大问题上统一思想、协调立场的重要场所。军长会议不仅讨论安全、组织以及专业化事务问题，也商讨诸如治安、政治形势等国内问题，特别是在政府与反对党冲突加剧时，军长会议的作用尤其重要。这些讨论能表达高级军官对政治的关切，也能在军队中形成广泛共识。② 在与总统、总理交流时，陆军参谋长可以直接将这些关切反映给最高领导人，并对国家政策产生影响。另外，对于军人政府执政时期的重大决策，总统有可能直接主持军长会议听取高级军官对决策的看法，并了解他们的态度。如，"9·11"恐怖袭击事件之后的9月14日，身兼陆军参谋长的穆沙拉夫总统便亲自主持召开军长会议讨论该事件对巴基斯坦的影响及巴基斯坦

---

① 邱宝庭："巴基斯坦陆军"，《现代兵器》1991年第1期，第47页。
② Husain Haqqani, *Pakistan: Between Mosque and Military*, Washington D. C.: Carnegie Endowment for International Peace, 2005: 258.

的应对措施。①

七、社会行为体

在巴基斯坦对外政策决策过程中,除了发挥制度性作用的行为主体外,媒体、智库、学者、工商界利益集团、非政府组织、政党等社会行为体也不同程度地发挥着作用。但是,社会行为体对巴基斯坦对外政策决策的影响与上述发挥制度性作用的各行为主体有所不同,本书将此称为"非制度性因素",以区别于上述的"制度性因素"。

这些非制度性因素主要通过对重要对外政策议题的讨论、发表自己的观点等方式来影响对外政策决策,或者通过媒体传播他们的观点来影响对外政策的制定者。他们还可以通过最大限度地改变公众对对外政策的看法来影响决策。例如,媒体、政党和学者的观点在阻止2003年政府向伊拉克派兵一事上发挥了重要作用。反过来,为制定出全面、高水平的对外政策,当涉及重要的经济对外政策问题,特别是有关巴基斯坦外贸以及巴基斯坦私营部门与国外私营部门合作事务时,巴基斯坦相关政府部门也会主动询问工商界的看法。例如,在考虑巴基斯坦与欧盟建立自由贸易区问题时,巴基斯坦政府就要顾及巴基斯坦工商界的看法。②

---

① Hassan Abbas, *Pakistan's Drift into Extremism: Allah, the Army, and America's War on Terror*, New York: M. E. Sharpe Inc, 2004: 219.
② Javid Husain, *The Process of Foreign Policy Formulation in Pakistan*, Briefing Paper of PILDAT, 2004 (12): 8, 2017 – 05 – 03, http://www.pildat.org/Publications/publication/FP/TheProcessofForeignPolicyFormulationinPakistan.pdf.

第三节 对外政策决策过程

任何国家的决策过程都被视为最高国家机密，外界很难轻易获知，巴基斯坦也一样。不过，通过各方面的资料汇集和对巴基斯坦对外政策决策过程的归纳，我们可以概括出巴基斯坦对外政策决策的基本过程。

一般情况下，对外政策决策过程可以分为以下几个阶段：决策方案准备、各部门立场协调、决策层做出决策、相关机构批准决策、执行部门实施决策、决策执行情况的评估与反馈。[①]

在实际决策过程中，并非必须依次经过每个环节，根据议题的重要性和紧迫程度，决策过程可以分为日常决策过程和危机决策过程两种。

一、日常决策过程

日常决策过程是指，在受到来自外界环境的一般压力时，对外政策决策各相关机构按照法定权限进行对外政策决策的过程。

日常决策的议题通常不涉及对外战略的重大改变或者紧迫性的重大问题，而是以日常事务性问题为主。主要涉及上级组织考虑的政策、方案，或是下级机构如外交部、国防部以及三军情报局等对外政策官僚机构针对具体问题提出的建议或新情况的汇报等。

根据重要程度和制度规定，这种决策过程有可能不会到达总统那里，其决策流程可参见图 4-4。

---

① 冯玉军：《当代俄罗斯对外政策决策机制研究》，北京：外交学院学位论文，2001年，第141页。

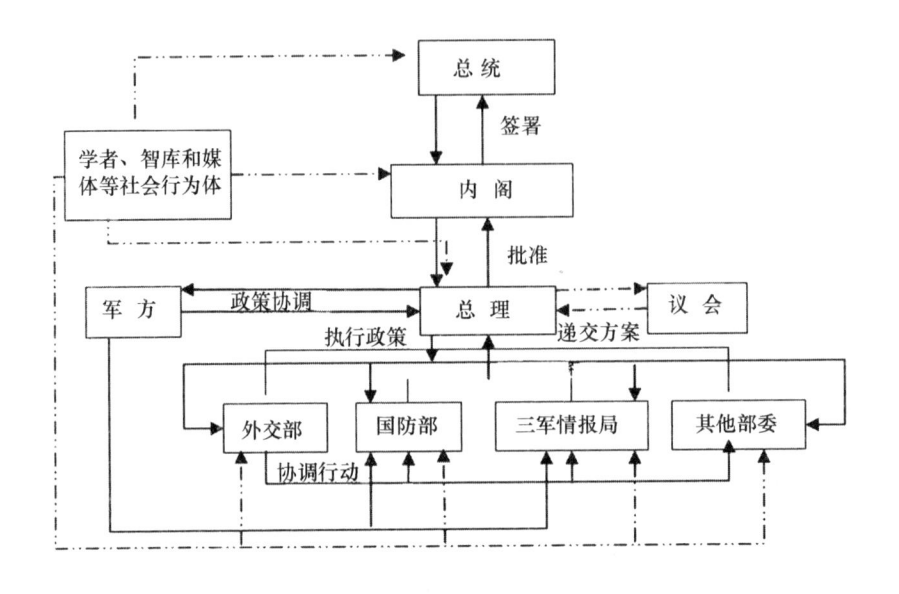

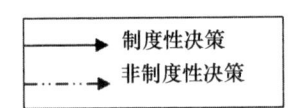

图 4-4　日常决策过程图

资料来源：此图根据相关资料整理综合而成。

二、危机决策过程

危机决策过程主要是指涉及重大威胁、意外情况以及决策时间有限等特殊情况下的决策过程。

在危机期间，由于事件的突发性、问题的重要性以及时间的紧迫性，对外政策决策不可能按照日常决策模式按部就班地进行，因此在危机决策时，参与机构和运行环节相对减少。同时，由于时间的紧迫性，主要领导人的个人因素在决策中的作用有所提高。

第四章
巴基斯坦对外政策决策机制

在巴基斯坦的危机决策中，跨部门的国家安全委员会（NSC）或内阁防务委员会（DCC）发挥着主要作用。其决策过程可参见图4-5。

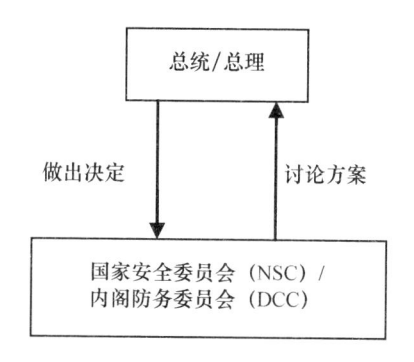

图4-5 危机决策过程

资料来源：此图根据相关资料整理综合而成。

—— 第五章 ——

巴基斯坦对外政策决策案例分析（一）

——冷战时期：巴基斯坦与美国第一次结盟

印巴分治后不久，巴基斯坦与印度便因几个悬而未决的土邦，特别是克什米尔土邦的归属问题而发生第一次印巴战争。第一次印巴战争表面上是克什米尔的归属问题引起的，但实质上是印度对巴基斯坦分离出去的不满的表现。因此，印度尽一切可能削弱巴基斯坦。为了应对来自印度方面的威胁，巴基斯坦决定寻求来自美国的各种援助，并最终走上了与美国结盟的道路。

第一节 巴基斯坦建国初期的外部形势

一、国际形势

巴基斯坦建国时，世界正进入以美国、苏联为首的两大阵营冷战时期。此时，美国在各方面的实力都位居世界前列。美国的工业产值占资本主义世界的1/2以上（1948年占53.4%）；出口贸易占1/3（1949年

第五章
| 巴基斯坦对外政策决策案例分析（一）|

占 32.4%）；黄金储备占 3/4（1949 年占 73.4%）；资本输出占世界第一位，同时还是最大的债权国。美国的军事实力也是资本主义世界最强的，还独家垄断原子弹。① 此时，苏联迅速恢复了在第二次世界大战中遭到破坏的国民经济，自身经济实力得到加强，同时还维持着一支强大的军事力量。1949 年 8 月，苏联打破美国的核垄断，成功爆炸第一颗原子弹。苏联成为国际上有强大影响力的政治大国。

为了遏制苏联，在政治上，美国推出支持"自由国家"抵御"极权政体"的"杜鲁门主义"。在经济上，美国则在欧洲推行复兴计划（又叫马歇尔计划），该计划旨在推动西欧各国的复兴，同时也遏制、限制或阻止以苏联为首的世界共产主义的发展。② 该计划也反映了美国需要强大的欧洲贸易伙伴来维持它的经济发展。③ 在军事上，美国于 1949 年在其首都华盛顿与英国、荷兰、加拿大、法国、比利时以及卢森堡签署了成立北大西洋公约组织的《北大西洋公约》。④

此外，为反击西方国家对苏联和东欧国家的经济封锁，也为对抗美国的马歇尔计划，防止东欧国家的离心倾向，进一步巩固东欧的阵地，1947 年 7—8 月苏联与捷克斯洛伐克、南斯拉夫、保加利亚、罗马利亚、匈牙利和波兰等国缔结了一系列双边贸易协定。这些协定被西方国家统称为"莫洛托夫计划"。通过与东欧诸国签订的这些协定，东欧国家减少了对西方的经济依赖，使以前流向西欧等地区的大宗贸易转到苏联和东欧地区间，初步形成以苏联为首的苏东贸易圈。1949 年 1 月，苏联、保加利亚、罗马尼亚、捷克斯洛伐克、匈牙利和波兰六国代表在莫斯科举行经济会议，讨论苏联与东欧各国间的经济合作问题。1 月 25 日，各国代表决定成立经济互助委员会并签署了《关于成立经济互助委

---

① 陈继东：《当代印度对外关系研究》，成都：巴蜀书社 2005 年版，第 9 页。
② 胡志勇：《冷战时期南亚国际关系》，北京：新华出版社 2009 年版，第 3 页。
③ [美] 罗宾·W. 温克、约翰·E. 泰尔伯特，任洪生译：《牛津欧洲史（第四卷）：1945 年至当代》，长春：吉林出版集团有限责任公司 2009 年版，第 11 页。
④ 胡志勇：《冷战时期南亚国际关系》，北京：新华出版社 2009 年版，第 3 页。

员会的公报》。① 至此，美、苏两大阵营的雏形已经形成。

二、地区形势

自 1947 年 8 月巴基斯坦摆脱英国殖民统治，成为南亚次大陆的新国家以来，其周边环境就不理想。

一是与印度的关系。1947 年 8 月印巴分治后，巴基斯坦试图与印度友好相处，但是印度却从思想到行为上都没有与巴基斯坦平等相处的打算。尼赫鲁等印度领导人认为，分治是"一个人为的错误"，应该予以"纠正"。② 因此，1947 年 8 月 15 日，当位于印度西海岸卡提瓦半岛（Kathiawar Peninsula）的朱纳加德（Junagadh）土邦王公宣布加入巴基斯坦时，印度以各种理由不予承认，并于 11 月 9 日派兵进入该土邦并接管土邦政府。因受各种因素制约，巴基斯坦对此进行了口头抗议，但无力采取实际行动。在克什米尔土邦归属问题上，印巴双方对分治决议的不同解读、该地区的战略位置以及牵涉各自建国理念等因素导致双方各执一词，拒不相让，第一次印巴战争爆发。③ 1949 年 1 月初，双方正式停火，印度控制克什米尔约 3/5 的土地与 3/4 的人口，巴基斯坦则控制克什米尔 2/5 的土地与 1/4 的人口。④ 印巴战争并未能彻底解决土邦归属问题，反而使巴基斯坦愈加担忧印度对其生存的威胁。

二是与阿富汗的关系。在建国之际，巴基斯坦面临阿富汗提出的杜兰线问题和普什图尼斯坦问题。

---

① 刘同舜、刘星汉：《国际关系史·第七卷（1945—1949）》，北京：世界知识出版社 1995 年版，第 213 页。
② 宋海啸：《印度对外政策决策：过程与模式》，北京：世界知识出版社 2011 年版，第 104 页。
③ 详见第二章影响巴基斯坦对外政策决策的国际因素。
④ 陈继东：《当代印度对外关系研究》，成都：巴蜀书社 2005 年版，第 116 页。

第五章
巴基斯坦对外政策决策案例分析（一）

阿富汗认为，杜兰线分割了普什图社会，使600万普什图人生活在阿富汗境内，而另外500万普什图人生活在巴基斯坦境内，因此应该重新划定一条国际边界。[①] 按照阿富汗时任总理穆罕默德·哈希米·汗（Mohammad Hashim Khan）的说法，"如果不能成立一个独立的普什图尼斯坦国家，那么西北边境省（现为开伯尔—普赫图赫瓦省，Khyber-Pakhtunkhwa）应该加入阿富汗"。巴基斯坦拒绝对其与阿富汗的边界以及边界地区领土进行任何调整，因此在1947年9月30日针对巴基斯坦加入联合国的投票中，阿富汗代表投下了唯一一张反对票。[②] 1949年，阿富汗政府废除《杜兰协定》及与"杜兰线"有关的《英阿条约》，并支持巴基斯坦境内的普什图族独立运动。

巴基斯坦境内的普什图族独立运动主张建立独立的"普什图尼斯坦"国家，并得到阿富汗政府的支持。阿富汗政府还在阿巴边境地区的蒂拉赫（Tirah）成立所谓的"普什图尼斯坦"政府。巴境内的普什图分裂势力在巴阿边界地区活动，巴方加强对边界的管控，并与阿富汗方面发生冲突。1950年9月，巴基斯坦与阿富汗在边境地区发生小规模军事冲突。[③]

对于新生的巴基斯坦来说，与东部印度、西北部阿富汗间的领土争议使其对自身安全状况深感不安。

[①] S. M. M. Qureshi, Pakhtunistan: The Frontier Dispute between Afghanistan and Pakistan, *Pacific Affairs*, 1966（1/2）：104.

[②] Mujtaba Razvi, Pak-Afghan Relations since 1947: An Analysis, *Pakistan Horizon*, 1979（4）：36.

[③] 姚大学、闫伟："'普什图尼斯坦'问题：缘起、成因及影响"，《西亚非洲》2011年第2期，第6页。

第二节　巴基斯坦建国初期的国内形势

一、经济状况严峻

独立之初，有8000万人口的巴基斯坦是世界上人口最多的穆斯林国家和世界第七人口大国。[1] 但是，像大多数新诞生的国家一样，巴基斯坦面临着许多亟待解决的问题，诸如建立自己的工业、国防体系，以及解决就业、制定宪法等，甚至巴基斯坦面临的状况更加困难、形势更加严峻。

印度与巴基斯坦在经济上的真正分离似乎比政治上的分离更加困难。在英国殖民者统治时期，英印帝国作为一个相对统一的经济体，其资源配置和地区间分工都相对完善，并没有多大的不便。例如，工业主要集中在现在的印度地区，巴基斯坦地区主要为农业区。其中，旁遮普和信德是粮食和棉花的供应基地。[2] 印巴分治前，现今巴基斯坦所在地区向现今印度所在地区提供粮食和工业原料，印度地区则为巴基斯坦地区输送工业品。

印巴分治使两国经济发展遭遇了很大的困难。棉纺厂绝大多数在印度，但巴基斯坦拥有很多的棉田。黄麻出产于巴基斯坦，但制麻工厂几乎都在印度。[3] 因此，印巴分治以后，印度失去了原料产地，巴基斯坦则失去了工业品来源。[4] 刚独立时，巴基斯坦仅旁遮普和信德的农业略

---

[1] Jerome B. Cohen, Economic Development in Pakistan, *Land Economics*, 1953 (1): 1.
[2] 陆水林：《巴基斯坦》，重庆：重庆出版社2004年版，第84页。
[3] 陈翰笙：《印度和巴基斯坦经济区域》，北京：商务印书馆1959年版，第4页。
[4] 唐昊、彭沛：《巴基斯坦·孟加拉：面对种族和宗教的冲突》，成都：四川人民出版社2002年版，第57页。

有优势，重工业完全没有，轻工业微乎其微，甚至连普通消费品都需要进口。① 90%的已勘探矿藏、90%的采矿工业和加工工业以及几乎全部的茶场都在分治后的印度境内。②

以下一组数据就能反映巴基斯坦独立之初国内工业的基本情况：1947年巴基斯坦只有80家较大的工厂，其中，棉纺织厂17家，丝织厂2家，火柴厂8家，玻璃制造厂4家，制糖厂7家，肥皂厂4家，水泥制造厂5家，化工厂2家，机械修配厂和机械厂45家（其中一半以上是铁路修配厂）。除上述企业外，巴基斯坦还有2000家左右的半手工、手工的小工场和企业。③

分治后，印巴两国所处地理位置及资源禀赋不同，加上克什米尔等争议问题导致双方关系恶化，再加上一些人为设置的障碍阻止了两国的经贸往来，巴基斯坦的重要农产品没有销售市场。相对而言，分治后，巴基斯坦所遭受的负面影响大大超过印度，面临的经济形势也更加严峻。新独立的巴基斯坦是当时世界上最穷的国家之一。④

二、国内其他问题

除经济问题外，政府运作、移民问题等也是困扰新生的巴基斯坦的因素。

1947年10月2日，美国驻拉合尔总领事馆向美国国务院发电报称："5列载有移民的列车在该省被袭击。同时，6列载有移民的火车在印度的东旁遮普省被袭击，导致穆斯林死亡2000人、受伤1500人以及非穆

---

① 陆水林：《巴基斯坦》，重庆：重庆出版社2004年版，第84页。
② 李晓妮："美国对巴基斯坦政策研究（1941—1957）"，长春：东北师范大学学位论文，2009年，第57页。
③ ［苏］兹麦耶夫，孙越生、沈受君译：《巴基斯坦的经济和对外贸易》，北京：财政经济出版社1957年版，第9页。
④ 陆水林：《巴基斯坦》，重庆：重庆出版社2004年版，第84页。

斯林死亡 1000 人、受伤 800 人。"1947 年 10 月底，美国驻卡拉奇大使馆向美国国务院报告："整个旁遮普省处于骚乱和无政府状态。"随着大量移民的涌入，俾路支斯坦省的奎塔市也出现严重的骚乱。可怕的杀人和暴行事件、不满情绪和反常的报复心态激怒着穆斯林、印度教徒以及锡克教徒。

由于骚乱破坏了铁路交通设施，在建国一个月后，巴基斯坦 40%的中央政府人员还被困在印度首都新德里。为了使这些人员能到达巴基斯坦首都卡拉奇，巴基斯坦租借了 20 架次商务飞机才转移完这些官员。①

人才紧缺也是问题，正如美国外交官托马斯（Thomes W. Simons, Sr）所说：即使像东巴基斯坦首席部长卡瓦贾·纳兹穆丁（Khwaja Nazimuddin）这样被公认的诚实、正直的官员，也缺少抓住事情本质的必要知识能力和执行政策的必要意愿。②

第三节 巴基斯坦寻求美国支持政策决策过程分析

1947 年 8 月 15 日，巴基斯坦国父、首任总督阿里·真纳表示："巴基斯坦的目标应该是内部和平、外部和平。我们想和平地生活，并与我们的邻国以及整个世界保持亲切与友好关系。我们没有侵略任何国家的企图。我们支持联合国宪章并乐意为世界和平与繁荣做出贡献。"③但是，阿里·真纳与各国和平相处的梦想未能实现。巴基斯坦国内经济形势严峻，印度在各种问题上给巴基斯坦设置障碍，特别是巴基斯坦与

---

① Dennis Kux, *The United States and Pakistan, 1947 - 2000: Disenchanted Allies*, Washington, D. C.: Woodrow Wilson Center Press, 2001: 18.

② Dennis Kux, *The United States and Pakistan, 1947 - 2000: Disenchanted Allies*, Washington, D. C.: Woodrow Wilson Center Press, 2001: 19.

③ *Foreign Office Year Book* 2005 - 2006, Islamabad: Government of Pakistan, 2006: 8.

第五章
巴基斯坦对外政策决策案例分析（一）

印度的紧张关系使克什米尔问题无法在短期内得到解决，这些均导致巴基斯坦对自身在经济和军事上弱于印度而深感不安，并寻找解决之道。[1]

按照新古典现实主义的观点，因为实力较弱，小国在面对大国威胁时，除了制衡和绥靖外，还有可能选择追随。同时，一国通过对手综合实力、受到威胁的国家利益的重要程度、地缘毗邻性、侵略意图（包括公开言论、文化传统和意思形态）等因素来判定威胁的水平。[2]

南亚穆斯林经过长期的艰苦斗争才赢得建立自己国家的权力，付出了血的代价才实现了国家的独立。对于新生的巴基斯坦来说，印巴实力差距较大、两国地缘相邻、克什米尔归属问题涉及领土和建国理念等诸方面的因素使巴基斯坦认为印度对其国家生存构成了威胁。然而，面对印度的威胁时，巴基斯坦不会选择追随，也不会选择绥靖，只有选择制衡。由于自身力量弱小，必须引入外力才能成功实现制衡，为此，巴基斯坦开始寻求来自外界的帮助。

一、巴基斯坦主动积极，美国反应冷淡

巴基斯坦在寻求外界帮助时主要考虑当时国际环境下可供其选择的国家。此时，第二次世界大战刚结束不久，大部分国家正忙着恢复自身的经济，许多亚、非、拉地区国家也才刚刚诞生或正在为独立而奋斗，因此全世界有能力向别国提供援助的国家屈指可数。

在第二次世界大战后，英国、苏联和美国三国较突出，但巴基斯坦不指望赢了战争、丢了帝国的英国。首先，英国是在得到美国的经济和

---

[1] Qadar Bakhsh Baloch, Engagement and Estrangement in US-Pakistan Relations, *The Dialogue*, 2006 (4): 32.

[2] 荣正通、汪长明："国家对外部威胁的认知与反应：基于新古典现实主义的分析"，《中共南京市委党校学报》2012年第6期，第43页。

军事援助的情况下才维持了战争的胜利，战后，英国已经开始减少开支，并拒绝对希腊和土耳其实施援助。因此，英国能力有限。其次，巴基斯坦领导人认为，在印巴分治协议、财产分割和克什米尔争议上，英印帝国末任总督蒙巴顿（Louis Mountbatten）的行为明显偏向印度。现在蒙巴顿成了印度总督，他在伦敦的领导层里仍然有可观的影响。[1]

第二次世界大战后，苏联在东欧实现了胜利。当时，苏联正通过各种方法巩固其在东欧的地位。苏联也是当时可能给予其他国家援助的大国之一。但是苏联对印巴分治持强烈批评态度，苏联认为，这是英国实施"分而治之"政策的结果，并认为穆斯林联盟是英国实施该政策的工具之一。而且巴基斯坦独立时，在世界大国中，只有苏联没有向巴基斯坦国父、首任总督阿里·真纳表示任何祝贺。[2] 因此，苏联不太可能提供给巴基斯坦其想获得的援助。1947年9月7日，巴基斯坦国父、首任总督真纳在召开内阁会议时表示，"很明显，我们的利益取决于两大民主国家，英国和美国，而不是苏联"。[3] 1947年9月11日的内阁会议上，真纳担心苏联对巴基斯坦的威胁，"西北边境省的安全受世界关注，而不仅仅是巴基斯坦的内部事务"。[4] 真纳还担忧，苏联会鼓励阿富汗政府索要普什图尼斯坦。[5]

在这种情况下，美国成了唯一有经济和政治能力解决巴基斯坦诸多问题的国家。在当时的情况下，寻求美国援助成为巴基斯坦建国之初外

---

[1] Muhammad Asim Malik, *Pakistan-US Security Relationship 1947–2006：Analysis of Areas of Convergence and Divergence*, Lahore：University of Education, 2010：61.

[2] Dennis Kux, *The United States and Pakistan, 1947–2000：Disenchanted Allies*, Washington, D. C.：Woodrow Wilson Center Press, 2001：20.

[3] Muhammad Asim Malik, *Pakistan-US Security Relationship 1947–2006：Analysis of Areas of Convergence and Divergence*, Lahore：University of Education, 2010：61.

[4] Dennis Kux, *The United States and Pakistan, 1947–2000：Disenchanted Allies*, Washington, D. C.：Woodrow Wilson Center Press, 2001：20.

[5] Muhammad Asim Malik, *Pakistan-US Security Relationship 1947–2006：Analysis of Areas of Convergence and Divergence*, Lahore：University of Education, 2010：61.

第五章
巴基斯坦对外政策决策案例分析（一）

交的重要主题之一。

在确定了求助对象后，巴基斯坦政府便着手实施求助行动。1947年9月初，巴基斯坦财政部长古拉姆·穆罕默德便试探性地向美国驻巴基斯坦临时代办查尔斯·刘易斯（Charles Lewis）提出关于给予巴基斯坦援助的可能性。① 随后，巴基斯坦财政部长古拉姆·穆罕默德的一名助手拉伊克·阿里（Laik Ali）被任命为巴基斯坦总督真纳的私人特使，赴华盛顿正式向美国寻求防务及经济方面的援助支持。② 阿里的任务是寻求五年间美国向巴基斯坦提供20亿美元贷款以满足巴基斯坦经济发展和国防需要。③ 在当时美国并不特别重视巴基斯坦的情况下，这笔数额巨大的贷款要求当然不可能获得积极回应，但是巴基斯坦并没有就此放弃。

在巴基斯坦的一再要求下，1947年12月17日美国代理国务卿罗伯特·洛维特（Robert Lovett）礼节性地回应了巴基斯坦的援助要求。最后，巴基斯坦获得了来自美国战争物资管理署（War Assets Administration）划拨的1000万美元的救济，相当于巴基斯坦所要求援助的0.5%。④

此时，美国的主要精力还在欧洲、中东和远东地区，并未将英国传统势力范围的南亚地区完全纳入考虑范围之内。即使美国开始注意南亚地区国家，也是对印度感兴趣。杜鲁门（Harry Truman）政府认为，印度有精力充沛的领导、丰富的自然资源、幅员辽阔、人口众多，注定将以大国身份出现在世界舞台上。他们认为，巴基斯坦是一个在不正常情

---

① Dennis Kux, *The United States and Pakistan*, *1947 - 2000*: *Disenchanted Allies*, Washington, D. C.: Woodrow Wilson Center Press, 2001: 20.

② Muhammad Asim Malik, *Pakistan-US Security Relationship 1947 - 2006*: *Analysis of Areas of Convergence and Divergence*, Lahore: University of Education, 2010: 63.

③ Dennis Kux, *The United States and Pakistan*, *1947 - 2000*: *Disenchanted Allies*, Washington, D. C.: Woodrow Wilson Center Press, 2001: 20.

④ Dennis Kux, *The United States and Pakistan*, *1947 - 2000*: *Disenchanted Allies*, Washington, D. C.: Woodrow Wilson Center Press, 2001: 21.

况下创建的国家,而这个国家能否长期生存下去还是个问题。因为能为国家提供重要服务的大量专业人才大多是印度教徒和锡克教徒,他们已经从巴基斯坦移民到印度,而成千上万从印度移民过来的人却需要住房、衣服和食物。[1] 1947 年 10 月,美国驻卡拉奇临时代办向美国国内报告,巴基斯坦国内问题如此之多,以至于他认为,很多问题威胁着这个新生国家的存在。甚至一些美国外交官员也认为,巴基斯坦被印度吞并只是时间问题。[2] 这也就可以理解,在巴基斯坦建国初期,美国为什么没有积极回应巴基斯坦的援助请求。

巨大希望和美国象征性援助之间的落差使巴基斯坦高官深感沮丧。外交部长穆罕默德·查弗鲁拉·汗(Muhammad Zafarullah Khan)感叹道,众所周知,巴基斯坦对美国的友谊和对苏联意识形态的明显反感应该是美国政府认真考虑对巴基斯坦防务援助要求的依据。[3]

由此可见,在冷战格局大背景下,巴基斯坦将自己主动置于其中,试图用意识形态立场来获得美国的认可,同时也强调自己作为独立国家的决心,但效果并不理想。

二、巴基斯坦四面出击寻求援助

在美国消极回应其援助请求的情况下,巴基斯坦需要寻找其他援助途径。巴基斯坦首先想到的是穆斯林国家,因为作为一个新诞生的穆斯林国家,其也需要得到其他穆斯林国家的认同。

1947 年 10 月,巴基斯坦总督真纳任命外交部官员费罗兹·汗·努

---

[1] Hassan Abbas, *Pakistan's Drift into Extremism*: *Allah*, *then Army*, *and America's War Terror*, London: M. E. Sharpe, 2005: 17.

[2] Robert J. McMahon, *United States Cold War Strategy in South Asia*: *Making a Military Commitment to Pakistan*, *1947–1954*, The Journal of American History, 1988 (3): 817.

[3] Dennis Kux, *The United States and Pakistan*, *1947–2000*: *Disenchanted Allies*, Washington, D. C.: Woodrow Wilson Center Press, 2001: 21.

第五章
巴基斯坦对外政策决策案例分析（一）

恩作为总督特别代表，并派他前往各穆斯林国家介绍巴基斯坦、解释巴基斯坦建国原因，以使穆斯林国家了解巴基斯坦的国内问题，希望得到来自兄弟国家的道义与财政上的支持和援助。[1] 同时，巴基斯坦在各种场合维护穆斯林国家的利益。

1947 年 11 月 28 日，在联合国关于巴勒斯坦分治问题的辩论上，巴基斯坦奋力为巴勒斯坦穆斯林辩护。巴基斯坦外交部长查弗鲁拉·汗认为，西方国家正强行在中东的心脏里打入一个西方的楔子，并警告西方国家必须面对批准成立以色列而产生的后果："记住，明天，你们将需要朋友。你们在中东将需要盟友。我祈求你们不要毁掉你们在这片土地上的信誉。"

1948 年 12 月，荷兰政府试图通过武力方式重新恢复对印度尼西亚的殖民统治，巴基斯坦外交部长查弗鲁拉·汗强烈谴责该行径。同时，巴基斯坦政府还禁止荷兰政府的飞机降落巴基斯坦机场以及飞越巴基斯坦领空。[2]

建国初，在领导人对美国的援助请求得不到积极回应的情况下，巴基斯坦与苏联及东欧国家来往也不失为一种选择。

1948 年 2 月，巴基斯坦与苏联就建立外交关系达成一致。[3] 随后，巴基斯坦外交部长查弗鲁拉·汗与苏联第一副外长安德烈·安德烈耶维奇·葛罗米柯（Andrei A. Gromyko）在纽约完成相关换文。1948 年 5 月 1 日，两国正式建交。[4] 巴基斯坦与苏联及东欧国家也开始进行贸易往来，捷克斯洛伐克和波兰与巴基斯坦达成了贸易协定。1949 年，苏

---

[1] Feroz Khan Noon, 2017 – 05 – 03, http://storyofpakistan.com/feroz-khan-noon/.

[2] Michael B. Bishku, In Search of Identity and Security: Pakistan and the Middle East, 1947 – 77, *Conflict Quarterly*, 1992 (3): 36.

[3] Fredrick Aandahl, Willian Z. Slany (eds), *Foreign Relations of the United States*, Vol. 5, 1950, Washing: Depatment of State of US, 1978: 1497.

[4] Russian-Pakistan relation, 2017 – 05 – 03, http://www.rusconsulkarachi.mid.ru/RUSSIA-PAKISTAN.htm.

联派了一个贸易代表团在卡拉奇呆了几周，同时还准备在巴基斯坦的达卡开设贸易办事处。①

随后，苏联更是成了第一个向巴基斯坦伸出友谊之手的大国。苏联在1949年6月2日正式邀请巴基斯坦总理里阿夸特·阿里·汗访问莫斯科。② 五天后，巴基斯坦总理正式接受了苏联政府的邀请。

苏联成了第一个邀请巴基斯坦总理访问的国家，这反映出巴基斯坦在当时国际环境下不被西方国家重视的现状。在获得苏联政府的邀请后，巴基斯坦总理爽快地答应了邀请，这表明巴基斯坦总理亟需通过此种方式得到认可，就算不是来自西方阵营的，至少也是来自东方阵营的。

1946年，穆盟领导人费罗兹·汗·努恩在表达追求巴基斯坦独立的心情时说："如果印度教徒给我们巴基斯坦自由，那么印度教徒就是我们最好的朋友。如果英国把它给了我们，英国就是我们最好的朋友。如果两者都不给我们自由，那么苏联就是我们最好的朋友。"③ 现在，巴基斯坦在寻求援助时同样面临类似状况：谁向巴基斯坦伸出援助之手，谁就是朋友。

三、美国初识巴基斯坦战略价值

在巴基斯坦建国之初，美国杜鲁门政府没有认识到巴基斯坦在美国遏制苏联战略中的价值，加之巴基斯坦当时所面临的各种困难，一些美国外交官和专家认为巴基斯坦可能生存不了多久。但是，美国政府内部

---

① Fredrick Aandahl, Willian Z. Slany (eds). *Foreign Relations of the United States*, Vol. 5, 1950, Washing: Depatment of State of US, 1978: 1497.

② A. Z. Hilali, *US-Pakistan Relationship: Soviet Invasion of Afghanistan*, Burlington: Ashgate Publishing Company, 2005: 37.

③ A. Z. Hilali, *US-Pakistan Relationship: Soviet Invasion of Afghanistan*, Burlington: Ashgate Publishing Company, 2005: 32.

第五章
| 巴基斯坦对外政策决策案例分析（一）|

也有人视巴基斯坦为一个潜在的重要战略资产。美国驻卡拉奇大使馆武官纳撒尼尔·霍斯科特（Nathaniel R. Hoskot）就是其中一位，[1] 早在1948年，他就敦促在华盛顿的上级认真考虑巴基斯坦的重要地理位置，[2] 并提出在巴基斯坦建立针对苏联的空军基地和情报收集设施的设想。另外，巴基斯坦接近波斯湾也可以在保护中东油田上发挥潜在的作用。[3]

霍斯科特的观点得到美国防务和情报分析官员们的支持，而巴基斯坦的战略重要性逐渐得到美国决策层的认可。1949年3月，美国参谋长联席会议注意到卡拉奇—拉合尔区域"作为反对苏联的空中行动基地"以及"作为防卫或重新夺回中东产油区的兵力集结区"的重要性。[4] 综合考虑以上因素，美国参谋长联席会议最后得出结论，巴基斯坦所拥有的战略和军事价值大于印度。[5] 时任美国白宫幕僚助理斯蒂芬·斯平加恩（Stephen J. Spingarn）提出警告："在推行与印度发展关系的政策时不考虑巴基斯坦的正当利益，将损害美国在中东和远东地区的国家利益。"[6] 时任美国驻拉合尔总领事胡克·杜利特尔（Hooker A Doolittle）则敦促美国国务院将巴基斯坦作为一个"潜在的盟友"看待。他指出，巴基斯坦突出的特征将有利于美国的利益。他还赞扬巴基斯坦在如此糟糕的环境下还能保持正义论相对稳定，并表现出惊人的生存能

---

[1] Robert J. McMahon, *United States Cold War Strategy in South Asia: Making a Military Commitment to Pakistan, 1947–1954*, The Journal of American History, 1988 (3): 817.

[2] Robert J. Mc Mahon, *The Cold War on the Periphery: The United States, India and Pakistan*, New York: Columbia University Press, 1994: 68.

[3] Robert J. Mc Mahon, United States Cold War Strategy in South Asia: Making a Military Commitment to Pakistan, 1947–1954, *The Journal of American History*, 1988 (3): 818.

[4] Qadar Bakhsh Baloch, Engagement and Estrangement in US-Pakistan Relations, *The Dialogue*, 2006 (4): 33.

[5] Robert J. Mc Mahon, United States Cold War Strategy in South Asia: Making a Military Commitment to Pakistan, 1947–1954, *The Journal of American History*, 1988 (3): 68.

[6] Robert J. Mc Mahon, United States Cold War Strategy in South Asia: Making a Military Commitment to Pakistan, 1947–1954, *The Journal of American History*, 1988 (3): 818.

力。"巴基斯坦是西方,特别是美国的潜在朋友。巴基斯坦的战略位置和设施可以使其成为脆弱的但是非常重要的伊斯兰国家地带上的东方堡垒。同时,以土耳其作为该地带的西部支点。"最后,他总结道:"我们承担不起失去巴基斯坦的损失。"①

随着巴基斯坦一再向美国方面寻求安全援助,1949年年中,美国助理国务卿麦吉(George Mc Ghee)认为,如果美国继续将巴基斯坦排除在共同防御援助计划(Mutual Defense Assistance)之外,那么在未来,美国怎么指望得到巴基斯坦的支援,怎么能指望巴基斯坦不与苏联集团联系以满足其需求。同时,麦吉还希望美国向巴基斯坦提供有限的武器援助。1949年11月,他建议杜鲁门政府向国会寻求授权,将援助扩展到像巴基斯坦这样的国家。②

美国认为,巴基斯坦领导人的最终政治走向将受那些接受巴基斯坦要求的国家影响。美国可能想在战争期间使用巴基斯坦境内的基地和其他设施,而对巴基斯坦要求军事援助的回应将增加巴基斯坦让其使用这些基地的意愿。③ 因为巴基斯坦在没能从美国获得想要的武器支持后,已开始寻求从捷克斯洛伐克获得一些武器。

1949年10月1日,中国共产党在推翻中国国民党政权后建立了中华人民共和国。中华人民共和国的成立改变了美国在亚洲的战略布局,美国开始将南亚次大陆纳入其全球战略考虑之中,但是美国在南亚看重的是印度。杜鲁门政府认为,印度可以成为抵抗共产主义在亚洲扩张的有效堡垒。④

---

① Robert J. McMahon, *The Cold War on the Periphery: The United States, India and Pakistan*, New York: Columbia University Press, 1994: 68.

② Robert J. McMahon, *The Cold War on the Periphery: The United States, India and Pakistan*, New York: Columbia Unive rsity Press, 1994: 73.

③ Fredrick Aandahl, Willian Z. Slany (eds), *Foreign Relations of the United States*, Vol. 5, 1950, Washington: Depatment of State of US, 1978: 1491–1492.

④ Robert J. Mc Mahon, United States Cold War Strategy in South Asia: Making a Military Commitment to Pakistan, 1947–1954, *The Journal of American History*, 1988 (3): 818.

第五章
巴基斯坦对外政策决策案例分析（一）

1949年10月，印度总理尼赫鲁访问美国。美国邀请尼赫鲁访美表现出美国倾向于与印度接近。但是，尼赫鲁继续宣传印度的不结盟外交政策。①

杜鲁门政府在不能成功拉拢印度的情况下，便把眼光落在了巴基斯坦身上。因为美国相关外交官对巴基斯坦潜在战略价值的分析以及巴基斯坦总理正式接受访问莫斯科邀请的消息，使美国认识到有可能连巴基斯坦也会失去。美国助理国务卿在1949年11月12日向国务卿艾奇逊（Acheson）报告，巴基斯坦政府和人民不满美国对巴基斯坦关切的反应，可能会导致巴基斯坦转向苏联。②

在冷战格局下，美苏两国遵循"零和游戏"思维：苏联之所得，美国则认为是自己之所失。美苏两国对包括巴基斯坦在内的第三世界的争夺也体现出此种冷战思维模式。1949年12月，在印度总理尼赫鲁访美回国不到一个月，杜鲁门总统便正式邀请巴基斯坦总理阿里·汗对美国进行正式的国事访问。用美国国务卿艾奇逊的话说，邀请巴基斯坦总理访问美国的主要原因，是抵消阿里·汗访苏的影响以及平衡尼赫鲁的访美之行。③

四、巴基斯坦继续寻求美国支持

巴基斯坦虽然四处寻找援助，但从没有放弃寻求美国援助。原因是，其他国家虽然对巴基斯坦表示支持，但多是道义上的，即使能提供援助也极为有限，只有美国能满足巴基斯坦在安全和经济发展上的需

---

① M. S. Venkataramani, Harish Chandra Arya, America's Military Alliance with Pakistan: The Evolution and Course of an Uneasy Partnership, *International Studies*, 1966 (1/2): 78.

② Muhammad Asim Malik, *Pakistan-US Security Relationship 1947–2006: Analysis of Areas of Convergence and Divergence*, Lahore: University of Education, 2010: 75.

③ Robert J. Mc Mahon, *The Cold War on the Periphery: The United States, India and Pakistan*, New York: Columbia University Press, 1994: 72.

求。巴基斯坦总理阿里·汗接受访苏邀请，是想通过此事提醒西方，不要用理所当然的眼光来看待巴基斯坦。一名英国官员也认为，巴基斯坦总理阿里·汗接受苏联的访问邀请是为了获得与西方国家讨价还价的资本。不管怎么说，至少事态在向巴基斯坦所希望的方向发展。

1949年9月7日，在写给巴基斯坦总理阿里·汗的信中，巴基斯坦驻华盛顿大使伊斯帕哈尼（M. A. H. Ispahani）谈到美国态度的转变："你接受访问莫斯科的邀请简直是战略杰作……直到一个多月前，除了来自美国国务院一些中级官员的赞美之词外，我们无法获得其他任何东西。我们被当成一个不重要的国家对待。另一方面，美国政府却花太多的注意力在印度身上。（随着总理接受访苏邀请，）突然之间，巴基斯坦开始受到美国政府的认真对待和考虑。"①

与美国的这种转变形成对比的是，巴基斯坦一直对美国表现出好感，并愿意在美国的长远防务计划上与美国展开合作。② 即使在接受访苏邀请后，巴基斯坦还是继续寻求与美国的合作。

1948年10月，巴基斯坦总理阿里·汗与美国国务卿马歇尔（Marshall）在巴黎召开的联合国大会期间举行会谈，这是自建国以来巴基斯坦与美国举行的第一次最高级别的双边会谈。巴基斯坦总理向马歇尔国务卿介绍了巴基斯坦面临的诸多困难，敦促美国向巴基斯坦提供经济帮助。马歇尔对此回应道，对于巴基斯坦寻求经济援助一事，马歇尔建议巴基斯坦总理向私人资本寻求经济支持。③

1949年6—7月，巴基斯坦国防秘书伊斯坎德尔·米尔扎（Iskander Mirza）访美，与美军方领导人建立联系，并探索合作渠道。访

---

① Robert J. McMahon, *The Cold War on the Periphery: The United States, India and Pakistan*, New York: Columbia University Press, 1994: 71.
② Robert J. McMahon, United States Cold War Strategy in South Asia: Making a Military Commitment to Pakistan, 1947 – 1954, *The Journal of American History*, 1988 (3): 820.
③ Dennis Kux, *The United States and Pakistan, 1947 – 2000: Disenchanted Allies*, Washington, D. C.: Woodrow Wilson Center Press, 2001: 28.

第五章
| 巴基斯坦对外政策决策案例分析（一）|

美期间，米尔扎的言辞中充满对美国的溢美之词，称美国的军事力量是世界和平的保证："巴基斯坦人民希望世界和平，如果美国军队时刻准备着，世界将会和平。"①

1949 年 12 月，美国国务院负责近东、南亚和非洲事务的助理国务卿麦吉访巴，巴基斯坦总理及其核心幕僚向麦吉直率地表示，他们希望获得美国援助。同时，巴基斯坦承诺，美国任何阻止共产主义分子入侵南亚的努力都将得到巴基斯坦军队的支持。②

1950 年 5 月 3 日，巴基斯坦总理阿里·汗开始对美国进行国事访问。访美期间，他抓住每次机会表达巴基斯坦与美国具有共同利益的看法。阿里·汗表示，巴基斯坦的伊斯兰原则与西方的政治、经济和意识形态是相容的，阿里·汗一再暗示，巴基斯坦愿意与美国结盟，并多次表示，巴基斯坦希望大量购买美国武器。③ 巴基斯坦总理还向美国听众展示巴基斯坦战略位置的重要性："一边与缅甸接壤，离二战期间日本的扩张被逼停之处不远；另一边与伊朗和阿富汗接壤。在与中东产油区沟通联系上具有重要位置。巴基斯坦还控制着许多山口，过去通过这些山口，印巴次大陆被入侵了 90 次。许多人倾向于将亚洲分为东南亚和中东地区，并将一个个国家分配在这个地区或者那个地区。因为特殊的地理位置，巴基斯坦对在这两个地区发展极为感兴趣。因此，巴基斯坦有双重身份。"④

阿里·汗总理的访美非常成功。在访美期间，他的关于巴基斯坦反对侵略、鼓励私有制发展等言论，在美国国会和媒体上得到比尼赫鲁访

---

① M. S. Venkataramani, Harish Chandra Arya, America's Military Alliance with Pakistan: The Evolution and Course of an Uneasy Partnership, *International Studies*, 1966 (1/2): 78.

② Robert J. Mc Mahon, *The Cold War on the Periphery: The United States, India and Pakistan*, New York: Columbia University Press, 1994: 74.

③ Robert J. Mc Mahon, United States Cold War Strategy in South Asia: Making a Military Commitment to Pakistan, 1947 – 1954, *The Journal of American History*, 1988 (3): 821.

④ Robert J. McMahon, *The Cold War on the Periphery: The United States, India and Pakistan*, New York: Columbia University Press, 1994: 76.

美时表达的不结盟立场更多的好评。① 通过此次访问，美国官员对巴基斯坦关于冷战的立场已经没有疑问了。②

1950年6月25日，朝鲜战争爆发，巴基斯坦总理阿里·汗正在美国接受治疗，他抓住这一有利时机再次向美国示好。6月27日，他在纽约发表公开声明，巴基斯坦"将最大限度支持联合国"以任何行动来对付朝鲜的侵略。7月1日，在阿里·汗即将离开美国回巴基斯坦时，他再次表示，巴强烈支持联合国和美国在朝鲜半岛事态上的立场。阿里·汗指出，在所有重要问题上，巴基斯坦与美国的立场一致。巴接受联合国安理会决定，并支持韩国。③ 当美国的集体安全行动遭到埃及反对时，巴基斯坦向其他中东和南亚国家解释联合国立场，以使这些国家支持美国的行动。事后，美国国务卿就巴基斯坦支持联合国安理会6月27日决议一事向巴基斯坦驻美国大使伊斯帕哈尼表达谢意。艾奇逊认为，在朝鲜问题上，巴基斯坦的行动对美国获得阿拉伯国家的支持是非常有用的。④

五、巴基斯坦获得美国初步认可

巴基斯坦不断强调自身与西方国家的共性，及其所处重要战略地缘位置在东西方冷战格局下对美国的重要意义；巴基斯坦总理阿里·汗访美期间给美国社会留下的良好印象；在朝鲜战争爆发后巴基斯坦在口头和行动上对美国立场的支持；这一切终于使美国对巴基斯坦寻求经济及

---

① M. S. Venkataramani, Harish Chandra Arya, America's Military Alliance with Pakistan: The Evolution and Course of an Uneasy Partnership, *International Studies*, 1966 (1/2): 79.

② Robert J. Mc Mahon, United States Cold War Strategy in South Asia: Making a Military Commitment to Pakistan, 1947 – 1954, *The Journal of American History*, 1988 (3): 821.

③ 李晓妮："美国对巴基斯坦政策研究（1941—1957）"，长春：东北师范大学学位论文，2009年，第58页。

④ Dennis Kux, *The United States and Pakistan, 1947 – 2000: Disenchanted Allies*, Washington, D. C.: Woodrow Wilson Center Press, 2001: 37.

第五章
巴基斯坦对外政策决策案例分析（一）

军事援助的要求给予了初步回应，并与印度不愿加入美国阵营并坚持其不结盟外交政策形成反差。

1950年11月29日，美国助理国务卿麦吉向巴基斯坦驻华盛顿大使伊斯帕哈尼发去关于巴基斯坦与美国签订转让军用物质与设备的《共同防御援助协定》（Mutual Defence Assistance Agreement）的照会。照会主要内容如下（原文参见附录1）：①

> 我非常荣幸地告诉阁下关于巴基斯坦政府要求美国政府转让某些军事物质和设备的请求。按照经美国第81届国会修订、公法编号621的《共同防御援助法案（1949年）》第408（e）条的规定，在完成任何武器转让之前，美国政府必须得到来自巴基斯坦政府的保证和理解。
>
> 美国国务院认为，巴基斯坦已经准备同意在联合国宪章框架下将这些武器用于促进国际和平与安全，通过国家自卫和有效地参与集体自卫安排以增强国家致力于联合国宪章的原则和目的的能力。而且，在巴基斯坦政府要求下，美国政府提供的这些武器用于维持国内安全、合法的自卫以及参与到巴基斯坦作为一部分的该地区的防务。这些武器不能用于任何侵略其他国家的行动中。
>
> 美国国务院还认为，巴基斯坦政府将同意美国政府在移交这些武器之前拥有任何设备、材料信息和服务设备的所有权。巴基斯坦政府将采取适当措施保护这些设备、服务的安全。巴基斯坦政府也理解，如果国务院获得信息认为这些武器装备有损害美国国家利益的情况的话，美国政府必然拥有转移回这些设备或者终止服务的特权。
>
> 最后，美国国务院认为，按照经修订的《共同防御援助法案

---

① *United States Treaties and Other International Agreements*, Vol. 1, 1950, Washington, D. C.: Government Printing Office of US, 1952: 884–885.

(1949年)》第408（e）条的规定，巴基斯坦政府和美国政府同意巴基斯坦政府接受这些条款和武器移交的付款条件。

巴基斯坦政府对上述条款的正确理解的回复将被作为巴基斯坦政府与美国政府协议的组成部分。

1950年12月15日，巴基斯坦驻华盛顿大使馆临时代办贝格（M. O. A. Baig）正式回复美国助理国务卿麦吉的照会，表示巴基斯坦政府同意美国的要求。照会主要内容如下（原文参见附录2）：[1]

我非常荣幸地提到阁下在1950年11月29日的有关巴基斯坦政府要求美国政府移交我国政府希望购买的某些军事物质和设备的信件。我国政府同意美国政府提出按照经美国第81届国会修改、公法编号621的《共同防御援助法案（1949年）》第408（e）条的规定，做出美国政府需要的保证和理解（正如你在信中所提及的）。

巴基斯坦政府准备同意按照修定后的《共同防御援助法案（1949年）》第408（e）条的规定与美国政府达成移交武器和付款条件。

在双方正式通过照会换文确认后，该协议于1950年12月15日正式生效，至此巴基斯坦成为南亚首个与美国签署《共同防御援助协议》的国家。[2]

1949年1月20日，杜鲁门在宣誓就任第二任总统的就职演说中提

---

[1] *United States Treaties and Other International Agreements*, Vol.1, 1950, Washington, D. C.：Government Printing Office of US, 1952：885 – 886.

[2] Fredrick Aandahi（ed）, *Foreign Relations of the United States*, 1951, Vol. 6, Asia and the Pacific, Part 2, Washington, D. C. ：*Government Printing Office of US*, 1977：2208.

第五章
巴基斯坦对外政策决策案例分析（一）

出了四点主要行动原则。其中第四点为，美国决定向那些爱好和平的人民提供美国所有的技术和知识，以帮助他们实现自己对更美好生活的期望，并在与他国合作中促进对需要发展地区的资本投入。这也就是杜鲁门政府对第三世界进行开放援助的第四点计划。[①] 鉴于巴基斯坦在中东以及南亚地区的重要地缘位置、巴基斯坦对美国经济援助的需求、美国与苏联加紧争夺第三世界国家的背景，美国将巴基斯坦纳入第四点计划的援助对象国。

1951年2月9日，巴基斯坦与美国签署《美—巴技术合作协议》（Agreement for Technical Cooperation between the United States of America and Pakistan）。一周后，巴基斯坦政府的援助请求被美国批准，在该协议下，农业、地质勘察、交通、轻工业、公共医疗和行政管理等领域的援助项目迅速展开。[②]

1950年底，巴基斯坦成为南亚第一个与美国达成《共同防御援助协议》的国家。在该协议生效后，巴基斯坦多次要求从美国获得武器，但在杜鲁门执政期间，巴基斯坦实际上并没有从美国得到多少武器。

1951年8月25日，巴基斯坦总理里阿夸特·阿里·汗亲自致电美国国务院，请求获得军事援助。[③] 同年10月，巴基斯坦原外交秘书艾克拉姆（Ikramullah）率团访美，寻求军事援助。同年11月，巴基斯坦外长扎法鲁拉·汗（Muhammad Zafrullah Khan）赴美寻求军援。1952年，巴基斯坦总理纳齐姆丁派军事代表团访美，为购买武器而努力。由巴基斯坦国防部长特别顾问拉伊克·阿里（Mir Laik Ali）带队的代表团呼吁美国给予武器装备，该代表团拜访美国国务卿艾奇逊和国防部长洛维特

---

① 刘国柱："第四点计划与杜鲁门政府在第三世界的冷战战略"，《历史教学（高校版）》2007年第6期，第13页。

② Fredrick Aandahi (ed), *Foreign Relations of the United States*, *1951*, Vol. 6, Asia and the Pacific, Part 2, Washington, D. C.: Government Printing Office of US, 1977: 2209.

③ 陈杨："1947—1951年美国南亚政策研究"，长春：东北师范大学学位论文，2010年，第36页。

(Lovett)，寻求价值2亿美元的飞机、坦克、反坦克武器和大炮。巴基斯坦设想分三年付款，每年付款1500万美元，剩余的1.55亿美元由美国提供信用贷款。① 虽然巴基斯坦一直积极寻求来自美国的大量军事援助，但美国对此却相对谨慎。在此期间，巴基斯坦只获得了70辆过时的 M-5A1 型坦克及其零部件。②

按照美国政府的说法，1950年12月15日，巴基斯坦是南亚首个与美国签署《共同防御援助协议》的国家，在购买美国武器、装备和服务方面，巴基斯坦正在获得援助。因为主要是为了满足巴基斯坦国内安全、自卫、保护南亚的需求和其他更优先要求，所以这些援助是有限的。由于当前武器供应短缺，美国没有及时回应巴基斯坦方面巨大的援助要求。③

其实，美国在此期间没有积极回应巴基斯坦的军援要求，主要是因为巴基斯坦出兵朝鲜问题和印巴关系问题。

第一，关于出兵朝鲜问题。在朝鲜战争爆发之初，巴基斯坦从口头和行动上积极支持美国的立场。后来，美国参谋长联席会议认为，巴基斯坦军队是亚洲国家中装备较好的，如果巴基斯坦军队部署到朝鲜半岛，将增大联合国的反叛乱军事能力和道义说服力。巴基斯坦部队的参加，可以支持在联合国主导下的集体安全原则，并提供一个巴基斯坦与西方国家团结一致的明显迹象。④ 因此，美国国务院正式要求巴基斯坦派兵参加联合国在朝鲜半岛的"警察行动"。但是，巴基斯坦却想让美国给予巴基斯坦安全保证以抵抗来自印度的威胁。

---

① Dennis Kux, *The United States and Pakistan, 1947 - 2000: Disenchanted Allies*, Washington, D. C. : Woodrow Wilson Center Press, 2001: 48.
② Fredrick Aandahi (ed), *Foreign Relations of the United States, 1951*, Vol. 6, Asia and the Pacific, Part 2, Washington: Government Printing Office of US, 1977: 2222 - 2223.
③ Fredrick Aandahi (ed). *Foreign Relations of the United States, 1951*, Vol. 6, Asia and the Pacific, Part 2, Washington: Government Printing Office of US, 1977: 2208 - 2209.
④ Robert J. Mc Mahon, *The Cold War on the Periphery: The United States, India and Pakistan*, New York: Columbia University Press, 1994: 125.

第五章
| 巴基斯坦对外政策决策案例分析（一）|

7月14日，巴基斯坦总理阿里·汗在卡拉奇向美国驻巴基斯坦大使沃伦（Avra M. Warren）保证，巴基斯坦正在积极、认真地考虑美国要求巴基斯坦出兵朝鲜半岛的要求。但是，阿里·汗又表示，他正为大量转移军队到朝鲜半岛后巴基斯坦面临的来自印度的正在增加的军事冲突风险而感到烦恼。同时，他担心在克什米尔问题没有解决的情况下，做出如此承诺会招致巴基斯坦民众的批评。如果美国能为巴基斯坦提供某种形势的安全担保，将可以消除巴基斯坦政府的这些担心。① 而巴基斯坦总理之所以如此应对美国的派兵要求，主要是因为巴基斯坦担心印度会对巴基斯坦进行侵略，以及万一朝鲜战争引发世界战争，巴基斯坦的机场无法抵挡苏联的轰炸。另外，巴基斯坦内阁还担心，在印度于克什米尔问题上没有妥协迹象之时将军队派去国外，将引起民众的强烈反对。总之，巴基斯坦方面认为，在没有得到西方阵营的实质性承诺之前，某种形势的介入（朝鲜战争）将是不明智的。在这种情况下派军队去朝鲜半岛的风险大于收益。②

第二，关于印巴关系问题。美国杜鲁门政府的南亚政策核心在于寻求巴基斯坦和印度保持友好关系，并试图避免在两国之间选边站。③ 在印度对美国武装支持巴基斯坦极为关切的情况下，美国对待巴基斯坦的军援要求极为谨慎，巴基斯坦未能实现借朝鲜战争使美国明确支持巴基斯坦的目的。

因此，巴基斯坦没有派兵去朝鲜半岛，而美国也没有对巴基斯坦的军援要求做出积极回应。

尽管如此，巴基斯坦支持美国的态度没有变化。1951年9月4—8

---

① Robert J. McMahon, *The Cold War on the Periphery: The United States, India and Pakistan*, New York: Columbia University Press, 1994: 125.

② Robert J. Mc Mahon, *The Cold War on the Periphery: The United States, India and Pakistan*, New York: Columbia University Press, 1994: 125 – 125.

③ Dennis Kux, *The United States and Pakistan, 1947 – 2000: Disenchanted Allies*, Washington, D. C.: Woodrow Wilson Center Press, 2001: 49.

日,在美国旧金山召开对日和会,巴基斯坦外交部长扎法鲁拉·汗 (Muhammad Zafrullah Khan) 率团出席。巴基斯坦代表在会议全程一直积极支持美国。巴基斯坦签署对日和约,并声称和约是提供正义与和平、没有复仇与敌对的合约。主持旧金山和会的美国国务卿顾问杜勒斯 (Dulles) 指出,在苏联声称旧金山和约是以美国为首的西方国家强加于日本的产物这个关键时刻,巴基斯坦却率领许多亚洲国家加入了和会。① 由此可以看出,巴基斯坦在此事上支持美国的重要性。在美国主导的与日本签署和平协定一事上,巴基斯坦代表扎法鲁拉·汗是美国立场的积极支持者之一。这使其与该和平协定的起草者、后来成为美国国务卿的杜勒斯建立了良好的私人关系。② 这为美巴进一步接近奠定了人脉基础。

六、美巴结盟源于美国调整中东政策

中东地区拥有丰富的石油资源,是美国及其盟国经济血液的来源。20 世纪 50 年代以来,该地区民族主义情绪高涨,同时英国在该地区的影响力持续下降,如果英国被迫退出该地区,那么这将会为苏联提供机会,因此美国政府需要调整自己的中东政策,采取更积极介入的做法。对于中东地区的战略重要性,新上任的美国总统艾森豪威尔有着清醒的认识。早在 1950 年 8 月担任北大西洋公约组织总司令时,他就指出:"在战略上没有比中东更重要的地区了,我们应该设法把阿拉伯世界拉到我们一边。"艾森豪威尔知道中东地区的石油对美国的北约盟国具有重要战略意义:如果北约国家的石油供应被切断,其经济将迅速崩溃;

---

① S. M. Burke, *Pakistant's Foreign Policy: An Historical Analysis*, London: Oxford University Press, 1973: 134 – 135.

② M. S. Venkataramani, Harish Chandra Arya, America's Military Alliance with Pakistan: the Evolution and Course of An Uneasy Partnership, *International Studies*, 1966 (1/2): 82.

第五章
巴基斯坦对外政策决策案例分析（一）

如果盟国的经济崩溃，美国也会处于一种令人无法忍受的困境。显然，在美国维持西欧复兴和遏制苏联扩张的企图中，阿拉伯国家是一个关键性角色。①

但是，在20世纪50年代初，美国等西方国家先后在中东推出的各种防御计划均告失败。1950年10月，美国政府宣布了一项向中东国家提供3.96亿美元的军事援助计划。麦吉在向国会作证时说，在中东，"美国决不能让中立主义存在，也决不能让反西方的情绪得到任何进一步的发展"。同年10月12日，美国参谋长联席会议主席布莱德雷（Omar Bradley）携同英国总参谋长思陵（William Slim）和法国参谋长勒歇尔（Charles Lecheres）飞赴安卡拉（Ankara），与土耳其总理和军方首脑讨论中东军事集团问题，最后做出建立中东司令部的决定。中东司令部的主要任务：一是成为中东地区的防务中心；二是协助并支持参加防务的国家，并在军事上加强各成员国的军事力量；三是在战争期间或国际局势紧急情况下，各成员国军队将处于中东司令部指挥之下。以上三点任务表明，中东司令部将是中东地区最高军事机构，将是中东各国武装力量的统帅。在中东各国人民的强烈反对浪潮下，大多数国家拒绝参加中东司令部，只有叙利亚和伊拉克政府宣布同意参加，但是这两国民众的反应也很强烈，最后导致这两国政府取消参加中东司令部的决定。②

与中东国家的消极立场相反，巴基斯坦却很积极。1951年10月18日，巴基斯坦驻美大使伊斯帕哈尼和巴基斯坦前外交秘书艾克拉姆在华盛顿与美国国务院南亚事务处的托马斯·西蒙斯（Thomas Simons）以及唐纳德·肯尼迪（Donald D. Kennedy）会谈。肯尼迪询问巴基斯坦

---

① 兰岚："20世纪50年代美国的中东政策：从欧米加计划到艾森豪威尔主义的诞生"，《世界历史》2009年第1期，第35—36页。

② 张士智、赵慧杰：《美国中东关系史》，北京：中国社会科学院出版社1993年版，第165页。

是否考虑参加中东防务计划，艾克拉姆表示，巴基斯坦愿意成为该计划的一部分。① 1951年10月22日，艾克拉姆告诉美国国务院国务卿艾奇逊巴基斯坦对协防中东感兴趣。事实上，该兴趣是如此自然，以至于不需要美国"出售"给巴基斯坦。②

1952年10月，美国变换手法，提出"中东防御组织"计划。该计划打算把阿拉伯各国以及伊朗、阿富汗等国都拉进这个组织，但该计划再次遭到中东国家反对。③ 1953年5月，美国国务卿杜勒斯游说埃及纳赛尔政府，希望其能加入"中东防御组织"，但遭纳赛尔拒绝。由于埃及的反对，美国的"中东防御组织"计划"寿终正寝"。

但杜勒斯对中东局势并没有完全失望，他指出，该地区有一些国家与美国的想法还是一致的。例如，土耳其与巴基斯坦都表示支持集体安全。④ 杜勒斯认为，保卫西方国家在中东地区的利益以及缓和中东国家内部矛盾的唯一方式是建立地区性军事集团。为此，杜勒斯开始筹划新的中东军事集团的计划。此次计划的主要策略和安排有如下几方面的特点：

其一，鉴于前几次筹建中东军事集团失败的教训，西方国家这次不直接参加中东军事集团，而是转入幕后操纵。

其二，先由中东地区的北部诸国，即与苏联为邻的土耳其、伊朗、阿富汗和接近苏联的巴基斯坦和伊拉克组成一个小型军事集团，即"北层防御集团"。

其三，西方国家和"北层"（northern-tier）各国再分别签订军事援

---

① Fredrick Aandahi (ed), *Foreign Relations of the United States*, 1951, Vol.6, Asia and the Pacific, Part 2, Washington, D.C.: Government Printing Office of US, 1977: 2222–2223.

② Fredrick Aandahi (ed), *Foreign Relations of the United States*, 1951, Vol.6, Asia and the Pacific, Part 2, Washington, D.C.: Government Printing Office of US, 1977: 2226.

③ 冯基华："美国中东政策的战略支点：土耳其"，《亚非纵横》2012年第4期，第44页。

④ 戴超武："应对'卡尔·马克思早已策划好的危局'：冷战、美国对阿拉伯民族主义的反应和艾森豪威尔主义"，《冷战国际史研究》2006年第2期，第6—7页。

第五章
巴基斯坦对外政策决策案例分析（一）

助协定，通过这种双边军事协定来控制"北层"武装力量。

其四，"北层"各国与中东地区其他国家再签订双边军事协定，逐步地形成中东军事集团。①

1953年12月，美国副总统尼克松访问巴基斯坦，并与巴基斯坦总督讨论军事援助事宜。1954年1月5日，美国总统艾森豪威尔召集国务卿杜勒斯、国防部长威尔逊等人就军事援助巴基斯坦之事进行讨论。最终，美国总统决定向巴基斯坦提供军事援助。②

1954年2月19日，在美国的授意下，土耳其与巴基斯坦政府发表联合公报，宣布两国已经达成协议，准备签订一项军事合作协定。1954年2月22日，巴基斯坦政府向美国请求提供军事援助。2月25日，美国宣布给予巴基斯坦军事援助。同时，美国表示赞同土、巴两国结盟。4月2日，土耳其与巴基斯坦在卡拉奇缔结为期五年的"共同防御协定"——《土耳其—巴基斯坦促进共同合作协定》。艾森豪威尔政府宣称"土耳其和巴基斯坦的条约为加强中东防御力量奠定了基础"。③

1954年5月19日，巴基斯坦政府与美国政府签署《共同防御援助协定》（Mutual Defense Assistance Agreement）。根据该协定，美国将向巴基斯坦提供装备和技术方面的军事援助，④ 这标志着巴基斯坦与美国结盟的真正开始。1955年1月11日，巴基斯坦与美国在卡拉奇签署《美国和巴基斯坦防务援助协定》（Defense Support Assistance Agreement），以此作为《共同防御援助协定》的补充。⑤

---

① 张士智、赵慧杰：《美国中东关系史》，北京：中国社会科学院出版社1993年版，第169页。

② FRUS, 1952–1954, Vol. 9, Part 1, The Near and Middle East, Washington, D. C.: U. S. Government Printing Office, 1986: 453–454.

③ 张士智、赵慧杰：《美国中东关系史》，北京：中国社会科学院出版社1993年版，第170页。

④ Muhammad Yusuf. Pakistan: Milestones: Chronology March 1940–August 2010, Islamabad: Mr. Book, 2011: 65.

⑤ 《国际条约集（1953–1955）》，北京：世界知识出版社1960年版，第382—386页。

1955年1月19日,巴基斯坦内阁批准《东南亚集体防务条约》(Southeast Asia Collective Defense Treaty)。① 1955年9月23日,巴基斯坦正式加入《巴格达条约》(Baghdad Pact)。②

这一系列协定使巴基斯坦实现了从美国获得军事和经济援助,以加强自身稳定和安全的愿望。至此,巴基斯坦在美国的中东计划中的重要性和积极表现使巴基斯坦与美国终成盟友。

第四节 巴基斯坦寻求与美国结盟政策的影响与决策特点

一、巴基斯坦与美国结盟政策影响

(一)美国开始向巴基斯坦大量提供军事援助

1954年5月,巴美两国签署《共同防御援助协定》后,美国就答应给巴方3000万美元军事援助,随后在巴方的要求下,又增加到1.71亿美元。③ 美国通过拨款、军火采购、提供商业信贷、训练军事人员等形式对巴基斯坦进行军事援助。1954—1965年,美国提供了价值6.5亿美元的军事拨款援助、6.19亿美元的国防支持援助以及现金或商贷基础上的价值5500万美元的军购。④

---

① Muhammad Yusuf, *Pakistan: Milestones: Chronology March 1940 – August 2010*, Islamabad: Mr. Book, 2011: 71.

② Farooq Naseem Bajwa, *Pakistan and the West: the First Decade, 1947 – 1957*, Karachi: Oxford University Press, 1996: 141.

③ 张贵洪:《超越均势:冷战后的美国南亚安全战略》,杭州:浙江大学出版社2007年版,第24页。

④ Leo E. Rose, Noor A. Husaint, *United States-Pakistan Relations*, Berkeley: Institute of East Asian Studies, University of California, 1985: 4.

第五章 巴基斯坦对外政策决策案例分析（一）

（二）美巴结盟极大地抵消了印度对巴基斯坦的全面优势

1955—1965 年，巴基斯坦通过美国的军事援助装备了 4 个步兵师和 1.5 个装甲师，并使海军和空军得到扩充和现代化。巴基斯坦在美国的军事援助下形成了对印度和阿富汗可靠的威慑。[1] 因此，美巴结盟后，巴基斯坦基本上达到通过外力制衡印度的目的。

（三）美国否定了阿富汗对巴基斯坦的领土要求

在外交方面，美国承认杜兰线是巴基斯坦与阿富汗的国际边界而否定了阿富汗对"普什图尼斯坦"的领土要求。[2] 美国政府对巴阿国际边界线的承认，为巴基斯坦在国际社会赢得更多国家承认巴阿国际边界奠定了基础。

（四）使克什米尔问题解决难度加大

巴基斯坦与美国结盟后，将外部势力引入了南亚次大陆，同时也强化了其对抗印度的立场。[3] 印度则以巴基斯坦加入军事联盟为借口放弃在克什米尔进行公投的承诺，使该争端成为"难解之结"。[4]

（五）影响巴基斯坦与其他国家关系

为借助美国力量制衡印度，巴基斯坦加入美国主导的军事联盟，因此影响了巴基斯坦与苏联和中国的关系发展。同时，与美结盟还使巴基斯与埃及等一些穆斯林国家关系受到影响和破坏。

---

[1] Leo E. Rose, Noor A. Husaint, *United States-Pakistan Relations*, Berkeley：Institute of East Asian Studies, University of California，1985：4.

[2] 兰江：《冷战时期美巴关系研究》，成都：四川大学学位论文，2013 年，第 83 页。

[3] 胡克琼："安全两难与冷战后的印巴关系"，石家庄：河北师范大学学位论文，2008 年，第 8 页。

[4] Abdul Sattar, *Pakistan's Foreign Policy 1947 - 2005：A Concise History*, Karachi：Oxford University Press, 2007：52.

二、巴基斯坦与美国结盟政策决策特点

(一) 巴基斯坦对美政策相对连贯

从 1947 年 10 月真纳指派代表到美国寻求军事和经济援助开始,到 1954 年美国与巴基斯坦签署具有实质意义的《共同防御援助协定》和美国开始向巴基斯坦提供军事援助为止,共经历了近七年时间。这期间虽有波折,但巴基斯坦寻求美国的军事、经济援助的政策基本无变化。同时,为了表明巴基斯坦与美国站在一起,巴基斯坦在诸如朝鲜战争以及旧金山对日和会等国际事务上也积极支持美国。巴基斯坦一贯的支持态度得到美国政府的好感,为最终得到美国的军事和经济援助铺平了道路。

(二) 实权领导人亲自推动政策执行

建国初,巴基斯坦总督真纳认为:"巴基斯坦是一个民主国家。很明显,我们的利益取决于两大民主国家,即英国和美国,而不是苏联。"[1] 这为巴基斯坦的对外政策指明了方向。按照新古典现实主义理论的观点,一个国家对外政策的范围和追求,首先是由这个国家的相对物质权力决定的。[2] 对于刚刚建国的巴基斯坦来说,内部困难和外部威胁并存,其生存难度相当大,甚至连美国外交官都认为巴基斯坦被印度吞并只是时间问题。能安全地生存下来也就成了巴基斯坦对外政策的最优先方向,但对于一个"没有前途、没有价值"的国家来说,没有太

---

[1] Muhammad Asim Malik, *Pakistan-US Security Relationship 1947 – 2006: Analysis of Areas of Convergence and Divergence*, Lahore: University of Education, 2010: 61.

[2] Steven E. Lobell, Norrin M. Ripsman, Jeffrey W. Taliaferro (eds.), *Neoclassical Realism, the State, and Foreign Policy*, Cambridge: Cambridge University Press, 2009: 5.

第五章
巴基斯坦对外政策决策案例分析（一）

多国家愿意伸出援手慷慨相助。对于国际格局以及本国所处地理位置的认知，使巴基斯坦领导人认识到能得到美国的援助将实现保护巴基斯坦国家生存安全的目标。

为了达到上述目标，巴基斯坦总理或总督亲自出面寻求美国的援助，并强调巴基斯坦的地缘战略价值以及与西方相似的政治制度。由于最高领导人的推动，巴基斯坦在美国全球战略中的重要性日益显现。

我们也应看到，在此过程中，虽然是巴基斯坦主动与美国接近，但最终决定权不在巴基斯坦手里。作为国际格局中的弱者，巴基斯坦对外政策在很大程度上受制于国际体系和该体系中的大国，然而美巴结盟的转机正在于美国中东政策的需要。

—— 第六章 ——

巴基斯坦对外政策决策案例分析（二）

——后冷战时期：巴基斯坦执意进行核试验

1998年5月11日，印度在拉贾斯坦的博克兰（Pokhran）成功进行了三次核试验。当天，印度总理瓦杰帕伊召开记者会宣布，印度成功进行了三次核试验，证明印度有能力进行核武器化。5月13日，印度又进行了两次核试验，至此，印度宣布一系列核试验结束。这五次核试验使国际社会震惊，并纷纷谴责印度。同时，国际社会又将目光转向其邻居——巴基斯坦，希望巴基斯坦克制，不要紧跟印度之后进行核试验。在强大的国际压力下，是否进行核试验成为巴基斯坦的重大决策难题。

第一节 核试验前的国际、国内局势

新古典现实主义在研究国际关系时将体系层次诱因与单元层次诱因结合起来。新古典现实主义学者认为，体系诱因和单元要素在导致外交政策结果中所起的作用是不同的，如果将体系诱因作为外交政策的自变量，那么单元要素就是连接体系诱因与外交政策的干预变量。在国内变量与国际变量发生作用的顺序问题上,新古典现实主义者认为国际变量具有优先地位。

一、国际、地区形势

(一) 世界多极化趋势发展,局部冲突加剧

冷战结束后,世界两个超级大国变成一国称雄,并出现了多个强国的多极化趋势,即世界正走向"一超多强"。同时,世界各主要大国间关系进入调整期,相互交往和经贸合作正在加强,欧洲进一步推进一体化,世界总体局势呈缓和趋势,但局部地区的冲突、动荡有所加剧。如欧洲巴尔干半岛的南斯拉夫地区冲突;以色列在中东和谈问题上的强硬立场导致巴勒斯坦与以色列冲突不断,中东和谈陷入僵局;[1] 伊拉克武器核查问题,等等。

(二) 东南亚金融危机影响扩大

1997年年中,东南亚爆发金融危机,对东南亚各国经济产生了巨大影响,并导致社会矛盾激化、政局动荡。同时,该危机还向亚洲其他国家蔓延,使亚洲经济发展骤然减速,甚至对欧美、俄罗斯等国经济、汇市等也造成不小影响。[2]

(三) 印巴局势相对缓和

1997年以来,印巴关系进一步缓和,两国领导人在不同场合举行多次会晤。1997年3月28日,巴基斯坦与印度外交秘书在新德里举行

---

[1] 朱三平、晏向阳:"调整发展缓和:1997年国际形势回顾与展望",《学习导报》1998年第2期,第39页。

[2] 朱三平:"上半年国际形势回眸",《学习导报》1998年第7期,第26—27页。

两国三年来的首次外交秘书级会谈。同年5月,巴基斯坦总理谢里夫与印度总理古杰拉尔(Inder Kumar Gujral)在马尔代夫召开的南盟(SAARC)首脑会议期间举行双边会谈。两国领导人同意释放关押的对方犯人,同意建立首脑热线,还同意成立工作组以解决两国间悬而未决的争议问题。同年6月,两国外交秘书在伊斯兰堡共同确定两国工作组需要重点关注的八个方面,即克什米尔争端、和平与安全问题、锡亚琴冰川(Siachen Glacier)争端、乌拉尔大坝(Wullar Barrage)问题、赛·克里克湾(Sir Creek)划界、恐怖主义、毒品走私、经济合作与促进友谊。同年9月,印度总理古杰拉尔和巴基斯坦总理谢里夫在联合国大会期间举行会晤。同年10月,两国总理在爱丁堡举行的英联邦政府首脑会议期间举行会晤。1998年1月,两国总理在达卡举行的首次印度、巴基斯坦、孟加拉国商务峰会期间举行会晤。①

二、核试验前的国内形势

(一)穆盟(谢里夫派)执政地位稳固

1997年2月,巴基斯坦穆盟(谢里夫派)在全国大选中赢得国民议会几乎2/3席位、旁遮普省议会3/4席位、西北边境省多数席位。该党在中央和旁遮普省组建政府,单独执政,并在信德省和西北边境省与盟党联合执政。② 2月17日,该党领导人纳瓦兹·谢里夫宣誓就任巴基斯坦政府总理。同年4月,谢里夫政府在议会通过宪法第13修正案,该法案取消了总统解散国民议会的权力,并将任免三军参谋长和参联会

---

① P. R. Chari, Pervaiz Iqbal Cheema, and Stephen P. Cohen, *Four Crises and a Peace Process: American Engagement in South Asia*, Brookings Institution Press: Brookings Institution Press, 2007: 35.

② Anwar H. Syed, Pakistan in 1997: Nawaz Sharif's Second Chance to Govern, *Asian Survey*, 1998 (2): 117.

第六章
巴基斯坦对外政策决策案例分析（二）

主席、最高法院法官等权力移交总理行使。此事引起总统与总理、最高法院与总理间的博弈，总统莱加里（Farooq Leghari）于1997年12月1日辞职，最高法院首席大法官阿里·萨阿（Sajjad Ali Shah）于12月2日被免职。这样，谢里夫的执政地位进一步巩固。

（二）经济持续疲软，改革效果不佳

当时，巴基斯坦经济发展得并不理想。谢里夫新政府上台后，推出"供给经济"（supply side）改革方案，降低个人、公司收入税和进口关税，期望以此刺激商业和鼓励投资，并扩大税基。① 1997年10月，政府将卢比贬值8%，希望以此刺激进出口，但没有收到明显成效。1997年巴基斯坦国内生产总值增长率为3%，低于人口增长率。同时，财政收支严重失衡和外贸逆差不断扩大使巴基斯坦陷入严重的债务危机，内、外债就像滚雪球似的迅速膨胀。② 1997年年中，巴基斯坦内、外债已达630亿美元，其中，国内债务230亿美元，国际债务300亿美元。同年11月，国际货币基金组织同意在未来三年向巴基斯坦贷款16亿美元，包括1997年底提前发放2亿美元贷款。③ 总之，巴基斯坦国内经济形势比较严峻。

---

① Anwar H. Syed, Pakistan in 1997: Nawaz Sharif's Second Chance to Govern, *Asian Survey*, 1998（2）：121.

② 刘善国："巴基斯坦政局从动荡步入稳定"，《南亚研究季刊》1997年第3期，第14页。

③ Anwar H. Syed, Pakistan in 1997: Nawaz Sharif's Second Chance to Govern, *Asian Survey*, 1998（2）：122.

第二节　巴基斯坦核试验政策决策过程分析

一、巴基斯坦核发展历程

自建国到1998年为止，巴基斯坦核发展可以分为三个阶段。

（一）第一阶段：1954—1971年

在此阶段，巴基斯坦没有从事核军事项目的计划，其核政策的目的是建立民用核设施。

1953年12月8日，美国总统艾森豪威尔在联大发表演讲，提出"原子用于和平"的倡议，并呼吁建立一个"国际原子能机构"来保卫核材料和"设计"借以分派该机构服务于"人类和平追求"的"方法"。[1] 受此讲话鼓励，巴基斯坦于1954年开始设计其核项目。同年10月，巴基斯坦工业部长宣布，计划在巴基斯坦科学—工业研究理事会下建立一个国家原子能研究机构。1956年3月，巴基斯坦国家原子能委员会正式成立，但是在20世纪60年代前，因资金、人才、技术、政策等因素制约，巴基斯坦未能建立起核设施，于是将大量科学家送往美国、法国、加拿大、英国、苏联以及位于奥地利的国际原子能机构总部学习核能技术，但是大部分学员学成后并没有再回到巴基斯坦。直到1965年，巴基斯坦在美国帮助下才建立起第一座原子能反应堆。1966年，在国际原子能机构监督下，巴基斯坦从加拿大购买重水反应堆并建

---

[1] "决定性的50年：国际原子能机构年表"，《国际原子能机构通报》2007年1月，2017-05-04，https://www.iaea.org/sites/default/files/48201201020_su_zt.pdf。

设卡拉奇核电站（KANUPP），该电站于 1971 年完工。[1] 但在 20 世纪 60 年代，巴基斯坦政府对印度核项目的恐惧有所增加，并反映到其核政策上。例如，1968 年在印度没有签署《不扩散核武器条约》（NPT）的情况下，巴基斯坦也没有签署《不扩散核武器条约》，因为巴基斯坦不确定印度核项目的最终目的。[2]

（二）第二阶段：1972—1989 年

此阶段是巴基斯坦核能力发展最重要的阶段。

1971 年巴基斯坦被印度肢解一事加剧了巴基斯坦对印度对其生存威胁的恐惧。同时，巴基斯坦认为，印度试图制造核武器，因此巴基斯坦领导人阿里·布托试图从各方面满足巴基斯坦制造核武器的条件。[3]

1972 年 1 月 20 日，阿里·布托在木尔坦组织有关科学家召开了一次巴基斯坦核历史上最关键、最重要的会议，此次会议最终确定了巴基斯坦向核武器道路迈进。[4] 1974 年 5 月 18 日，印度进行的"和平核试验"对巴基斯坦的影响更直接，虽然印度方面声称没有军事目的，但是巴基斯坦的大众、政党、媒体以及政府都不相信印度政府的说法。这次核试验成为影响巴基斯坦核项目的决定性因素，从而促使巴基斯坦发展核威慑力量以抵消来自印度的核威胁。[5] 1975 年卡迪尔·汗（Abdul Qadeer Khan）博士从荷兰回国，从欧洲的 Urenco 铀浓缩厂带回相关技术、设计图纸和供应商网络，于 1976 年组建了 Khan 实验室，并从 1984

---

[1] Bhumitra Chakma, Road to Chagai: Pakistan's Nuclear Programme, Its Sources and Motivations, *Modern Asian Studies*, 2002 (4): 875–877.

[2] Bhumitra Chakma, Road to Chagai: Pakistan's Nuclear Programme, Its Sources and Motivations, *Modern Asian Studies*, 2002 (4): 873.

[3] Bhumitra Chakma, Road to Chagai: Pakistan's Nuclear Programme, Its Sources and Motivations, *Modern Asian Studies*, 2002 (4): 889.

[4] 宋德星、孙静："论巴基斯坦的核政策"，《南亚研究季刊》2006 年第 4 期，第 52 页。

[5] Bhumitra Chakma, Road to Chagai: Pakistan's Nuclear Programme, Its Sources and Motivations, *Modern Asian Studies*, 2002 (4): 889.

年开始进行铀浓缩实验。①

在苏联入侵阿富汗以后，美国里根（Ronald Reagan）政府寻求巴基斯坦帮助以抵抗苏联的扩张行为。因此，在此期间，美国对巴基斯坦的核项目基本上持不过问态度。巴基斯坦利用"前线国家"的战略地位从多种渠道进口核原料、组件，建立核设施，加强核科技人员力量。1987年3月30日，卡迪尔·汗博士称，巴基斯坦已有制造核武器的能力，在某些方面已超过印度，并拥有一颗原子弹。然而，1986年底至1987年初印度在靠近印巴边境地区进行的"铜钉演习"（Operation Brasstacks）进一步刺激了巴基斯坦的核武器研发。在此次危机后不久，巴基斯坦总统齐亚·哈克（Zia ul-Haq）在接受《时代》杂志采访时说，"今天，你可以写巴基斯坦能按照希望的任何时间制造出核炸弹"。

(三) 第三阶段：1990—1998年

苏联从阿富汗撤军以及世界格局的变化，使巴基斯坦在美国全球战略中的地缘重要性下降，因此美国对巴基斯坦的核项目不再容忍。

1990年，印控克什米尔地区骚乱引起印巴关系紧张，此次危机差点使双方爆发第四次战争。按照美国白宫的分析，一方面巴空军已做好充分准备，整装待发，打击目标极有可能是印度首都新德里，② 而且此次攻击极有可能是核攻击；另一方面，有迹象表明，印度也在进行对巴基斯坦核打击的准备。因此，如果爆发印巴战争，将会是核战争。美国总统布什（George Herbert Walker Bush）立即派其国家安全事务副顾问罗伯特·盖茨（Robert Gates）赴印巴斡旋，终于使两国间紧张局势缓和下来。

随后，美国试图压制巴基斯坦以使其放弃核计划。1991年11月，

---

① 胡思德：《周边国家和地区核能力》，北京：原子能出版社2006年版，第115页。
② 杜幼康："在核战争边缘上徘徊：1990年印巴核危机揭秘（中）"，《国际展望》1994年第3期，第29页。

第六章
| 巴基斯坦对外政策决策案例分析（二）|

美国政府威胁巴基斯坦说，如果巴基斯坦不停止支持克什米尔武装分子和放弃核计划的话，美国将把巴基斯坦列入支持恐怖主义国家名单。① 但是，在核计划上，巴基斯坦既没有接受美国的威胁，也没有接受美国的利益交换。正如时任陆军参谋长贝格（Mirza Aslam Beg）所言，巴基斯坦一直担心印度大规模的地面进攻，这可能导致1971年历史的重演——两周内肢解巴基斯坦，正是在没有其他手段可供挑选的情况下，巴基斯坦才做出了核选择。②

20世纪90年代初，巴基斯坦提出在南亚地区建立无核武器区的建议，但遭到印度反对。1995年印度拒绝签署《不扩散核武器条约》，1996年又不签署《全面禁止核试验条约》，这些行为的实质是不愿放弃发展核武器计划，保留生产和使用核武器的权力。③ 在此情况下，巴基斯坦别无选择，只能继续推进自己的核计划。据报道，印度在1995年曾试图进行核试验，却被美国卫星发现，在美国及时施压的情况下，印度被迫放弃核试验计划。为回应印度的核试验准备，巴基斯坦开始在查盖（Chagai）地区进行核试验准备。1996年3月，巴基斯坦外交部长阿西夫·艾哈迈德·阿里（Asif Ahmad Ali）表示，"如果印度想通过实施核试验来证明其男子气概，那么我们也有能力证明我们的男子气概"。④

1998年印度进行大选，印度人民党在其竞选宣言中明确提出，"要重新评估印度核政策，并实施核武器化选择"。⑤ 同年3月，印度人民

---

① Bhumitra Chakma, Road to Chagai: Pakistan's Nuclear Programme, Its Sources and Motivations, *Modern Asian Studies*, 2002 (4): 902.
② 杜幼康："在核战争边缘上徘徊：1990年印巴核危机揭秘（下）"，《国际展望》1994年第4期，第28页。
③ 肖敬民、吴鹏等：《南亚核风云：印巴核实验扫描》，北京：长虹出版社1998年版，第6页。
④ Bhumitra Chakma, Road to Chagai: Pakistan's Nuclear Programme, Its Sources and Motivations, *Modern Asian Studies*, 2002 (4): 909.
⑤ 宋海啸：《印度对外政策决策：过程与模式》，北京：世界知识出版社2011年版，第184页。

党在大选中获胜，瓦杰帕伊出任印度总理。① 同年4月2日，巴基斯坦总理给五个联合国常任理事国领导人以及日本、意大利、比利时、西班牙和德国领导人写信，以提醒世界各主要大国印度可能进行核试验，这将打击南亚及全球不扩散核武器所做出的努力。谢里夫总理认为，南亚公开核武化将严重破坏南亚的和平、繁荣与发展，因此国际社会所有成员发挥其影响力以阻止印度核野心非常重要。② 但是，巴基斯坦领导人的提醒并没有引起各国的足够重视。为回应印度人民党关于核武化的竞选宣言，巴基斯坦在1998年4月7日试射了一枚能携带核弹头的中程弹道导弹——"高里"型导弹。

同年5月11日当地时间下午3时45分，印度在拉贾斯坦邦的博克兰沙漠进行了三次地下核试验。为转移西方情报机构对其核试验的注意力，在进行三次核试验的同时，印度又于当天在东部沿海的奥里萨邦（Orissa）试射了一枚射程为50公里的短程导弹。③

二、巴基斯坦核试验政策决策过程

（一）印度核试验后各方反应

1. 国际社会谴责并制裁印度

印度进行核试验受到国际社会的一致谴责和制裁。联合国秘书长安南（Kofi Atta Annan）立即对印度的行为深表"震惊"，认为印度的行为违背了国际社会已经达成的有关协议精神。1998年5月12日，俄罗

---

① 肖敬民、吴鹏等：《南亚核风云：印巴核实验扫描》，北京：长虹出版社1998年版，第6页。
② Press Briefing by Foreign Policy Spokesman on May 14, 1998, 2014-03-02, http://www.sassi.org/database/#2.
③ 肖敬民、吴鹏等：《南亚核风云：印巴核实验扫描》，北京：长虹出版社1998年版，第2页。

第六章
| 巴基斯坦对外政策决策案例分析（二）|

斯总统叶利钦（Boris Yeltsin）发表讲话强调，俄罗斯对印度进行地下核试验十分不满，俄希望通过外交途径使印度改变立场。乌克兰外交部12日发表声明，谴责印度进行地下核试验；乌克兰对印度进行的地下核试验深感不安，认为这破坏了《全面禁止核试验条约》，并对《不扩散核武器条约》构成了威胁。加拿大总理克雷蒂安（Jean Chrtien1）13日发表声明，谴责印度再次进行核试验。加拿大除召回其驻印度高级专员以示抗议之外，还取消加拿大有关机构对印度提供的经济援助和一些加强双边关系的会谈。奥地利国民议会13日通过决议，"严厉谴责"印度进行多次核试验。芬兰外长哈洛宁（Tarja Halonen）对印度5月13日再次进行核试验深感震惊和遗憾，并批评印度无视一些国家的抗议而继续进行核试验。意大利外交部13日召见印度驻意大利大使法比安（K. P. Fabian）后发表公报，对印度进行核试验表示"十分遗憾并表示强烈谴责"。负责监督禁核试条约执行情况的全面禁止核试验条约组织（Comprehensive Test Ban Treaty Organization）秘书长霍夫曼（Wolfgang Hoffmann）13日认为，该组织对印度所进行的五次核试验"深感遗憾"，对禁止核试验组织来说，每次核试验都是错误的。巴西外交部发表声明，对印度政府的行动表示极大遗憾。里约集团13日发表公报，对印度11日和13日连续进行核试验表示遗憾和不安。巴外长古哈尔·阿尤布·汗表示："印度的行为对巴基斯坦的安全构成了现实和严重的威胁。"[①] 1998年5月12日，美国总统克林顿谴责印度核试验，认为印度核试验不仅威胁地区稳定，而且直接挑战"国际社会停止大规模杀伤性武器扩散的共识"；随后，美国召回驻印度大使。5月13日，按照《核不扩散保护法（1994年）》的规定，美国对印度实施制裁，停止了在对外援助和武器出口管制法案下对印度的所有援助。5月14日，中国外交部就印度试验发表严正声明。中国政府对印度不顾国际社会的

---

① 丁宝忠、王南等："国际社会强烈谴责印度核试验"，《人民日报》1998年5月15日，第6版。

强烈反对进行核试验的行为表示深感震惊,并予以强烈的谴责。[①] 日本、澳大利亚、丹麦和瑞典也对印度实施不同程度的制裁。

2. 美国敦促巴基斯坦保持克制并承诺援助

在对印度实施制裁的同时,美国总统克林顿打电话给谢里夫,敦促其保持克制,并承诺:如果巴基斯坦在该问题上尊重国际社会的看法,美国将勾销给巴基斯坦的贷款,美国还将敦促国际贷款机构重组巴基斯坦贷款,并尽力使美国国会通过对巴基斯坦常规武器援助计划,使巴基斯坦在常规威慑方面增强可靠性。[②] 随后,5月15日,美国副国务卿塔尔博特(Strobe Talbott)和美国中央司令部总司令安东尼(Anthony Zinni)等一行抵达巴基斯坦,与巴基斯坦政府讨论在不进行核试验情况下美国给予巴基斯坦援助的详细情况。

3. 巴基斯坦国内反应不一

对于巴基斯坦该采取何种方式来回应印度的核试验,巴基斯坦国内各阶层、社会团体以及内阁内部进行着激烈的讨论,并试图找出最符合巴基斯坦国家利益的选择。概括起来,巴基斯坦可以有三种选择:第一种,什么都不做,即避免进行核试验以及不认为印度核试验是对巴基斯坦安全和领土完整的威胁;第二种,求助国际社会,即在巴基斯坦决定不进行核试验的情况下,寻求主要大国的安全保证,并让主要大国提供经济、军事支持;第三种,进行核试验,即通过巴基斯坦的核试验回应印度的核试验,以达到并保持南亚的战略平衡。[③] 换句话说,巴基斯坦考虑的是"爆"还是"不爆"。如果不爆,其理由是什么?会有哪些收

---

① 唐家璇:《劲雨煦风》,北京:世界知识出版社2010年版,第333—334页。
② Hassan Abbas, *Causes that Led to Nuclear Proliferation from Pakistan to Iran, Libya, and North Korea: Investigating the Role of the Dr. Abdul Qadeer Khan Network*, Medford: Tufts University, 2008: 282.
③ Zafar Khan, Pakistan's Nuclear Weapons Testing May 1998: External and Internal Pressures, *IPRI Journal*, 2012 (1): 30.

第六章
巴基斯坦对外政策决策案例分析（二）

获和损失？如果爆，其理由是什么？又会有哪些收获和损失？

（1）不进行核试验的理由及代表

不进行核试验的主要理由是当前国内不理想的经济形势，而且也担心核试验后国际社会的制裁会使巴基斯坦经济雪上加霜，导致巴基斯坦走向崩溃的边缘。

1996—1997财年，巴基斯坦国内生产总值增长率仅为3.1%，1997年2月上台的谢里夫政府的激励机制并没有使经济复苏，工业生产继续萧条，贝·布托执政时期关闭的4000家工厂仍然处于停业状态。另外，1997—1998财年税收收入比3050亿卢比的预定税收目标减少了1000亿卢比，还有320亿美元外债。因此，支持不试爆核武器的人士认为，与印度不同，巴基斯坦难以承受国际社会制裁。国际制裁会使外援停止，也会阻碍外国投资。这些积累起来的影响不仅对处于崩溃边缘的巴基斯坦经济而言是灾难，也会限制国防经费。经济不景气将进一步弱化巴基斯坦防务能力，破坏抵抗印度压力的能力。[1]

在巴基斯坦联邦内阁中，财政部长萨尔塔杰·阿齐兹（Sartaj Aziz）、劳工和文化部长谢赫·拉希德（Sheikh Rashid）、克什米尔和北部地区事务部长马吉德·马利克（Maijd Malik）、石油和自然资源部长乔杜里·尼萨尔（Choudhury Nisar）以及商务部长伊萨克·达尔（Mohammad Ishaq Dar）等也是从经济影响的角度来考虑该问题。[2]

两名前空军参谋长阿斯加尔·汗（Asghar Khan）和努尔·汗（Nur Khan）以及一些退休陆军军官认为，这是一个用经济炸弹打败印度的好机会。他们确信，巴基斯坦应该好好利用印度核试验后被制裁以及巴基斯坦保持克制的有利形势来代替所谓的恢复战略平衡的军事竞赛，这

---

[1] Samina Yasmeen, Pakistan's Nuclear Tests: Domestic Debate and International Determinants, *Australian Journal of International Affairs*, 1999 (1): 50.

[2] Samina Yasmeen, Pakistan's Nuclear Tests: Domestic Debate and International Determinants, *Australian Journal of International Affairs*, 1999 (1): 52.

可能会使巴基斯坦出现经济繁荣局面。① 还有人认为，在印度核试验之前，核威慑在南亚早已存在，巴基斯坦的核能力是一个已知事实，就像巴基斯坦发展的投送能力（"高里"型导弹）一样。巴基斯坦的核模糊政策已达到最低威慑，核试验并不能增加巴基斯坦核威慑的可靠性。②

总之，这些人认为，巴基斯坦应该保持克制，这样更有利于巴基斯坦的发展。

（2）支持进行核试验的理由及代表

支持进行核试验的人士主要是从战略角度来考虑该问题，其主要观点是：巴基斯坦应该爆炸自己的核武器以重建南亚战略平衡。对于大多数人来说，这是国家尊严和荣誉的问题，是作为一个自豪国家生存的问题。所以，从巴基斯坦人民党主席、前总理贝·布托到宗教政党伊斯兰促进会（Jamaat-e-Islami, JI）领袖等不同派别的政治领导人，都要求巴基斯坦政府也跨过核门槛。③

有人认为，印度核试验后，如果印度政府愿意签署《不扩散核武器条约》和《全面禁止核试验条约》，将会给巴基斯坦留下签不签署《不扩散核武器条约》和《全面禁止核试验条约》的棘手问题。此时，国际社会可能会向巴基斯坦施压，要求巴基斯坦与印度一起签署上述条约。如果巴基斯坦在压力下被迫签署协议而没有试爆核武器，那么巴基斯坦核威慑的可靠性就会被怀疑。按照这种逻辑，任何推迟核试验的做法都将使巴基斯坦被孤立和歧视。

1998 年 5 月 15 日，拉希姆·泽赫拉（Nasim Zehra）女士在《新闻报》（The News）上撰文认为，立即做出对印度核试验的回应有利于巴基斯坦。核试验将会导致国际社会对巴基斯坦实施经济制裁，但是国际

---

① Zaffar Abbas, The Hardest Choice, the Bulletin of the Atomic Scientists, 1998 (4): 36.
② Samina Yasmeen, Pakistan's Nuclear Tests: Domestic Debate and International Determinants, Australian Journal of International Affairs, 1999 (1): 50.
③ Zaffar Abbas, The Hardest Choice, the Bulletin of the Atomic Scientists, 1998 (4): 36.

第六章
巴基斯坦对外政策决策案例分析（二）

社会不可能对生活在南亚的占世界 1/5 的人口持续实施经济制裁，过不了多久，国际社会将解除制裁并与印、巴协商建立核试验后平衡的问题。换句话说，巴基斯坦将得到与印度一样的对待。①

一些支持巴基斯坦试爆自己核武器的人士，还从意识形态上找到了理由。他们认为，印度人民党有向法西斯发展的趋势，该党上台掌权就像 20 世纪 30 年代纳粹在德国掌权一样。杜什卡·赛义德（Dushka H. Saiyid）女士在 5 月 13 日的《国民报》（The Nation）上撰文认为，印度人民党以及该党的意识形态和政治联盟——印度湿婆军（Shiv Sena）就像德国纳粹党一样，印度湿婆军领导人巴尔·萨克雷（Bal Thackeray）公开承认仰慕希特勒。同时，印度政府及其支持者认为，"消灭印度次大陆的穆斯林是纯朴印度教的印度崛起、复兴的前提"。印度核试验是当前印度新政府意识形态目标和试图维持脆弱联合政府的目的导致的结果。② 在这种情况下，巴基斯坦试爆核武器更能显示伊斯兰核弹的属性。

在政府层面，巴基斯坦信息部长穆沙希德·侯赛因（Mushahid Hussain）和外交部长高哈·阿尤布是核武化的支持者。1998 年 5 月 12 日，巴基斯坦陆军参谋长卡拉麦特（Karamat）表示，印度测试低烈度核武器表明印度有控制核试验的能力。同时，印度政府测试 25 公里"特里舒尔"（Trishul）导弹表明印度已有能力将核武器装配上导弹并威胁巴基斯坦。③ 这表明，军方极为关切印度核武器对巴基斯坦安全所构成的威胁。

总之，这些人认为，为了保卫巴基斯坦的安全，巴基斯坦应该进行

---

① Samina Yasmeen, Pakistan's Nuclear Tests: Domestic Debate and International Determinants, *Australian Journal of International Affairs*, 1999 (1): 50.
② Samina Yasmeen, Pakistan's Nuclear Tests: Domestic Debate and International Determinants, *Australian Journal of International Affairs*, 1999 (1): 50.
③ Samina Yasmeen, Pakistan's Nuclear Tests: Domestic Debate and International Determinants, *Australian Journal of International Affairs*, 1999 (1): 54.

核试验。

(二) 巴基斯坦政府决策过程

1. 反应克制，静观其变

1998年5月11日，当印度在博克兰进行三次核试验时，巴基斯坦总理谢里夫正在哈萨克斯坦的阿拉木图出席一个经济会议，国内相关官员就此事与总理沟通后，巴基斯坦外交部长高哈·阿尤布（Gohar Ayub Khan）于当天在巴基斯坦参议院发表声明，对国际社会没能提前阻止印度的核试验表示遗憾。同时，外交部长声明，巴基斯坦保留采取任何保护国家安全措施的权力。巴基斯坦总理向人民保证，在印度的任何威胁——核力量或者常规力量——面前，巴基斯坦的国防将坚不可摧。[①]

5月12日，巴基斯坦总理谢里夫回到伊斯兰堡后发表书面声明，并表示，印度5月11日进行的核试验破坏了巴基斯坦提出的在南亚建立无核区的提议。谢里夫表示，巴基斯坦政府对印度核试验和导弹测试的反应在5月11日已经交给了参议院。我们正密切关注形势的发展，特别是对巴基斯坦安全的影响。[②]

5月12日，巴基斯坦外长在参议院发表讲话，并表示："印度的任何核升级都会得到来自巴基斯坦方面相匹配的回应。我向国家保证，巴基斯坦拥有对任何威胁其安全的行为做出回应的技术能力。巴基斯坦将采取在其主权范围内合适的自卫措施，任何外部压力都无法改变巴基斯

---

① Statement by the Foreign Minister of Pakistan in the Senate of Pakistan on 11 May 1998 on India's nuclear tests, South Asian Strategic Stability Institute, 2014 - 03 - 02, http://www.sassu.org.uk/html/profiles/NuclearWeaponsrelatedDocuments/98％20tests/NW98testPak1.pdf.

② Kamal Siddiqi, India Has Dealt Death Blow to Peace Moves, Says Sharif, Indian Express, (1998 - 05 - 13), 2014 - 03 - 03, http://expressindia.indianexpress.com/ie/daily/19980513/13350904.html.

第六章
巴基斯坦对外政策决策案例分析（二）

坦寻求自卫的步伐，我们将依照自己的安全需要来决定应采取的措施。"①

5月13日印度进行第二轮核试验后，巴基斯坦总理主持召开内阁防务委员会会议，对印度核试验和公开核武化之后的形势进行评估。会后，巴基斯坦政府就印度第二次核试验发表的声明表示，印度进行第二次核试验，除了给全球核不扩散机制致命一击外，也根本性改变了南亚的战略形势。会议对巴基斯坦要求国际社会特别是主要大国阻止印度跨过核门槛的警告没有被注意而感到遗憾。同时，尽管巴基斯坦保持最大的克制，一些国家却寻求对巴基斯坦实施不公平的压力和制裁，而且破坏南亚无核区前景的责任完全在印度以及那些顺从、漠视或默许印度公然跨过核门槛的国家。会议重申，在有关国家安全问题上，巴基斯坦拒绝来自任何单边的、有选择的和歧视性的压力。会议强调，巴基斯坦决心采取在其主权范围内的任何必要措施来保护国家安全。在全面评估防务准备后，会议对巴基斯坦有效地、充分地回应当前新的威胁和挑战的能力表示满意。② 从巴基斯坦总理、外长以及内阁声明来看，在印度核试验后的最初几天里，巴基斯坦还处在观望、评估之中，对印度核试验行为主要采取口头谴责方式。

2. 评估国际社会的反应

在印度进行核试验后，巴基斯坦并未明确表示会进行报复性的核试验来回应印度的行为。巴基斯坦政府的声明只是表示，巴基斯坦保留采取任何适当措施的权力，其主要原因在于：一方面，巴基斯坦想看看国际社会将对进行核试验的印度给予多重的惩罚，通过观察国际社会对印

---

① Opening Remarks Made on 12 May 1998 by the Foreign Policy Minister in the Senate of Pakistan on India's Nuclear Test, South Asian Strategic Stability Institute, 2014 – 03 – 03, http://www.sassi.org/database/#2.

② Press Statement of the Government of Pakistan on the Two Additional Nuclear Tests Carried Out by India on 13 May 1998, South Asian Strategic Stability Institute, 2014 – 03 – 03, http://www.sassi.org/database/#2.

度惩罚的力度，来评估巴基斯坦进行核试验后国际社会制裁可能会对巴基斯坦经济、社会造成的影响；另一方面，巴基斯坦还在等待国际社会因要求其保持克制而将给予自己的"胡萝卜"。

与谴责印度进行核试验相比，国际社会对印度的制裁很有限。尽管《格伦修正案》（Glenn Amendment）禁止美国银行向印度政府提供贷款和信用，但是他们继续在印度实施项目，而美国政府的态度仍不确定，官方没有做任何澄清。同时，日本政府对于禁止与印度私营公司合作犹豫不决。其他国家更不愿通过制裁来支持本国对印度的批评。俄罗斯海军总司令重申，将继续印度与俄罗斯的军事合作。[①] 法国、德国和英国的保留态度致使八国集团没能在支持制裁上形成一致立场，最后只限于进行强烈谴责，并没有任何集体制裁印度的行动。在巴基斯坦看来，这些行动表明打在印度身上的"大棒"不够重。

对于国际社会向巴基斯坦提供"胡萝卜"一事，巴基斯坦学者里法特·侯赛因（Rifaat Hussain）5月13日在《新闻报》撰文指出，巴基斯坦不进行核试验将为巴提供一个建立负责任国家的机会，而不是追随流氓国家印度的做法。因为国际社会的反对和美国的不高兴，巴基斯坦可以将这种形势转为对自己的好处并获得实际安全。还有人认为，巴基斯坦在没有核武器的情况下将需要至少200架升级后的F-16飞机、先进雷达、高空防空导弹、反舰导弹、空中加油机、坦克、舰艇以及潜艇来保护自身的安全。因为巴基斯坦不能负担这些武器的费用，而西方国家应该承担这些开支，以此作为对巴基斯坦不试爆核武器的补偿。[②]

同时，巴基斯坦也派代表团去美国寻求不进行核试验的可能好处。美国克林顿政府能给巴基斯坦的"胡萝卜"包括：未来五年在世界银

---

① Samina Yasmeen, Pakistan's Nuclear Tests: Domestic Debate and International Determinants, *Australian Journal of International Affairs*, 1999 (1): 52–53.

② Samina Yasmeen, Pakistan's Nuclear Tests: Domestic Debate and International Determinants, *Australian Journal of International Affairs*, 1999 (1): 51.

行和国际货币基金组织下提供 50 亿美元援助；邀请谢里夫总理访问美国；撤销《普雷斯勒修正案》（The Pressler Amendment）；向巴基斯坦移交巴方已付款的 28 架 F-16 战斗机。然而，对于印度对巴基斯坦进行核攻击这一问题，美国避免向巴基斯坦做出任何实质性承诺。①

综上可见，国际社会对印度的制裁力度不足，同时要求巴基斯坦克制却不愿给予足够的"胡萝卜"。

3. 印度的言行加速巴基斯坦核试验

新古典现实主义认为，一国不仅要注意国际整体权力分配，更要注意和本身相关国家间的权力分配关系。② 巴基斯坦一直认为印度是其最大的安全威胁，且巴方认为必须尽可能同印度维持战略平衡。巴基斯坦在常规力量方面已经落后于印度了，如果在核力量方面再处于劣势，那就更难保障自身安全了。③ 而此时印度官员的言论更加重了巴基斯坦的担忧，加速了巴基斯坦做出核试验的决定。

如果没有来自印度方面的威胁声明，巴基斯坦国内对核试验的讨论可能还会继续。5 月 18 日，印度内政部长阿德瓦尼（Advani）在与克什米尔邦邦长萨克纳（Girish Saxena）、首席部长法鲁克·阿卜杜勒（Farooq Abdullah）以及国防部长和陆军参谋长举行会谈后向记者表示，英勇而果断地使印度成为一个核国家，这使印巴关系进入了定性的新阶段，特别是在寻求解决克什米尔问题上。他还建议巴基斯坦"认识到该地区地缘战略形势改变的事实，并收回反对印度的政策"。④ 对于应对克什米尔武装分子，印度内政部长阿德瓦尼暗示，印度可能进入巴基斯

---

① Samina Yasmeen, Pakistan's Nuclear Tests: Domestic Debate and International Determinants, *Australian Journal of International Affairs*, 1999 (1): 53.
② 郑端耀："国际关系新古典现实主义理论"，《问题与研究》2005 年第 1 期，第 126 页。
③ 唐家璇：《劲雨煦风》，北京：世界知识出版社 2010 年版，第 335 页。
④ *Advani Tells Pak to Roll Back Anti-India Policy, or Else...*, 2017-05-03, http://m.rediff.com/news/1998/may/18advani.htm.

坦控制的克什米尔地区追捕武装人员。① 5月20日，印度总理瓦杰帕伊邀请克什米尔首席部长法鲁克·阿卜杜勒陪同其一道参观在博克兰的核试验场地。② 巴基斯坦《国民报》5月22日报道，印度议会事务部长库拉那（Madan Lal Khurana）要求巴基斯坦明白印度现在是有核国家，并宣布"如果巴基斯坦想和我们进行另一场战争，他们应该告诉我们时间和地点，我们已经准备好了"。③ 第二天，印度人民党副主席夏尔玛（K. L. Sharma）警告巴基斯坦应该停止破坏印度，否则将面对愤怒而强大的邻居。④ 5月23日，印度政府决定由内政部长阿德瓦尼兼管克什米尔事务，随后阿德瓦尼表示，他将在克什米尔对"武装反叛势力"采取主动出击政策。⑤ 印度政府及执政党领导人的这些讲话和行动，使巴基斯坦担心印度会将南亚的核不平衡与克什米尔问题相连。⑥

印度政府要员的上述言论使巴基斯坦国内支持进行核试验的声音越来越响亮，理由也越来越充分。

5月21日，巴基斯坦国内主要报纸的编辑拜会总理谢里夫。会谈期间，他们要求总理进行核试验以恢复南亚战略平衡，同时指出巴基斯坦不能依靠国际社会的安全保证。在印度不断加大对巴基斯坦威胁的情况下，巴基斯坦进行核试验成了保证其安全不可避免的步骤。⑦

宗教政党从一开始就要求巴基斯坦对印度进行实质性回应。他们认为，在印度核试验问题上，美国、以色列与印度相勾结，最后就变成了

---

① Hasan-Askari Rizvi, Pakistan's Nuclear Testing, *Asian Survey*, 2001 (6): 947.
② Samina Yasmeen, Pakistan's Nuclear Tests: Domestic Debate and International Determinants, *Australian Journal of International Affairs*, 1999 (1): 54.
③ Hasan-Askari Rizvi, Pakistan's Nuclear Testing, *Asian Survey*, 2001 (6): 948 – 949.
④ Samina Yasmeen, Pakistan's Nuclear Tests: Domestic Debate and International Determinants, *Australian Journal of International Affairs*, 1999 (1): 54.
⑤ 赵德喜、王佑生：《印巴对抗何时休》，郑州：中原农民出版社2000年版，第232页。
⑥ Samina Yasmeen, Pakistan's Nuclear Tests: Domestic Debate and International Determinants, *Australian Journal of International Affairs*, 1999 (1): 54.
⑦ Hasan-Askari Rizvi, Pakistan's Nuclear Testing, *Asian Survey*, 2001 (6): 953.

第六章
巴基斯坦对外政策决策案例分析（二）

巴基斯坦面临来自印度教徒的印度、基督教徒的美国以及犹太教徒的以色列合谋的威胁。伊斯兰神学会（萨米尔派）（JUI – S）领导人宣布，计划在5月23日举行全国性罢工以敦促政府进行核试验。① 5月21日，伊斯兰促进会召集全巴政党大会，要求政府毫不迟疑地进行核试验，同时还威胁说，如果在5月30日还没有实施核试验的话，他们将发起街头抗议。②

另外，巴基斯坦人民联盟（Pakistan Awami Ittehad）、克什米尔行动委员会（the Kashmir Action Committee）以及包括前陆军参谋长贝格在内的许多退休的军政官员和团体也纷纷呼吁政府实施核试验。

5月25日，巴基斯坦一民调机构的调查显示，70%的城市民众支持核实验，只有30%的人建议克制，超过80%的人认为可能会与印度发生战争，64%的受调查者相信印度可能在战争中使用核武器。③ 巴基斯坦国内杂志《新闻纵横》（Newsline）做的另一份民调显示，64%的受访者主张立即核试验，15%的人支持推迟，21%的人反对任何核实爆，只有23%的人支持在放弃核项目的前提下接受来自美国的经济和军事援助。④ 两份民调都显示，支持进行核试验的比例大大高于反对的比例。

4. 权衡利弊，决定进行核试验

虽然巴基斯坦国内有要求立即进行核试验的声音，但是也有相当多的声音支持克制，包括谢里夫总理本人也要求谨慎对待，因为这毕竟事关巴基斯坦国家利益。起初，国际社会的压力和劝说对巴基斯坦领导人产生了一些影响，巴基斯坦政府声明的语气和调子开始发生改变。最初

---

① Samina Yasmeen, Pakistan's Nuclear Tests: Domestic Debate and International Determinants, *Australian Journal of International Affairs*, 1999（1）：54.
② Hasan-Askari Rizvi, Pakistan's Nuclear Testing, *Asian Survey*, 2001（6）：953.
③ Zaffar Abbas, The Hardest Choice, *The Bulletin of the Atomic Scientists*, 1998（4）：36.
④ Hasan-Askari Rizvi, Pakistan's Nuclear Testing, *Asian Survey*, 2001（6）：953.

支持核试验的巴基斯坦外交部长高哈·阿尤布的声明有明显的转变。之前，他说，巴基斯坦当然会进行核试验，后来他表示，巴基斯坦也将寻求其他选择方式。① 5月16日，巴基斯坦外交秘书表示，巴基斯坦不急于对印度的一系列核试验做出回应，"我们将做出经过深思熟虑的、成熟的、冷静和全面的回应"。②

在各方就是否需要核试验进行激烈讨论的同时，巴基斯坦联邦内阁一直在为各种可能方案做准备。谢里夫强调，巴基斯坦作为一个负责任的国家，需要对是否进行核试验进行仔细分析后再做决定。③

1998年5月12日，谢里夫与卡迪尔·汗、情报机构官员以及一些内阁成员举行会谈；次日，内阁防务委员会召开会议，由兼任国防部长的谢里夫主持，参会人员有陆海空三军参谋长、外交部长、财政部长、卡迪尔·汗以及其他相关高级军政官员。5月14日，内阁召开会议，并任命由六名成员组成的专门委员会来仔细考虑巴基斯坦处理安全威胁方面的政策，该委员会成员包括财政部长阿齐兹、外交部长高哈·阿尤布、信息部长穆沙希德·侯赛因、外交国务部长西迪克（Siddique Kanjo）、克什米尔和北部地区事务部长马吉德·马利克以及宗教事务部长扎法尔·哈克（Raja Zafrul Haq）。在接下来的几天里，关于应对印度核试验的磋商过程限制在包括总理、三军参谋长、财政部长阿齐兹、外交部长高哈·阿尤布和宗教事务部长扎法尔·哈克组成的核心成员之间。④

5月12—14日，参议院就应对印度核试验的方式进行了公开辩论。

---

① Zaffar Abbas, The Hardest Choice, *The Bulletin of the Atomic Scientists*, 1998 (4): 37.
② Sarfraz Mirza (ed), *Pakistan India Relations: A Chronology (1947-2008)*, Lahore: Nazaria-i-Pakistan Trust, 2009: 497.
③ Samina Yasmeen, Pakistan's Nuclear Tests: Domestic Debate and International Determinants, *Australian Journal of International Affairs*, 1999 (1): 52.
④ Samina Yasmeen, Pakistan's Nuclear Tests: Domestic Debate and International Determinants, *Australian Journal of International Affairs*, 1999 (1): 51.

第六章

| 巴基斯坦对外政策决策案例分析（二） |

5月14日，巴基斯坦议会通过了一份强烈谴责印度核试验的决议，该决议不赞成国际社会的双重标准和对巴基斯坦的歧视，认为这不公平。这份获得执政党和在野党代表支持的决议没有明确说明巴基斯坦是否应该进行自己的核试验，只是支持政府做出反对来自任何方面压力的决定。①

5月14日，巴基斯坦驻联合国日内瓦办事处大使穆尼尔·阿克拉姆（Munir Akram）在裁军谈判会议（Conference on Disarmament）上发表长篇声明，谴责印度的核试验。

如果没有来自印度方面的威胁声明，巴基斯坦国内对核试验的讨论可能还会继续。5月18日，印度官员发表威胁性声明当天，巴总理谢里夫在总理府召见巴原子能委员会主席，并向他转达内阁防务委员会的决定，即开始实施核试验的准备。② 巴基斯坦原子能委员会主席回到办公室并向其下属下达准备核试验的命令。同时，陆军总部、空军总部向驻扎在奎塔的第12军相关部队、巴基斯坦国家物流公司（NLC）、陆军航空兵第6飞行中队等相关单位下达向巴基斯坦原子能委员会提供必要支持的命令。巴基斯坦民航局也指示国家航空公司——巴基斯坦航空公司（PIA）——准备一架波音737客机，以随时运送原子能委员会的官员、科学家、工程师和技术人员到俾路支斯坦省。③

印度领导人关于克什米尔问题的声明促使巴军方改变了先前不过度参与决策的立场。5月19日，巴基斯坦陆军参谋长卡拉麦特与谢里夫举行会谈，讨论可能来自印度的军事袭击以及巴基斯坦的防务战略。四天后政府发表了一份正式声明，该声明引述了卡拉麦特的话："巴基斯

---

① Samina Yasmeen, Pakistan's Nuclear Tests: Domestic Debate and International Determinants, *Australian Journal of International Affairs*, 1999（1）: 52.

② Rai Muhammad Saleh Azam, When Mountains Move: The Story of Chagai, *Defence Journal*, 2000（11）, 2017–05–03, http://www.defencejournal.com/2000/june/chagai.htm.

③ Rai Muhammad Saleh Azam, When Mountains Move: The Story of Chagai, *Defence Journal*, 2000（11）, 2017–05–03, http://www.defencejournal.com/2000/june/chagai.htm.

坦的未来依靠对印度威胁的回应。"该声明表示，在视察克什米尔地区实际控制线时，卡拉麦特向军队官兵表示，战术防务、战略威慑与有活力的经济同样重要。同时，实控线地区的形势正在恶化，边界地区的相互炮击正在增加。5月24—25日，陆军参谋长卡拉麦特再次视察克什米尔实控线地区并警告：印度领导人提出的"积极政策"正在对边界形势产生严重影响。卡拉麦特当天返回伊斯兰堡并与总理举行紧急会议，在会上，他告诉总理，除非巴基斯坦试爆自己的核武器，否则印度将试图用军事手段来解决克什米尔争议，最早可能就在今年秋天。①

5月26日，总理谢里夫与总统塔林拉菲克·塔林（Muhammad Rafiq Tarar）会面，同一天，总理、陆军参谋长、外长和外交秘书做最后审议。

5月27日，情报机构和军方报告，一架不明国籍的F-16战机飞临巴基斯坦领空。因为印度没有F-16战斗机，巴基斯坦军方认为是以色列的战斗机出现在该区域。当天，三军情报局局长纳西姆·拉纳（Naseem Rana）向总理和其他高官汇报整体安全形势，报告特别强调印度可能对巴基斯坦核设施进行空袭的情报。参谋长建议立即进行核试验，因为其亲身感受到克什米尔安全形势的恶化，但他承诺支持总理做出的任何决定。②

巴基斯坦政府决定向印度政府发送报告，警告其不要试图对巴基斯坦核设施进行空袭。随后，巴基斯坦将包括该报告的信息转交给主要大国和联合国秘书长。几个小时之后，巴基斯坦最终做出了实施核试验的决定。③

1998年5月28日，巴基斯坦在俾路支斯坦省查盖地区进行了五次

---

① Samina Yasmeen, Pakistan's Nuclear Tests: Domestic Debate and International Determinants, *Australian Journal of International Affairs*, 1999 (1): 55.
② Hasan-Askari Rizvi, Pakistan's Nuclear Testing, *Asian Survey*, 2001 (6): 954.
③ Hasan-Askari Rizvi, Pakistan's Nuclear Testing, *Asian Survey*, 2001 (6): 954.

第六章
巴基斯坦对外政策决策案例分析（二）

核试验。随后，5 月 30 日，巴基斯坦再进行一次核试验。

第三节　巴基斯坦核试验政策的影响与决策特点

一、巴基斯坦核试验政策的影响

（一）国际社会对印巴两国破坏全球不扩散核武器机制表示谴责，美国对印巴两国同时实施制裁

1998 年 6 月 4 日，联合国安理会五个常任理事国在日内瓦发表公报，谴责印巴核试验，要求印度承诺不部署核武器和导弹，不出口相关设备、材料和技术；积极鼓励印巴直接对话以寻求双方可接受的解决方案，采取切实措施避免军备竞赛。[1] 1998 年 6 月 6 日，联合国安理会通过第 1172 号决议，就印度和巴基斯坦的核试验发表声明，谴责印巴核试验；敦促印度与巴基斯坦两国避免有威胁的军事行动和最大限度保持克制，以预防局势进一步恶化；声明要求巴基斯坦与印度避免进一步核试验；要求巴基斯坦与印度立即停止核武器发展项目，停止弹道导弹项目，不部署核武器，明确承诺不出口可用于大规模杀伤性武器及运载工具的技术、装置或材料；敦促巴基斯坦与印度进行对话；声明认为印巴核试验已严重威胁到全球防止核扩散和裁军的努力；声明要求巴基斯坦与印度立即无条件加入《全面禁止核试验条约》和《不扩散核武器条约》；声明还要求巴基斯坦与印度以积极姿态加入"禁止生产用于核武

---

[1] 张贵洪：《超越均势：冷战后的美国南亚安全战略》，杭州：浙江大学出版社 2007 年版，第 80 页。

器或其他核爆炸装置裂变材料条约的日内瓦裁军会议，等等。① 1998 年 6 月 12 日，八国集团外长就印巴核试验发表公报，谴责两国进行核试验，认为这些核试验影响了两国与八国集团成员国的关系，损害而不是改善了他们的安全环境，破坏了他们实现持续经济发展目标的前景。公报还表示，支持安理会第 1172 号决议对印巴提出的要求。②

1998 年 6 月 18 日，美国总统克林顿宣布美国对印巴两国实施制裁。由美国国务院经济和农业局宣布的制裁措施主要有六个方面：第一，暂停所有美国政府或美国政府实体的信用担保承诺；第二，根据《对外援助法》，终止或延迟对外援助项目，包括终止向印度提供的 2100 万美元的经济发展援助和住房政府担保，延迟 600 万美元的温室气体项目，贸易发展局不再考虑新的项目，大部分巴基斯坦的援助项目已经禁止；第三，根据《武器出口管制法》停止对外军事出售，撤销所有美国军需品清单中商业出口项目的许可，延迟向印度提供先前已经批准的防务产品和服务；第四，取得八国集团支持，让国际金融公司推迟向印度和巴基斯坦提供除基本人道需求外的贷款；第五，将签署行政命令，以禁止美国银行向印度和巴基斯坦扩大贷款和信用；第六，将拒绝出口所有因核或导弹理由受控制的双用途物品。③

（二）印巴形成核威慑平衡

巴基斯坦核试验后，印巴间恢复了核平衡，形成了相互核威慑。1998 年 5 月 27 日，印度总理瓦杰帕伊表示，印度准备与巴基斯坦和其

---

① Security Council Condemns Nuclear Tests by India and Pakistan, Press Release SC/6528, 2017 – 05 – 03, http://www.un.org/press/en/1998/sc6528.doc.htm.
② 张贵洪：《超越均势：冷战后的美国南亚安全战略》，杭州：浙江大学出版社 2007 年版，第 81 页。
③ 张贵洪：《超越均势：冷战后的美国南亚安全战略》，杭州：浙江大学出版社 2007 年版，第 79 页。

第六章
巴基斯坦对外政策决策案例分析（二）

他国家讨论"不首先使用核武器"协议。[①] 但是，巴基斯坦核试验后拒绝做出类似承诺，因此长期以来，印度在常规武器方面的优势被巴基斯坦的核武器抵消了。巴基斯坦认为，核能力是保证自己生存的最有效方式，[②] 由于形成了核威慑平衡，印巴两国的双边关系政策逐渐朝通过和平方式解决问题的方向发展。

二、巴基斯坦核试验政策决策特点

（一）总理有最终决定权，内阁是国家对外政策决策的主要机构

第二次执政的谢里夫在1997年全国大选期间获得了压倒性胜利，在国民议会和最富裕的旁遮普省议会赢得多数席位，其他三省议会也有不错的支持，再加上宪法第13修正案将总统解散国民议会的权力取消，并将任免三军参谋长和参联会主席以及最高法院法官等权力移交总理行使，谢里夫掌握了政府决策的实际权力。

内阁仍然是国家对外政策决策的主要机构。根据事件的轻重缓急，在内阁成员基础上组建人数更少的决策小组进行决策选择，一般最终决定还需经过内阁批准。

此次核试验决策过程中，在内阁防务委员会进行决策的同时，还建有一个六人委员会来咨询各界人士，并对各种选择方案的利弊进行具体考虑，最终向内阁提交相关报告。因此，巴基斯坦内阁是对外政策决策的主要机构。

[①] Sarfraz Mirza (ed), *Pakistan India Relations: A Chronology (1947 – 2008)*, Lahore: Nazaria-i-Pakistan Trust, 2009: 499.

[②] Bhumitra Chakma, Road to Chagai: Pakistan's Nuclear Programme, Its Sources and Motivations, *Modern Asian Studies*, 2002 (4): 909.

（二）军方、情报机构发挥了重要作用

在印度核试验之初，巴基斯坦军方基本上没有过多干预政府的决策选择，但是从内阁防务委员会关于"只有在总理和陆军参谋长同时出席会议时才能做出最终决定"的会议规定可以看出，军方在此次决策过程中发挥着重要作用。[1] 5月27日，三军情报局长向总理和其他高官汇报整体安全形势后，陆军参谋长卡拉麦特通过克什米尔安全形势恶化的亲身经历建议进行核试验。他承诺支持总理做出的任何决定，[2] 不久后巴基斯坦便进行了核试验，可见其建议的重要性。

（三）舆论的影响不可忽视

印度核试验后，巴基斯坦各界人士关于该不该进行核试验的观点基本上都能从媒体上找到。退休军政要员通过撰文及接受采访的方式表达自己的观点并影响公众的看法，特别是印度内政部长阿德瓦尼在5月18日的讲话以及印度相关官员在随后几天里关于印巴关系的发言被巴基斯坦媒体报道后，对巴基斯坦民众的影响极大，社会舆论对巴政府构成相当大的压力。

（四）国际社会对印度核试验的反应促成巴基斯坦做出决定

巴基斯坦总理谢里夫顾忌经济制裁的影响，因此对选择报复性核试验犹豫不决。[3] 按照美国总统克林顿在5月25日与中国国家主席江泽民通电话时的说法，他已经同巴基斯坦总理谢里夫通了三次电话，他相信谢里夫本人不想搞核试验，但谢里夫承受着国内巨大的压力。[4] 然而，国

---

[1] Rai Muhammad Saleh Azam, *When Mountains Move：The Story of Chagai*, Defence Journal, 2000（11），2014-03-03，http：//www.defencejournal.com/2000/june/chagai.htm.

[2] Hasan-Askari Rizvi, Pakistan's Nuclear Testing, *Asian Survey*, 2001（6）：954.

[3] Samina Ahmed, Pakistan's Nuclear Weapons Program：Turning Points and Nuclear Choices, *International Security*, 1999（4）：193.

[4] 唐家璇：《劲雨煦风》，北京：世界知识出版社2010年版，第337页。

第六章

| 巴基斯坦对外政策决策案例分析（二）|

际社会对印度核试验的温和反应影响了谢里夫的立场。尽管美国对印度实施了经济和军事制裁，但是联合国安理会其他成员国和八国集团成员国只是谴责印度核试验，并没有跟随美国对印度实施制裁。[1] 此外，印度政府官员的一系列敏感言论，也强化了巴基斯坦国内支持核试验的立场。

---

[1] Samina Ahmed, Pakistan's Nuclear Weapons Program: Turning Points and Nuclear Choices, *International Security*, 1999（4）: 195.

—— 第七章 ——

巴基斯坦对外政策决策案例分析（三）

——后"9·11"时期：巴基斯坦决定加入反恐阵营

2001年9月11日在美国发生连环恐怖袭击事件后，美国认定该恐怖袭击事件是藏匿在阿富汗境内的本·拉登及其领导的"基地"组织所为。美国准备对其进行打击并要求巴基斯坦向美国提供支持，否则将把巴基斯坦炸回"石器时代"。新古典现实主义认为，国家的目标是追求国家利益和国际影响力，设法在国际无政府状态的不确定环境下，塑造有利于该国利益发展的环境。[①] 因此，在权衡国际压力及国家利益后，穆沙拉夫政权选择了断绝与阿富汗塔利班政权的关系并支持美国发动"持久自由行动"反恐行动。

第一节 "9·11"恐怖袭击事件前巴基斯坦所处的国内外局势

新古典现实主义在研究国际关系时将体系层次诱因与单元层次诱因

[①] 郑瑞耀："国际关系新古典现实主义理论"，《问题与研究》2005年第1期，第125页。

第七章
巴基斯坦对外政策决策案例分析（三）

结合起来。新古典现实主义学者认为，体系诱因和单元要素在导致外交政策结果中所起的作用是不同的，如果将体系诱因作为外交政策的自变量，单元要素就是连接体系诱因与外交政策的干预变量。新古典现实主义者还认为，在国内变量与国际变量发生作用的顺序上，国际变量有优先地位。以下将分别对国际、国内局势做分析。

一、"9·11"恐怖袭击事件前国际、地区局势对巴基斯坦并不利

20世纪末到21世纪初，国际社会继续呈现"一超多强"的格局。俄罗斯在1999年才摆脱经济下滑趋势，开始恢复性增长。中国经济继续高速发展，但总体实力有限。美国经济保持较快增长势头，自冷战结束以来的高速增长期已达114个月，刷新了106个月的历史记录，其中1997—1999年的实际国内生产总值年增长率均超过4%，高于世界及经合组织各国平均水平。如1999年，美国国内生产总值已达91904亿美元，接近世界国内生产总值30万亿美元的31%，相当于日、德、英、法、意、中、俄、印八大国国内生产总值总和的80%。[①] 2000年后美国经济继续保持较快增长。因此，不论是在经济实力、军事实力，还是综合国力方面，美国仍然是世界唯一超级大国。

在南亚地区，随着1998年印巴相继进行核试验，美国对两国都采取了经济制裁，1999年穆沙拉夫推翻谢里夫政府并建立军人政权后，美国再次加大了对巴基斯坦的制裁力度，并要求还政于民。同时，美国对巴基斯坦军人政权的反感转变成对印度民主体制的推崇。2000年3月，美国总统克林顿对印度进行为期五天的访问，极不情愿地去了巴基斯坦，但只停留了五个小时。

2001年小布什上台以后，美国将印度视为在亚洲的盟国，并更加

[①] 林利民："21世纪初大国经济力量对比变化趋势与国际政治格局"，《江南社会学院学报》2000年第4期，第8页。

轻视巴基斯坦。具体表现为：其一，小布什政府上台不久，美国副国务卿阿米蒂奇（Richard Lee Armitage）便把巴基斯坦列入美国国家导弹防御系统所针对的"不负责任的"无赖国家之列。5月，阿米蒂奇副国务卿访问印度，而没有去巴基斯坦。随后，美国参谋长联席会议主席谢尔顿（Henry Hugh Shelton）也只去了印度，没有访问巴基斯坦。其二，美国在克什米尔问题上也明显倾向于印度。美国不再提以联合国决议为依据在克什米尔地区实行全民公决的说法，而是部分接受了印度以1972年《西姆拉协定》为依据的观点。同时，美国反复表示，印度与巴基斯坦必须自己解决克什米尔问题，除非印巴两国都要求美国进行调解，美国才会从中斡旋，否则美国不会积极参与。其三，美国不断加大对巴基斯坦施压的力度，敦促巴基斯坦反对恐怖主义和阿富汗塔利班。美国指责巴境内的伊斯兰恐怖主义组织与阿富汗塔利班政权关系密切，要求巴方停止对这些组织和阿富汗塔利班政权的资助。①

可以说，此时美国"重印轻巴"的南亚政策使巴基斯坦在地区层面居于不利局面。

印巴关系未见好转，印方对时任陆军参谋长的穆沙拉夫将军在印巴卡吉尔冲突中的作用还记忆犹新，对通过政变上台的这位"军事独裁者"没有好感。这直接导致原定于1999年11月最后一周在尼泊尔首都加德满都召开的第11届南盟首脑会议因印度方面不想与政变上台的穆沙拉夫接触而被迫推迟到2002年1月召开。② 2001年7月，穆沙拉夫访问印度并与印度人民党政府总理瓦杰帕伊举行阿格拉峰会（Agra Summit），但因印度执政党内部强硬派的反对，此次会谈最终没能取得任何实质性结果。这反映出印度内部在与巴基斯坦修好问题上还存在

---

① 伍福佐："在僵局中出现转机的美巴关系"，《南亚研究季刊》2003年第1期，第42页。

② Mahendra P. Lama, Monitoring of SAARC Policies and Programmes, South Asia Centre for Policy Studies, 2008：265, 2014-03-03, http：//www.saceps.org/upload_file/papers_pdf/Binder1.pdf.

分歧。

另外，巴基斯坦承认的阿富汗塔利班政权也因庇护"基地"组织、在国内实施极端统治以及不顾国际社会呼吁执意炸毁巴米扬大佛等劣行而越来越受到国际社会的谴责。巴基斯坦意识到继续支持阿富汗塔利班政权，将使巴基斯坦在国际社会越来越孤立。

总之，在"9·11"恐怖袭击事件发生前，巴基斯坦处于不利的国际及地区局势中，特别是美国的"重印轻巴"倾向使巴基斯坦的国际处境相当不利。

二、"9·11"恐怖袭击事件前国内形势

（一）经济形势严峻

1998年巴基斯坦核试验后，西方国家对巴基斯坦实施经济制裁。1999年10月穆沙拉夫上台执政后，以美国为首的西方国家再次追加经济制裁，致使巴基斯坦经济形势更加严峻。1999—2000财年（1999年7月至2000年6月）巴基斯坦国内生产总值增长率仅为3.9%，2000—2001财年国内生产总值增长率下降为2.2%。[1] 外国直接投资（FDI）从1999—2000财年的5.434亿美元减少为2000—2001财年的3.614亿美元。[2] 1999—2000财年巴基斯坦的债务总量（包括国内债务和国外债务）达到30.95万亿卢比，占当年国内生产总值的97.5%。[3] 这些数据表明，穆沙拉夫复兴巴基斯坦经济的首要任务在执政头两年没能实现。

---

[1] State Bank of Pakistan, Annual Report 2002 - 2003, 2003: 2, 2017 - 05 - 03, http://www.sbp.org.pk/reports/annual/arFY03/An%20Overview%20and%20Executive%20Summary.pdf.

[2] State Bank of Pakistan, Annual Report 2002 - 2003, 2003: 43, 2017 - 05 - 03, http://www.sbp.org.pk/reports/annual/arFY03/An%20Overview%20and%20Executive%20Summary.pdf.

[3] Amanullah Bashar, The Year End Review, 2017 - 05 - 03, http://www.pakistaneconomist.com/issue2000/issue52/cover.htm.

（二）政权日趋稳定

1999年10月12日，穆沙拉夫通过军事政变上台，自任首席执行官，并兼任巴基斯坦陆军参谋长。10月17日，穆沙拉夫提出成立由首席执行官领导的包括海军参谋长、空军参谋长以及法律、金融、外交政策和国家事务方面专家在内的六人国家安全委员会，同时由首席执行官领导的内阁部长在国家安全委员会的指导下开展工作。① 该委员会实际上成了巴基斯坦最高决策机构。

2001年8月，重组后的国家安全委员会包括总统/首席执行官、参联会主席、陆海空三军参谋长、四个省省督以及总统任命的其他人员。② 此时，穆沙拉夫身兼巴基斯坦总统、政府首席执行官、陆军参谋长以及参谋长联席会议主席职位，军、政大权都握在了他手里。

穆沙拉夫政府严厉打击以谢里夫为首的前政府官员，对谢里夫实行"保护性拘留"并指控他犯有叛国罪。后来，其又指责谢里夫拥有巨额私人财产却拒不纳税，并对其财产进行调查。巴基斯坦国家银行宣布冻结谢里夫以及前政府其他高级部长和议员的银行账户，并禁止他们出境。穆沙拉夫还成立国家问责局（NAB）来审查涉案的从政者、商人等的贪污案件。③ 这使各主要反对党无法对穆沙拉夫政权形成根本性威胁，穆沙拉夫对社会的控制力大大增强。

总之，穆沙拉夫通过改组政府结构以及对政治人物进行贪腐调查等措施，使其政权渐趋稳定。

---

① General Pervez Musharraf's Address to the Nation on Oct. 17, 1999, 2017 – 05 – 03, http://www.pakistani.org/pakistan/constitution/post_12oct99/musharraf_address_17oct1999.html.

② National Security Council: A Debate on Institutions and Processes for Decision-Making on Security Issues, PILDAT, 2012: 20, 2017 – 05 – 03, http://www.pildat.org/publications/publication/CMR/NaionalSecurityCouncil-debateonInstitutionsandprocessesfordecisionmakingonsecurityissues.pdf.

③ 雅人、巩晶："穆沙拉夫：颠覆强权的强权"，《21世纪》2000年第1期，第41页。

第七章
| 巴基斯坦对外政策决策案例分析（三）|

第二节　巴基斯坦加入反恐阵营政策决策分析

一、"9·11"恐怖袭击事件后各方的反应

（一）美国要求巴基斯坦配合美国的军事行动

"9·11"恐怖袭击是进入 21 世纪后全球最重大的事件之一，该事件不仅改变了美国对本土安全的观念，也改变了美国的对外政策。当然，作为全球唯一的超级大国，其对外政策改变必然会导致许多相关国家对外政策的调整。

"9·11"恐怖袭击对美国的冲击可以说大于日本偷袭珍珠港。位于夏威夷的珍珠港离美国本土有将近 3700 公里的距离，而"9·11"恐怖袭击事件所针对的是美国本土在经济、军事上有重要意义的纽约世贸中心、华盛顿五角大楼等建筑物。袭击导致 3000 多人死亡，并造成数千亿美元的直接和间接经济损失。[①] 由于美国特殊的地理位置，即使在第二次世界大战、越战、朝鲜战争以及海湾战争期间，美国本土也没有成为战场。美国参与了很多冲突，但从来没有在本土造成如此大的损失，"9·11"恐怖袭击不仅毁了美国的声誉，也打破了美国本土安全的神话。恐怖主义分子已经成功将战争带到美国本土，现在美国本土安全形势已经不一样了。在此背景下，美国政府需要尽快找到凶手并采取行动，以恢复美国人的自信与骄傲。[②] 很快，美国的情报指向了扎根在

[①] 殷博古："纪念'9·11'恐怖袭击事件 12 周年"，新华网，2013 – 09 – 10，http://news.xinhuanet.com/photo/2013 – 09/10/c_ 125358419_ 2. htm.

[②] Muhammad Asim Malik, *Pakistan-US Security Relationship 1947 – 2006：Analysis of Areas of Convergence and Divergence*, Lahore：University of Education, 2010：484.

阿富汗并从该国发动反美活动的本·拉登和他的"基地"组织。

由于阿富汗地处内陆，与巴基斯坦、伊朗、土库曼斯坦、乌兹别克斯坦、塔吉克斯坦和中国接壤，如果美国要对阿富汗发起行动，必须经过其周边国家。伊朗显然不会同意美国经过其领土发动对阿富汗的战争，而经过中亚国家和中国也不太现实，只有通过巴基斯坦是最理想的路径。

可以说，巴基斯坦的回应将关系着美国这场反恐战争的顺利与否。因此，美国对巴方的言辞也相当强硬。美国国务卿科林·鲍威尔在打给巴基斯坦总统穆沙拉夫的电话中直截了当地下了最后通牒，"你要么和我们站在一起，要么成为我们的敌人"。[1] 同时，美国副国务卿理查德·阿米蒂奇告诉正在美国访问的巴基斯坦三军情报局局长马哈茂德·艾哈迈德（Mahmud Ahmed）将军：巴基斯坦必须决定，是与美国站在一起，还是与恐怖主义分子站在一边。如果巴基斯坦选择与恐怖主义分子站在一起的话，巴基斯坦就准备着被炸回"石器时代"吧。[2] 2001年9月13日，美国驻巴基斯坦大使温迪·张伯伦（Wendy Chermberlain）向穆沙拉夫提出七项具体要求，主要包括：阻止"基地"组织在巴基斯坦边界地区活动；切断对本·拉登的一切补给；停止向阿富汗塔利班输送一切燃料以及其他物品和人员；向美国提供相关情报和信息，并向美国提供全面过境飞行和着陆权力；允许美国及其盟军军事情报组织和其他人员在必要时从陆路进入巴基斯坦，等等。[3]

9月14日，美国国会通过一项支持使用武力反击恐怖主义袭击的决议。该决议规定，"总统有权调用必需的、合适的部队，打击谋划、

---

[1] ［巴］佩尔韦兹·穆沙拉夫，张春祥等译：《在火线上：穆沙拉夫回忆录》，南京：译林出版社2006年版，第197页。

[2] Muhammad Asim Malik, *Pakistan-US Security Relationship 1947 – 2006：Analysis of Areas of Convergence and Divergence*, Lahore：University of Education, 2010：489.

[3] ［巴］佩尔韦兹·穆沙拉夫，张春祥等译：《在火线上：穆沙拉夫回忆录》，南京：译林出版社2006年版，第200—201页。

制造'9·11'恐怖袭击和向恐怖组织提供支持、庇护的任何国家、团体和个人,从而防止这些国家、组织和个人对美国进行类似的攻击行动。"① 这显示美国已经做好了展开行动的各种准备。

(二) 国际社会纷纷对美国表示支持

"9·11"恐怖袭击事件发生的第二天,联合国安全理事会第 4370 次会议通过《第 1368(2001)号决议》,谴责 2001 年 9 月 11 日在纽约、宾夕法尼亚州和华盛顿特区发生的令人发指的恐怖主义攻击,并吁请所有国家紧急进行合作,将这些恐怖主义攻击行凶者、组织者和发起者绳之以法,并强调对于支持、窝藏或援助这些行为的行凶者、组织者和发起者的人要追究责任。②

美国的北约盟国表示了对美国的坚决支持,北约 14 日宣布,如果这次恐怖主义分子袭击美国被证实是出自外国的主使,那么将被视为对所有盟国的袭击,③ 这是北约自成立以来首次启动集体自卫权。

"9·11"恐怖袭击事件发生当天,俄罗斯总统普京打电话给美国总统布什表示哀悼,并发表电视讲话,谴责这起恐怖主义袭击事件是"对人类的挑战"。俄罗斯也是最早对美国表示支持的国家。④

中国国家主席江泽民在"9·11"恐怖袭击事件发生当天向美国总统布什发去电报,表示慰问及哀悼。12 日,江泽民应邀与布什总统通电话并表示,愿意与美方和国际社会加强对话,开展合作,共同打击一

---

① 化玉:"美国国会通过联合决议:动用军队打击恐怖分子",人民网,2001 年 9 月 15 日,http://www.people.com.cn/GB/guoji/22/86/20010915/561409.html。
② "联合国安理会第 1368(2001)号决议",2017 年 5 月 3 日,http://www.un.org/chinese/aboutun/prinorgs/sc/sres/01/s1368.htm。
③ "美国呼吁全球联手打击恐怖活动",《参考消息》2001 年 9 月 14 日,第 1 版。
④ 许志新:"'9·11 事件'后普京对西方政策的重大变化",《欧洲》2002 年第 2 期,第 7 页。

切恐怖主义暴力活动。①

9月13日,印度决定为美国打击恐怖主义的军事行动提供一切合作与设施。9月14日,印度总理瓦杰帕伊向全国发表电视讲话,强调对美国予以无条件支持,号召每一个印度人都应准备为"与邪恶斗争"付出代价。同时,印度准备将孟买(Mumbai)、浦那(Pune)和果阿(Goa)等空军基地立即向美战机开放。②

9月22日,阿联酋宣布与阿富汗塔利班政权断绝外交关系。③"9·11"恐怖袭击事件后,沙特王室在反恐问题上与美国展开合作,沙特拘捕境内的"基地"组织成员,冻结该组织在沙特的全部资产,④ 并在9月25日与阿富汗塔利班政权断绝外交关系。⑤ 即使是美国在该地区最讨厌的国家——伊朗都谨慎地表达了对美国的支持。⑥

(三)巴基斯坦国内反应不一

"9·11"恐怖袭击事件后,巴基斯坦也与国际社会大多数国家一样,表达了对恐怖主义行径的谴责。但是,巴基斯坦国内对是否应该支持美国在阿富汗的军事行动反应不一。

本·拉登领导的"基地"组织发动了袭击美国的"9·11"恐怖袭击事件,使反美情绪很浓的巴基斯坦民众找到了情感释放点:印有本·拉登像、"伟大的圣战斗士"和"世界英雄"等字眼的T恤衫在边境城

---

① "江泽民主席应约同布什总统通话",人民网,2001年9月13日,http://www.people.com.cn/GB/guoji/209/6389/6392/20010913/559076.html。
② 卢山、宋曼:"不甘边缘化:'9·11'后的印度",《世界知识》2001年第23期,第24页。
③ 徐平:"阿联酋今日宣布与阿富汗塔利班政权断交",人民网,2001年9月22日,http://www.people.com.cn/GB/guoji/209/4502/4504/20010922/567347.html。
④ 李文俊:"'9·11'事件后沙特与美国关系",通辽:内蒙古民族大学学位论文,2008年,第16页。
⑤ "沙特宣布与塔利班断交",《参考消息》2001年9月26日,第1版。
⑥ Naseem Ahmed, General Musharaf's Taliban Policy 1999–2008, *The Dialogue*, 2010 (2): 105.

第七章
| 巴基斯坦对外政策决策案例分析（三） |

市白沙瓦被商贩们争先恐后地热卖着，刊登着本·拉登大幅照片的乌尔都语小报被本·拉登的同情者和支持者抢购一空。①

巴基斯坦国内 40 多个政治和宗教党派呼吁政府不要支持美国，他们认为在没有真凭实据的情况下就对一个国家或个人采取军事行动"无异于恐怖主义"。一些激进的伊斯兰神职人员利用各种场合宣扬"圣战"思想，呼吁穆斯林团结起来，反抗美国对阿富汗的军事行动。② 9 月 21 日，一所宗教学校的 1000 多名学生举行游行，抗议巴基斯坦政府支持美国的立场。③ 这只是许多针对巴基斯坦政府支持美国打击阿富汗的抗议中的一场。伊斯兰促进会副主席里阿夸特·俾路支（Liaquat Baluch）强烈反对使用巴基斯坦的领土、领空和军事基地打击阿富汗。④

一些学者对加入反恐战争能改善巴基斯坦与西方国家关系、在克什米尔问题上将会得到更多支持的说法持怀疑态度。他们认为，阿富汗塔利班是巴基斯坦在阿富汗最好的、唯一的赌注，他们认为对阿富汗塔利班的支持不是不可持续的。此外，他们对向美国开放领空是否会对巴基斯坦的核设施造成影响也表示担心。⑤

巴基斯坦国内也有一些人士对巴基斯坦准备调整阿富汗政策表示欢迎，这些人对政府撤销对阿富汗塔利班政权的支持、向美国打击阿富汗塔利班提供支持的行动表示理解。巴基斯坦知名人士纳维（M B Naqvi）认为，除了毒品和枪支泛滥外，"9·11"恐怖袭击事件前巴基斯坦对阿富汗政策成果不多。另外，人民民族党（ANP）领导人瓦里·汗

---

① 李满："悲壮的穆沙拉夫"，《世界知识》2002 年第 4 期，第 6 页。
② 李满："悲壮的穆沙拉夫"，《世界知识》2002 年第 4 期，第 7 页。
③ Violence May Follow Pakistan Protests, CNN, 2001 - 09 - 21, http://edition.cnn.com/2001/WORLD/asiapcf/central/09/20/ret.pakistan.peshawar/index.html.
④ Naeem Ahmed, *State, Society and Terrorism: A Case Study of Pakistan after September 11*, Karachi: University of Karachi, 2007: 99.
⑤ Ijaz Khan, *Pakistan's Strategic Culture and Foreign Policy Making*, NewYork: Nova Science Publishers, Inc., 2007: 89.

(Abdul Wali Khan)也对巴基斯坦政府支持美国反恐表示支持。①

总之，巴基斯坦国内对于穆沙拉夫政权准备加入美国领导的反恐阵营的态度基本上分为两派：宗教政党和阿富汗塔利班支持者表示反对，自由、民主人士则表示支持。

二、巴基斯坦政府决策过程

"9·11"恐怖袭击事件后，美国情报机构将"9·11"事件的策划者锁定在扎根于阿富汗的本·拉登和"基地"组织身上。同时，美国要求巴基斯坦协助打击恐怖主义分子，如果不配合的话，美国将把巴基斯坦炸回"石器时代"。在如此重大事件和来自美国的威胁下，巴基斯坦必须在最短时间内权衡利弊并做出应对。

（一）巴基斯坦劝阿富汗塔利班交出本·拉登的想法失败

按照巴基斯坦领导层的最初想法，巴基斯坦打算在与美国合作和继续保存由其一手扶持的阿富汗塔利班政权之间找到一个平衡点，即说服阿富汗塔利班政权交出其庇护的本·拉登及其同伙。这样既能表达巴基斯坦与美国合作打击恐怖主义分子的意愿，又能化解国际社会对阿富汗塔利班政权庇护恐怖主义分子的指责，并避免美国对阿富汗塔利班政权进行军事打击。这应该是巴基斯坦最想看到的结果。因此，9月16日，穆沙拉夫派巴基斯坦三军情报局长马哈茂德·艾哈迈德去阿富汗做说服工作。为强调事态的严重性，三军情报局长带上穆沙拉夫总统的亲笔信去阿富汗会见塔利班领导人毛拉·穆罕默德·奥马尔（Mullah Moham-

---

① Ijaz Khan, *Pakistan's Strategic Culture and Foreign Policy Making*, NewYork: Nova Science Publishers, Inc., 2007: 94.

第七章
| 巴基斯坦对外政策决策案例分析（三）|

med Omar）。① 但巴基斯坦政府的建议并未被阿富汗塔利班领导层接受，巴基斯坦高官无功而返。

在此情况下，针对加入美国的反恐阵营还是继续保持与阿富汗塔利班政权联系这一问题，巴基斯坦政府需做出选择。困难的是，这两者无法兼得，只能选择其一。

一方面，如果巴基斯坦继续支持阿富汗塔利班政权，那么将可能出现以下几种情况：(1)与美国发生对抗。巴基斯坦没有军事、经济实力以及民众的长期支持来完成这项工作。与全球性超级大国发生军事冲突将给巴基斯坦带来灾难性后果。(2)印度从中渔利。通过向美国开放领空及提供空军基地，印度在克什米尔问题上获得美国的支持，这对巴基斯坦长远战略利益不利。印美合谋将导致巴基斯坦的正当要求被拒绝，有可能使克什米尔实际控制线变成永久国际边界线。(3)巴基斯坦核设施受到严重威胁。巴基斯坦的核能力是经过几十年努力得来的，并成为唯一能威慑印度霸权的东西。美国对穆斯林国家拥有核能力感到不适，已经是公开的秘密。② 美国人会毫无疑问地利用这个机会入侵并摧毁巴基斯坦的核武器，而印度肯定会乐于全力帮助美国。③

另一方面，如果巴基斯坦加入美国的反恐阵营，帮助美国打击阿富汗塔利班政权，那么塔利班政权倒台后，阿富汗可能出现巴基斯坦的新敌人或者出现权力真空，这种权力真空极有可能被由反巴基斯坦力量组成的北方联盟填补，而北方联盟则获得俄罗斯、印度和伊朗的支持。④ 这种状况不利于巴基斯坦的地缘战略：巴基斯坦将失去战略纵深，并可

---

① Naeem Ahmed, *State, Society and Terrorism: A Case Study of Pakistan after September 11*, Karachi: University of Karachi, 2007: 256.
② Muhammad Asim Malik, *Pakistan-US Security Relationship 1947 – 2006 : Analysis of Areas of Convergence and Divergence*, Lahore: University of Education, 2010: 493 – 494.
③ [巴]佩尔韦兹·穆沙拉夫，张春祥等译："在火线上：穆沙拉夫回忆录"，南京：译林出版社2006年版，第198页。
④ [巴]佩尔韦兹·穆沙拉夫，张春祥等译：《在火线上：穆沙拉夫回忆录》，南京：译林出版社2006年版，第199页。

能面临东西两条战线的压力，这将威胁到巴基斯坦的长远生存。因此，巴基斯坦在此时的抉择非常重要，也非常难以做出。

（二）巴基斯坦经过权衡选择保护该国根本利益

按照新古典现实主义观点，当一个小国面临一个大国威胁时，如果有其他大国给予其有力支持，则小国倾向于制衡；如果小国得不到其他大国有力支持，而发出威胁的大国又不提供"胡萝卜"，则小国会选择绥靖；如果小国得不到其他大国有力支持，而发出威胁的大国在挥舞"大棒"的同时又承诺提供"胡萝卜"，则小国会选择追随或绥靖。① 从当时国际社会的反应来看，几乎所有主要国家和国际组织都表达了对"9·11"恐怖袭击的谴责和对打击恐怖主义活动的支持。在没有大国支持的情况下，巴基斯坦是选择绥靖还是追随，还需看巴基斯坦政府对来自美国威胁的认知和美国所开出的条件。

按照一个国家在考虑所受威胁的水平时，通常需要考虑到受到威胁的国家利益的重要程度、地缘毗邻性、对手的综合实力、侵略意图（包括公开言论、文化传统和意识形态）等影响因素的观点来看，② 巴基斯坦需要从以下几方面进行权衡。

1. 国家利益

国家利益是国际关系理论研究的核心概念之一。国家利益是指国家在复杂的国际关系中维护本民族和本国免受外来侵害的一些基本原则。国家利益是国家制定对外目标的重要依据和决定因素。③ 对于具体国家来说，一国的国家利益涉及很多方面和内容。而理性的国家决策者会尽

---

① 荣正通、汪长明："国家对外部威胁的认知与反应：基于新古典现实主义的分析"，《中共南京市委党校学报》2012 年第 6 期，第 45—46 页。
② 荣正通、汪长明："国家对外部威胁的认知与反应：基于新古典现实主义的分析"，《中共南京市委党校学报》2012 年第 6 期，第 43 页。
③ 倪世雄：《当代西方国际关系理论》，上海：复旦大学出版社 2001 年版，第 252 页。

第七章
巴基斯坦对外政策决策案例分析(三)

可能地维护国家利益,他们有可能会选择牺牲次要的国家利益来维护重要的国家利益。[1] 因此,对于同一国的国家利益而言,必须要对其进行层次分类和归纳。

1996 年,在美国国家利益委员会完成的一份《美国国家利益》研究报告中,对国家利益采用了四层等级分类方法,即国家利益表现为四层等级:根本利益、极端重要利益、重要利益和次要利益。[2] 本书借用该概念来分析巴基斯坦在是否支持美国反恐行动时要考虑的因素。

巴基斯坦面临涉及国家生存和延续的问题包括:美国威胁将巴基斯坦炸回"石器时代"、克什米尔问题、巴基斯坦的核武器安全这三个方面,也就是说,这些问题涉及到巴基斯坦的国家根本利益。任何一国的领导人都不希望看到这种情况发生在自己领导的国家内,巴基斯坦总统穆沙拉夫同样不愿意看到自己国家的根本利益面临威胁。中断与阿富汗塔利班的联系而失去战略纵深,这又关系到巴基斯坦在与印度对峙时的战略回旋空间,可以视为巴基斯坦的极端重要利益。

简言之,停止支持阿富汗塔利班政权,巴基斯坦牺牲的是极端重要利益,但如果拒绝与美国合作,将牺牲巴基斯坦的国家根本利益。

2. 对手的综合实力

在此事件中,对巴基斯坦形成威胁的是美国。美国的经济、军事等实力在当今世界位居第一,因此美国的综合实力远远优于巴基斯坦。

3. 地缘毗邻性

美国处于西半球的北美大陆,巴基斯坦处于东半球的南亚次大陆,虽然两国相距上万公里,但是美国拥有几乎能到达世界任意地方的远程投送与打击能力,巴基斯坦当然在其投送与打击范围之内,而巴基斯坦

---

[1] 荣正通、汪长明:"国家对外部威胁的认知与反应:基于新古典现实主义的分析",《中共南京市委党校学报》2012 年第 6 期,第 44 页。

[2] 倪世雄:《当代西方国际关系理论》,上海:复旦大学出版社 2001 年版,第 254 页。

却没有打击美国本土的能力。

4. 侵略意图

"9·11"恐怖袭击事件发生后，美国对外宣称"要么和我们站在一起，要么成为我们的敌人"，这表现出美国强烈的反击意图。另外，美国有对他国动武的先例，并且其意识形态与伊斯兰价值观具有明显的差异性。

通过分析可以推论："9·11"恐怖袭击事件后，巴基斯坦面临前所未有的挑战与威胁。两权相利取其重，两权相害取其轻，在是否中断与阿富汗塔利班政权联系并支持美国反恐上，在损失国家根本利益和极端重要利益之间，巴基斯坦应该选择抛弃损害度较轻的极端重要利益而保护其根本利益。

(三) 巴基斯坦政治架构使其能快速做出最终决定

在新古典现实主义者看来，国际体系层次因素不能直接对一国的外交政策发生作用，必须通过单元层次因素的传导才能作用于一国的外交政策。从斯韦勒将单元层次因素分为精英共识、精英凝聚力、社会凝聚力以及政府/政权脆弱性四个变量来看，巴基斯坦社会中具有反美情绪和同情阿富汗塔利班的人员主要为普通民众和宗教政党，而包括人民党与穆斯林联盟（谢里夫派）在内的巴基斯坦主流政党则对穆沙拉夫政府加入反恐阵营的立场表示支持。[1] 显然，以世俗政党共识为代表的精英共识对国家对外政策决策的影响力更大，但是普通民众和宗教政党的反对立场对社会凝聚力变量具有负面效应。

军方是巴基斯坦对外政策决策中的重要一方，巴军方内部虽有反对断绝与阿富汗塔利班政权关系的声音，如三军情报局局长马哈茂德·艾

---

[1] Pakistan Protests Turn Violent, BBC, 2001-09-21, http://news.bbc.co.uk/2/hi/south_asia/1555688.stm.

第七章
巴基斯坦对外政策决策案例分析（三）

哈迈德、拉合尔驻军军长穆罕穆德·阿齐兹（Mohammed Aziz）、拉瓦尔品第驻军军长贾姆希德·凯尼（Jamshed Gulzar Kiani）、陆军副参谋长穆扎法·乌斯玛尼（Muzaffar Usmani）等高级军官，[①] 但因穆沙拉夫总统身兼陆军参谋长之军职，军方最终形成支持美国打击恐怖主义的共识。军队共识对精英凝聚力变量的影响更大。

另外，9月15日，巴基斯坦国家安全委员会与巴基斯坦内阁举行联席会议，做出在美国打击恐怖主义时提供全力支持的决定。[②] 穆沙拉夫身兼总统、首席执行官、陆军参谋长和参谋长联席会议主席四职的权力结构，使巴基斯坦政府可以抵消因社会凝聚力和精英共识不强而产生的干扰因素，克服政府/政权脆弱性这一变量的消极影响，并根据国家利益快速地做出最终决定。

2001年9月19日，巴基斯坦总统穆沙拉夫向全国发表电视讲话，宣布巴基斯坦政府支持美国打击恐怖主义分子的行动。随后，9月22日，美国总统布什宣布取消对巴基斯坦的制裁措施，同意重组3.75亿美元债务，并表示将支持国际货币基金组织向巴基斯坦提供经济援助。[③]

"9·11"恐怖袭击事件后，巴基斯坦政府在调整对阿富汗政策并加入美国领导的反恐阵营中印证了以下观点：小国在得不到其他大国有力支持的情况下，如果发出威胁的大国在挥舞"大棒"的同时又承诺提供"胡萝卜"，则小国就会选择追随。

[①] Naseem Ahmed, General Musharaf's Taliban Policy 1999 – 2008, *The Dialogue*, 2010 (2): 105.

[②] "巴劝说塔利班交出拉丹"，《参考消息》2001年9月17日，第1版。

[③] Keith Jones. *Pakistan's Military Regime Rallies to US War Coalition*, World Socialist Web Site, 2001 – 09 – 21, http://www.wsws.org/en/articles/2001/09/pak – s25. html.

第三节　巴基斯坦加入反恐阵营政策的影响与决策特点

一、巴基斯坦加入反恐阵营的影响

巴基斯坦总统穆沙拉夫在2001年9月19日的全国讲话中表示，今天我们做出的决定将产生广泛而深远的影响。在美国发动的反恐战争接近尾声之际，我们对当年穆沙拉夫政府做出的抉择做一个评估：总体说，穆沙拉夫政府成功规避了不利的外部环境，保护了巴基斯坦的国家根本利益并提升了巴基斯坦的国际影响力，但也付出了重大代价，具体分析如下。

(一) 避免了巴基斯坦被美国军事打击的可能性

巴基斯坦加入反恐战争，与世界大多数国家站在一起，并且成了美国领导的反恐战争中的前线国家，避免了被美国军事打击的可能性。中国国家主席江泽民在2001年12月与访华的穆沙拉夫会谈时曾表示："我们欣慰地看到，巴基斯坦经受住了'9·11'事件之后形势急剧变化的严峻考验。"[①]

(二) 提升了巴基斯坦的国际地位，改善了巴国内经济状况

在"9·11"恐怖袭击事件之前，巴基斯坦因1998年核试验、1999年军事政变而遭到以美国为首的西方主要国家的经济制裁，使巴基斯坦的经济雪上加霜。加入反恐阵营后，巴基斯坦从"9·11"恐怖袭击事

---

① 钱彤："江泽民主席与巴基斯坦总统穆沙拉夫举行会谈"，新华网，2001年12月20日，http://news.xinhuanet.com/news/2001-12/20/content_172633.htm。

件前被国际社会孤立的状态中解脱出来,被美国视为反恐战争中的关键盟友。作为对巴基斯坦积极配合美方发动反恐战争的回报,美国总统小布什在2001年9月22日宣布取消对巴基斯坦的制裁措施并向巴方提供大量经济援助。美国国际开发署对巴联邦直辖部落区(FATA)提供资金,并支持该地区可持续发展的计划,这有利于部落区经济、社会发展,并减少极端思想的传播。① 巴基斯坦在穆沙拉夫任期内每年接收美方各种援助达上亿美元(见表7-1),② 这对保持穆沙拉夫执政期间的经济稳定增长起着不小的作用。

表7-1 美国援助巴基斯坦资金金额(2001—2007年度)

(单位:百万美元)

项目或账目	2001年度	2002年度	2003年度	2004年度	2005年度	2006年度	2007年度
儿童生存与健康		5	15.6	25.6	21	32.2	21.7
发展援助		10	34.5	49.4	29	40.6	29
紧急难民援助		25					
经济支持基金		624.5	188	200	297.6	377.6	350
对外军事援助		75	224.5	74.6	298.8	297	300
国际灾难与饥荒援助						70	
国际军事培训		0.9	1	1.4	1.9	2	2.1
国际禁毒控制与执法	3.5	90.5	31	31.5	32.1	56.3	25.5

---

① 杨勇:"巴基斯坦部落区改革与中国的作用",《南亚研究季刊》2013年第3期,第58页。
② Naeem Ahmed, *State, Society and Terrorism: A Case Study of Pakistan after September 11*, Karachi: University of Karachi, 2007: 114.

续表

项目或账目	2001年度	2002年度	2003年度	2004年度	2005年度	2006年度	2007年度
核不扩散、反恐及扫雷等		10.1		4.9	8.0	7.8	10.3
维持和平行动		220					
以上总金额	3.5	1061	494.6	387.4	688.4	873.5	738.6
粮食援助	87.5	90.8	18.7	24	18	26.7	
总计	91	1151.8	513.3	411.4	706.4	900.2	738.6

资料来源：Naeem Ahmed, State, Society and Terrorism: A Case Study of Pakistan after September 11, Karachi: University of Karachi, 2007: 114.

（三）巴基斯坦继续保持对阿富汗的影响

"9·11"恐怖袭击事件后，阿富汗塔利班政权虽然被赶下台，但并未被彻底消灭，仍然是阿富汗国内一股不可忽视的政治势力，也是阿富汗国内实现和解绕不开的现实因素。巴基斯坦与阿富汗塔利班具有千丝万缕的联系，使巴基斯坦成为阿富汗国内政治和解进程中最重要的外部影响力之一，其重要性从巴基斯坦参与解决阿富汗问题的多边会议就能看出。

例如，始于2001年的阿富汗问题国际会议是国际上几乎所有重要国家、组织参与解决阿富汗重建的国际会议。2011年底北约军队袭击巴基斯坦边境哨所，巴方拒绝参加当年在波恩举行的阿富汗国际问题国际会议，致使波恩会议成为"空谈会"，从中可以看出巴基斯坦在阿富汗重建问题上的分量。

始于2007年的土耳其、巴基斯坦、阿富汗三边首脑会议已经进行了八次，三国除了就阿富汗的政治和解进行商讨，还在缓解时有发生的巴阿间紧张关系、加强三国间贸易等领域发挥积极作用。

举行了三次首脑会晤的巴基斯坦、伊朗、阿富汗三国首脑会晤机制，在毒品控制、打击恐怖主义等方面的合作举行了商讨。

从 2009 年至今举行了三次首脑会晤的俄罗斯、巴基斯坦、阿富汗、塔吉克斯坦四国首脑会晤机制，在打击毒品走私、跨国极端主义、区域过境贸易等方面进行了有效的探讨与合作。

从 2012 年 7 月在喀布尔举行第一次三边会谈开始，到现在共进行了三次会晤的巴基斯坦、英国、阿富汗三国会谈，就越境袭击等问题进行了磋商。

2012 年 2 月首次举行的中国、巴基斯坦、阿富汗三国外交部门对话举行了三次，三方就打击毒品走私、恐怖主义以及阿富汗各派展开包容性对话等交换意见并形成共识。

2015 年 2 月 9 日，首轮中国、巴基斯坦、阿富汗三方战略对话在喀布尔举行，三方就本地区务实合作展开对话。

围绕阿富汗问题建立的多边机制中，几乎都有巴基斯坦的身影，这些显示出国际社会承认巴基斯坦在解决阿富汗问题中的特殊作用。同时，巴基斯坦通过参与多边机制，可以最大限度地保护自身在阿富汗和解进程中的战略利益。

（四）导致巴基斯坦国内恐怖主义蔓延

巴基斯坦在"9·11"恐怖袭击事件后调整对阿富汗政策虽然避免了国家遭受重大打击，但也对其国内社会产生了不小的负面影响。

巴基斯坦国内同情阿富汗塔利班的宗教人士和宗教组织对政府政策调整不满，再加上巴基斯坦国内民众普遍带有反美情绪，巴基斯坦国内极端主义组织有所扩展，恐怖活动频发。巴基斯坦政府不得不出动军队在联邦直辖部落区与开伯尔—普赫图赫瓦省的斯瓦特地区清剿极端主义武装分子。

军事清剿造成当地民众流离失所、经济损失巨大，而且武装分子对军方的报复性袭击也明显增多。从 2001 年到 2009 年，清剿武装分子等军事行动共造成 450 亿美元的经济损失。[1] 在 2001 年到 2011 年的 10 年间，针对巴基斯坦武装部队的袭击逐年增加，仅 2011 年就发生 423 起，共造成至少 1322 安全人员死亡，2582 名受伤。[2]

二、巴基斯坦加入反恐阵营政策决策特点

在巴基斯坦加入反恐阵营决策过程中，巴基斯坦决策层的主要决策特点如下。

（一）穆沙拉夫总统身兼数职

作为总统的穆沙拉夫，同时身兼首席执行官、陆军参谋长和参谋长联席会议主席三个军政要职。身兼数职的穆沙拉夫对国家军队和政府有很强的控制能力，可以减少决策过程中的干扰因素。

（二）决策主要通过国家安全委员会形成

时任国家安全委员会的成员主要包括陆海空三军最高级别指挥官和联邦政府中主要部长、各省省督等。因此，由军政主要部门官员参与的国家安全委员会可以快速磋商并形成一致意见。

总之，巴基斯坦当时的政府结构是较为典型的"强人"治理结构，这种结构有利于巴基斯坦在应对国际体系变化时排除干扰，快速地做出最终决定。

---

[1] Zahid Ali Khan, Military Operations in FATA and PATA: Implications for Pakistan, *Strategic Studies*, 2012 (1): 140.

[2] Zahid Ali Khan, Military Operations in FATA and PATA: Implications for Pakistan, *Strategic Studies*, 2012 (1): 145.

―― 第八章 ――

对巴基斯坦对外政策决策机制的评价

自 1947 年 8 月建国以来，巴基斯坦政治体制历经多次变革，巴基斯坦在军人政府和民选政府之间徘徊，巴基斯坦的政体也在总统制和总理制间来回切换，并逐渐倾向总理制。巴基斯坦对外政策决策机制产生于巴基斯坦特定的建国历程以及建国后国内外环境的影响和制约。虽然巴基斯坦政治体制还在逐渐定型和不断完善的过程中，但当前的巴基斯坦对外政策决策机制将继续为巴基斯坦的国家发展做出贡献。

第一节 巴基斯坦对外政策决策机制的主要特点

建国 70 余年来，数次军人政变导致巴基斯坦的政治体制在总统制和总理制间来回变换数次。巴基斯坦对外政策制定过程中的相关参与机构也随着政体变化而不断变化和完善。但在此变化和完善的过程中，我们可以看出巴基斯坦对外政策决策机制具有以下显著特点：

一、巴基斯坦正由一个修正主义国家向保持现状国家转变

1947 年 8 月巴基斯坦成立后不久，便因克什米尔归属问题与印度

发生战争,并使穆斯林占多数的克什米尔土邦一分为二,被印巴各占一半。随后,印巴双方先后接受联合国印巴委员会提出的停火协议并于1949年1月1日正式停火。7月27日,印巴两国代表在卡拉奇签署《卡拉奇协定》,并正式划定停火线。随后,两国在克什米尔地区的"公民投票"等问题上继续进行磋商。但是印巴分治后,印度对巴基斯坦的敌视和两国间实力的巨大失衡导致巴基斯坦具有强烈的不安全感。① 巴基斯坦想通过外力来改变这种状况。因此,巴基斯坦寻求与美国结盟来改变这种现状。

印度总理尼赫鲁认为美国的军事援助改变了克什米尔的局面,印度拒绝就克什米尔归属进行投票。1956年11月17日,印控克什米尔制宪会议批准了王公哈里·辛格加入印度的决定。随后,印度正式改变了此前的基本立场——通过举行公民投票来决定克什米尔最终归属。印度公开宣称,克什米尔归属不必再由公民投票决定,制宪会议的意见已经反映了人民的心声。② 随后几年,双方虽有谈判,但越谈越僵。1964年12月4日,印度宪法第356条(总统治理)和第357条(邦议会立法权由联邦议会行使或在其监督下行使的办法)适用于克什米尔。1965年3月30日,克什米尔邦议会修改宪法,邦首脑改称为邦长,其任命、任期和免职由印度总统决定,政府内阁最高长官不再称为总理,与其他邦一样改称为首席部长。③

印度对印控克什米尔的进一步管控让巴基斯坦倍感焦虑,巴基斯坦认为必须改变这种状况。1965年上半年,印控克什米尔地区穆斯林民众因对当地统治政府不满使巴基斯坦政府看到了改变克什米尔现状的机

---

① 孙建波:《印巴克什米尔问题:历史与现实》,昆明:云南人民出版社2011年版,第95页。
② 孙建波:《印巴克什米尔问题:历史与现实》,昆明:云南人民出版社2011年版,第96页。
③ 孙建波:《印巴克什米尔问题:历史与现实》,昆明:云南人民出版社2011年版,第111页。

第八章
对巴基斯坦对外政策决策机制的评价

会。同年 8 月，在巴基斯坦的支持下，穆斯林武装进入印控克什米尔，巴基斯坦空军在夜间出动飞机空投物质给穆斯林游击队。然而，印军随后便向穆斯林武装发动进攻并进入巴控克什米尔地区，[①] 9 月 6 日印巴第二次战争全面爆发。在国际社会的呼吁和斡旋下，印巴在 9 月 23 日实现了停火，并于 1966 年 1 月 10 达成《塔什干宣言》，第二次印巴战争并没有实现巴基斯坦的目标。

1971 年第三次印巴战争期间，印度成功肢解巴基斯坦。失去东巴的巴基斯坦丧失了 60% 的人口、15% 的领土、50% 的外汇储备以及 20% 的税收。[②] 巴基斯坦与印度间的实力对比更加悬殊，特别是 1974 年 5 月 18 日，印度成功地进行一次核试验后，巴基斯坦感到来自印度方面的威胁更大了。为此，巴基斯坦加快推进自己的核项目。

1998 年 5 月 11 日和 13 日，印度公开进行五次核试验后，巴基斯坦在权衡利弊后也于同年 5 月 28 日和 30 日公开进行六次核试验。5 月 29 日，印度总理瓦杰帕伊向巴基斯坦建议签订一项不首先使用核武器的双边协议，[③] 印度希望以此换来巴基斯坦的相同承诺，这样印度就又可以在限制双方核力量的条件下以常规军力来压制巴方。但是，巴基斯坦未做出这样的承诺，[④] 从而使巴基斯坦的核武器抵消了印度在常规武装力量上的优势。

巴基斯坦的核武器不但抵消了印度常规武器的优势，也缓解了来自印度的对巴基斯坦生存威胁的压力。巴基斯坦意识到克什米尔问题一时半会儿无法彻底解决，因为双方都不可能做出太多的让步，最有可能是在现在的状况下做些双方都能接受的微小调整。为此，2004 年 10 月穆

[①] 赵德喜、王佑生：《印巴对抗何时休》，郑州：中原农民出版社 2000 年版，第 3—74 页。

[②] 孙建波：《印巴克什米尔问题：历史与现实》，昆明：云南人民出版社 2011 年版，第 146 页。

[③] 章节根："论印度的核原则"，《南亚研究季刊》2008 年第 1 期，第 16 页。

[④] 陈继东：《当代印度对外关系研究》，成都：巴蜀书社 2005 年版，第 125 页。

沙拉夫提出解决克什米尔问题的"七块说",[1] 并与印度启动了全面对话进程。

2008—2013 年人民党执政时期,巴基斯坦推出"全方位"周边外交政策,期望把地缘优势转化为现实经济效益,使巴基斯坦成为贸易运输走廊,提升巴基斯坦在地区中的重要性,并为本国经济发展注入持续动力。[2] 为此,巴基斯坦准备采取"中印模式"来发展印巴间经贸关系,并最终实现两国关系的全面改善。[3]

因此,1998 年 5 月的核试验可以说是巴基斯坦从一个想改变现状的修正主义国家(即想改变现状的国家)向一个保持现状国家转变的关键转折点。这种改变为巴基斯坦对外政策决策提供了方向性的指导思想。

二、巴基斯坦对外政策以应对来自印度生存威胁为出发点

巴基斯坦自成立之初就面临来自印度对其生存的威胁。印度武力吞并朱纳加德土邦,诱导克什米尔王公签署加入印度的《加入书》,随后又切断印度河上游支流流向巴基斯坦的河水。这些行为使巴基斯坦更确定印度不会接受印巴分治的现实,印度会做任何不利于巴基斯坦生存与发展的事。[4] 因此,巴基斯坦深感印度对巴基斯坦的威胁是实实在在的。

为了应对来自印度的安全威胁,20 世纪 50 年代巴基斯坦选择与美

---

[1] Syed Rifaat Hussain, Resolving the Kashmir Dispute: Blending Realism with Justice, *The Pakistan Development Review*, 2009 (4) Part II: 1023.

[2] 陈继东、杨勇:"巴基斯坦地区铁路枢纽建设与中国的作用",《南亚研究季刊》2011 年第 4 期,第 55 页。

[3] Sanya Khetani, Could the 'China model' Finally Improve Relations between India and Pakistan?, 2012 - 04 - 09, http://www.businessinsider.com/india-pakistan-china-model - 2012 - 4.

[4] Ijaz Khan, *Pakistan's Strategic Culture and Foreign Policy Making: A Study of Pakistan's Post 9/11 Afghan Policy Change*, New York: Nova Science Publishers, Inc., 2007: 3.

第八章
对巴基斯坦对外政策决策机制的评价

国结盟、20世纪60年代加强与中国的关系、20世纪70年代与中东穆斯林国家加强联系、20世纪90年代支持阿富汗塔利班政权。[①] 总之，巴基斯坦希望借助外力来抵消或缓解来自印度的压力。

巴基斯坦也希望与印度友好相处，并一再提出各种提议。但是一般来说，印巴关系的主动权掌控在印度一方，巴基斯坦是"反应性"地提出对策。正如对待核实验一样，印度搞核试验，巴基斯坦也搞核试验；印度暂停核试验，巴基斯坦也不再进行；若印度再进行核试验，巴基斯坦也会再搞核试验。在签署《全面禁止核试验条约》问题上也一样，巴基斯坦多次表示，只要印度签字，巴基斯坦也签字。[②] 巴基斯坦之所以与印度"对着干"，并非是为了挑战印度这一明显强于自己的邻国，实属出于维护国家安全的战略利益考虑，即抗衡印度成为巴基斯坦生存下去的需要。[③]

三、军方在对外政策决策中具有重要作用

巴基斯坦军队在对外政策决策中起着重要作用，是由巴基斯坦建国后的国际和国内环境造成的。建国后才几个月，两国便发生第一次印巴战争，1965年的第二次印巴战争和1971年的印巴战争更使巴基斯坦军队在制定国家安全政策特别是对印度、阿富汗政策上发挥着重要的作用。

国内政治局势不稳定也为军方在国家政策制定中发挥重要作用提供了条件。[④] 1958年阿尤布·汗接管文人政权至今，巴基斯坦共经历阿尤

---

① Ijaz Khan, *Pakistan's Strategic Culture and Foreign Policy Making: A Study of Pakistan's Post 9/11 Afghan Policy Change*, New York: Nova Science Publishers, Inc., 2007: 9.
② 陈继东：《当代印度对外关系研究》，成都：巴蜀书社2005年版，第125—126页。
③ 陈继东、晏世经：《巴基斯坦对外关系研究》，成都：巴蜀书社2017年版，第3页。
④ Hasan Askari Rizvi, Civil Military Relations in Contemporary Pakistan, *Defence Journal*, 2017 - 05 - 02, http://www.defencejournal.com/july98/civilmilitary1.htm.

布·汗、叶海亚·汗、齐亚·哈克以及佩尔韦兹·穆沙拉夫执政的四次军人政权,共32年的统治,几乎占据了巴基斯坦建国70多年时间的一半。

总之,内外环境决定了巴基斯坦军人在对外政策决策中具有重要作用。

四、内阁是巴基斯坦对外政策决策的主要机构

巴基斯坦对外政策决策中最主要的机构是内阁。内阁不仅具有制定政策的职能,还有对政府与外国签署协议的批准权。因此,巴基斯坦内阁在对外政策决策中具有重要作用。

五、"哑铃型"对外政策决策模式正在形成

随着巴基斯坦政治民主化进程的推进,巴基斯坦政治体制向民选的内阁制发展。同时,基于巴基斯坦军方在建国以来的特殊角色和地位,其在对外政策决策中的重要地位不可忽视。民选政府与军方在对外政策决策中的互动关系正在形成"哑铃型"模式。"哑铃型"模式表明,民选政府与军方在对外政策决策的过程中具有相对同等作用,双方通过巴基斯坦对外政策决策机制动态协调立场,以达到形成巴基斯坦对外政策决策的结果(见图8-1)。

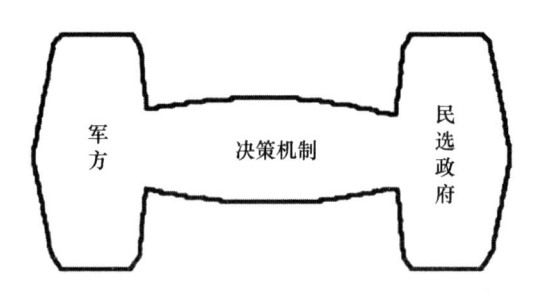

图 8-1 "哑铃型"决策模式

资料来源:作者自制。

第八章
对巴基斯坦对外政策决策机制的评价

第二节 巴基斯坦对外政策决策机制的积极作用

独立 70 多年来,为了在地区和国际重大外交事件中最大化地保护国家利益,巴基斯坦对外政策决策机制发挥了相当积极的作用。

一、保证了在复杂地区环境中国家的生存

自 1947 年 8 月 14 日建国以来,巴基斯坦便面临着维持国家生存和保护领土完整的艰巨任务。印巴分治后,印巴间因朱纳加德、查谟—克什米尔等土邦归属争议而产生的持续对立,使处于弱势的巴基斯坦一直对强大的印度邻国有一种深深的安全忧虑。同时,巴基斯坦与阿富汗也因杜兰线争议而时常关系紧张。巴基斯坦外交政策也主要以维持国家生存和保护领土完整为目标。在这种复杂地区环境下,自 1947 年以来,巴基斯坦相当部分的国家资源被用在了国防领域。这使巴基斯坦军方不论是在军人执政时期文人执政时期,还是有关阿富汗和印度方面的对外政策决策中都起着重要的作用。

在复杂的地区形势下,巴基斯坦军方在对外政策决策中的重要作用为保障国家生存做出了重要贡献。

二、为巴基斯坦应对国际格局变化提供保障

巴基斯坦对外政策决策机制在应对国际格局变化时提供了决策保障。在冷战期间,巴基斯坦决策层充分利用东西方阵营对抗的国际格局,为最大化巴基斯坦国家利益,分别在 20 世纪 50 年代和 80 年代与美国形成盟友关系。同时,在 20 世纪 60 年代,在巴美疏远、印巴敌

视、中美对抗、中印战争这样四组关系互动下，巴基斯坦做出了寻求与中国合作的安全策略，并最终建立了以"全天候友谊"为特征的战略合作伙伴关系。[1] 在 2001 年"9·11"恐怖袭击事件后，巴基斯坦及时调整对阿富汗政策，并支持美国的反恐军事行动，避免了最重要国家利益遭受损失。

第三节 巴基斯坦对外政策决策机制的消极作用

巴基斯坦的对外政策决策机制还处在完善过程中，还存在一些缺点和弊端，这些弊端和缺点对巴基斯坦对外政策产生了负面影响。

一、不利于国际环境的改善与国家形象的塑造

巴基斯坦建国后经历了四次军事政变，军人上台执政共 30 多年。相较于巴基斯坦民选政府，在军人执政期间，巴基斯坦经济发展快、社会相对稳定。[2] 但是，随着全球民主化浪潮的发展，即使巴基斯坦军人政府在执政期间也搞政党选举，其执政合法性基本上也不被巴基斯坦国内的民主派和西方国家所承认。这种状况不利于巴基斯坦在国际社会建立更积极、正面的形象。例如，原定于 1999 年 11 月最后一周在尼泊尔首都加德满都召开的第 11 届南盟首脑会议，因印度方面不想与政变上台的"军事独裁者"穆沙拉夫接触而被迫推迟到 2002 年 1 月才召开。

---

[1] 陈继东、晏世经：《巴基斯坦对外关系研究》，成都：巴蜀书社 2017 年版，第 255 页。
[2] 陈继东、晏世经：《转型中的巴基斯坦》，成都：巴蜀书社 2016 年版，第 58 页。

第八章
对巴基斯坦对外政策决策机制的评价

二、常常导致国内政权不稳定

在巴基斯坦对外政策决策过程中，军人与文官在政策的制定上常常因观点和立场不同而产生分歧。这种分歧在政策讨论阶段是必然的。但在巴基斯坦对外政策决策过程中，军人与文官的分歧常常导致国内社会的动荡，乃至军人政权和民选政权的更迭。例如，在1999年卡吉尔冲突等事件中，谢里夫领导的民选政府与军方间关系龃龉，最终导致穆沙拉夫将军在1999年10月接管了国家政权。

附 录

附录1 巴基斯坦与美国签订转让军用物质与设备的《共同防御援助协定》的照会

PAKISTAN
MUTUAL DEFENSE ASSISTANCE

TIAS 2165
Nov. 29 and
Dec. 15, 1950

Agreement effected by exchange of notes signed at Washington November 29 and December 15, 1950; entered into force December 15, 1950.

The Secretary of State to the Pakistani Ambassador

DEPARTMENT OF STATE
WASHINGTON
Nov 29 1950

EXCELLENCY:

  I have the honor to address your Excellency concerning the request of the Government of Pakistan for the transfer of certain items of military supplies and equipment by the Government of the United States. There are certain assurances and undertakings by the Government of Pakistan which the Government of the United States must obtain before completing any transaction under Section 408(e) of the Mutual Defense Assistance Act of 1949, (Public Law 329, 81st Congress) as amended by Public Law 621, 81st Congress.

63 Stat. 720; 64 Stat. 376.
22 U. S. C. §1580.

59 Stat. 1031.

  The Department understands the Government of Pakistan is prepared to agree to use such items as may be provided to foster international peace and security within the framework of the Charter of the United Nations through measures which will further the ability of nations dedicated to the principles and purposes of the Charter to participate effectively in arrangements for individual and collective self-defense in support of those purposes and principles; and, moreover, that the items to be provided by the Government of the United States are required by the Government of Pakistan to maintain its internal security, its legitimate self-defense or permit it to participate in the defense of the area of which it is a part; and that it will not undertake any act of aggression against any other state.

The Department understands also that the Government of Pakistan will obtain the consent of the Government of the United States prior to the transfer of title to or possession of any equipment, materials, information, or services furnished, and that the Government of Pakistan will take appropriate measures to protect the security of any article, service, or information furnished. The Government of Pakistan also understands, the Department is informed, that the Government of the United States necessarily retains the privilege of diverting items of equipment or of not completing services undertaken if such action is dictated by considerations of United States national interest.

Finally, the Department understands that the Government of Pakistan is prepared to accept terms and conditions of payment for the items transferred, to be agreed upon between the Government of Pakistan and the Government of the United States, which accord with the terms of Section 408(e) of the Mutual Defense Assistance Act of 1949, as amended.

A reply by the Government of Pakistan to the effect that these understandings are correct will be considered as constituting an agreement between the Government of Pakistan and the Government of the United States.

Accept, Excellency, the renewed assurances of my highest consideration.

For the Secretary of State:
GEORGE C. McGHEE

His Excellency
M. A. H. ISPAHANI,
Ambassador of Pakistan.

资料来源: *United States Treaties and Other International Agreements Vol. 1, 1950*, Washington: Government Printing Office of US, 1952: 884 – 885.

附录 2　巴基斯坦与美国签订转让军用物质与设备的《共同防御援助协定》的照会

The Pakistani Ambassador to the Assistant Secretary of State

EMBASSY OF PAKISTAN
WASHINGTON, D. C.

TELEGRAPHIC ADDRESS "PAREP"

F.133/50/4　　　　　　　　　　　　　　　　　*December 15, 1950.*

DEAR MR. ASSISTANT SECRETARY,

I have the honour to refer to your letter of November 29, 1950, concerning the request of the Government of Pakistan for the transfer of certain items of military supplies and equipment by the Government of the United States which my Government desires to purchase. The assurances and undertakings (as stated by you in your letter under reference) required by the Government of the United States under Section 408(e) of the Mutual Defence Assistance Act of 1949, (Public Law 329, 81st Congress) as amended by Public Law 621, 81st Congress, are agreed to by my Government.

The Government of Pakistan is prepared to accept terms and conditions of payment for the items transferred, to be agreed upon between the Government of Pakistan and the Government of the

---

886　　　*U. S. Treaties and Other International Agreements*　[1 UST

United States, which accord with the terms of Section 408 (e) of the Mutual Defence Assistance Act of 1949, as amended.

Accept, Mr. Assistant Secretary, the renewed assurances of my highest consideration.

For the Ambassador:
M. O. A. BAIG.

The Honourable GEORGE C. MCGHEE,
Assistant Secretary of State,
Department of State,
Washington, D.C.

资料来源：*United States Treaties and Other International Agreements Vol. 1*，1950，Washington：Government Printing Office of US，1952：885 – 886.

参考文献

一、中文文献

（一）中文专著

[1] 阿尔塔夫·高哈、阿尤布·汗，邓俊秉译：《巴基斯坦首位军人统治者》，北京：世界知识出版社2002年版。

[2] [印] B. L. 卡克，安启光、赵常谦译：《布托死牢中的笔记》，北京：新华出版社1980年版。

[3] 贝·布托，刘建立译：《将门虎女——贝·布托自传》，长春：时代文艺出版社2003年版。

[4] 蔡拓：《国际关系学》，天津：南开大学2005年版。

[5] 陈峰君：《世界现代化历程》，南京：江苏人民出版社2012年版。

[6] 陈继东、晏世经：《巴基斯坦报告（2010）》，成都：巴蜀书社2012年版。

[7] 陈继东、晏世经：《巴基斯坦报告（2011）》，昆明：云南大学出版社2012年版。

[8] 陈继东、晏世经：《印巴关系研究》，成都：巴蜀书社2010年版。

[9] 陈继东：《当代印度对外关系研究》，成都：巴蜀书社2005年版。

[10] 陈翰笙：《印度和巴基斯坦经济区域》，北京：商务印书馆 1959 年版。

[11] 曹永胜、罗建、王京地：《南亚大象：印度军事战略发展与现状》，北京：解放军出版社 2002 年版。

[12] 铎生：《巴基斯坦的经济和政治》，北京：世界知识出版社 1960 年版。

[13] [法] 达里奥·巴蒂斯特拉，潘革平译：《国际关系理论（第三版修订增补本）》，北京：社会科学文献出版社 2010 年版。

[14] [巴] 法斯赫·乌丁、M. 阿克拉姆·斯瓦蒂，陈继东、晏世经等译：《巴基斯坦经济发展历程——需要新的范式》，成都：巴蜀书社 2010 年版。

[15] 高锟、张敏秋：《南亚政治经济发展研究》，北京：北京大学出版社 1995 年版。

[16] 胡志勇：《冷战时期南亚国际关系》，北京：新华出版社 2009 年版。

[17] 胡思德：《周边国家和地区核能力》，北京：原子能出版社 2006 年版。

[18] [美] 杰里尔·A. 罗赛蒂，周启朋译：《美国对外政策的政治学》，北京：世界知识出版社 1997 年版。

[19] [印] 克里尚·巴蒂亚，吴可仁译：《英迪拉·甘地传》，长春：时代文艺出版社 2003 年版。

[20] 李德昌：《巴基斯坦经济发展》，成都：四川大学出版社 1992 年版。

[21] 李德昌：《巴基斯坦的政治发展：1947—1987》，成都：四川大学出版社 1989 年版。

[22] 李伟健：《伊斯兰文化与阿拉伯国家对外关系》，北京：时事出版社 2007 年版。

[23]［美］罗宾·W. 温克、约翰·E. 泰尔伯特,任洪生译:《牛津欧洲史（第四卷）：1945年至当代》,长春：吉林出版集团有限责任公司2009年版。

[24]刘同舜、刘星汉:《国际关系史·第七卷（1945—1949）》,北京：世界知识出版社1995年版。

[25]陆水林:《巴基斯坦》,重庆：重庆出版社2004年版。

[26]［巴］马克博尔·A. 巴蒂,陈继东、晏世经等译:《中国的和平崛起与南亚》,成都：巴蜀书社2012年版。

[27]麦浪:《今日巴基斯坦》,北京：世界知识出版社1957年版。

[28]［英］麦金德,武原译:《民主的理想与现实》,北京：商务印书馆1965年版。

[29]穆沙拉夫,张春祥等译:《在火线上：穆沙拉夫回忆录》,南京：译林出版社2006年版。

[30]倪世雄:《当代西方国际关系理论》,上海：复旦大学出版社2001年版。

[31]邱永辉、陈继东:《南亚国家的经济改革与民主化浪潮——印度和巴基斯坦研究》,成都：四川大学出版社1998年版。

[32]润青、张建东:《伊斯兰堡的血光和昙花——布托家族》,北京：社会科学文献出版社1998年版。

[33]［美］塞缪尔·亨廷顿,周琪、刘绯、张立平等译:《文明的冲突与世界秩序重建》,北京：新华出版社2002年版。

[34]孙建波:《克什米尔问题：历史与现实》,昆明：云南人民出版社2011年版。

[35]孙士海、江亦丽:《二战后南亚国家对外关系研究》,北京：方志出版社2007年版。

[36]宋海啸:《印度对外政策决策：过程与模式》,北京：世界知识出版社2011年版。

[37] 世界知识出版社编译：《国际条约集（1953—1955）》，北京：世界知识出版社1960年版。

[38] 唐昊、彭沛：《巴基斯坦 孟加拉：面对种族和宗教的冲突》，成都：四川人民出版社2002年版。

[39] 唐家璇：《劲雨煦风》，北京：世界知识出版社2010年版。

[40] 唐孟生：《亲历巴基斯坦》，北京：经济日报出版社2012年版。

[41] 王鸣鸣：《外交政策分析：理论与方法》，北京：中国社会科学出版社2008年版。

[42] 王泰平：《中华人民共和国外交史（第二卷），1957—1969》，北京：世界知识出版社1998年版。

[43] [加] 夏尔—菲利普·大卫，李旦、王健等译：《白宫的秘密：从杜鲁门到克林顿的美国外交决策》，北京：中国人民大学出版社1988年版。

[44] 肖敬民、吴鹏等：《南亚核风云：印巴核实验扫描》，北京：长虹出版社1998年版。

[45] 谢益显：《中国外交史：中华人共和国时期1949—1979》，郑州：河南人民出版社1988年版。

[46] [巴] 伊夫提哈尔·H. 马利克：《巴基斯坦史》，北京：中国大百科全书出版社2010年版。

[47] 杨翠柏、刘成琼：《列国志·巴基斯坦》，北京：社会科学文献出版社2005年版。

[48] 杨翠柏：《南亚政治发展与宪政研究》，成都：巴蜀书社2010年版。

[49] 袁胜育：《转型中的俄美关系：国内政治与对外政策的关联性研究》，北京：社会科学文献出版社2006年版。

[50] 张贵洪：《超越均势：冷战后的美国南亚安全战略》，杭州：浙江大学出版社2007年版。

[51] 朱建新、王晓东著：《各国国家安全机构比较研究》，北京：时事出版社 2009 年版。

[52] [苏] 兹麦耶夫，孙越生、沈受君译：《巴基斯坦的经济和对外贸易》，北京：财政经济出版社 1957 年版。

[53] 张士智、赵慧杰：《美国中东关系史》，北京：中国社会科学院出版社 1993 年版。

[54] 张历历：《外交决策》，北京：世界知识出版社 2007 年版。

[55] 赵德喜、王佑生：《印巴对抗何时休》，郑州：中原农民出版社 2000 年版。

[56] 周广健、吴如华、郭小涛：《南亚风云：印巴三次战争始末》，北京：世界知识出版社 1997 年版。

[57] 赵伯乐：《当代南亚国际关系》，北京：中国社会科学出版社 2003 年版。

[58] 曾祥裕：《巴基斯坦对外政策研究：1980—1992》，成都：巴蜀书社 2010 年版。

[59] 中华人民共和国外交部亚洲司：《中华人民共和国和巴基斯坦伊斯兰共和国双边关系重要文献汇编》，北京：世界知识出版社 2006 年版。

[60] 《中华人民共和国国务院总理周恩来和巴基斯坦伊斯兰共和国总理苏拉瓦底联合声明》，中华人民共和国国务院公报，1956 年第 47 期。

[61] 中华人民共和国外交部亚洲司：《中华人民共和国和巴基斯坦伊斯兰共和国双边关系重要文献汇编》，北京：世界知识出版社 2006 年版。

（二）期刊文献

[1] 成晓河："第二次印巴战争中中国对巴基斯坦的支援"，《外交

评论》2012年第3期。

[2] 陈继东："巴基斯坦的民主化浪潮与经济发展"，《南亚研究》1998年第2期。

[3] 陈继东："印巴关系：难解之结"，《南亚研究》2002年第1期。

[4] 陈继东："印巴关系发展态势述评"，《南亚研究季刊》2007年第3期。

[5] 陈继东、杨勇："巴基斯坦地区铁路枢纽建设与中国的作用"，《南亚研究季刊》2011年第4期。

[6] 陈利君、许娟："美国—巴基斯坦十年反恐合作：进程、困境与反思"，《南亚研究季刊》2011年第4期。

[7] 崔建树："历史学与国际关系研究"，《国际政治研究》2007年第1期。

[8] 杜幼康："在核战争边缘上徘徊：1990年印巴核危机揭秘（中）"，《国际展望》1994年第3期。

[9] 杜幼康："中巴战略合作伙伴关系：相互认知、特点及发展前景"，《南亚研究季刊》2011年第2期。

[10] 戴超武："应对'卡尔·马克思早已策划好的危局'：冷战、美国对阿拉伯民族主义的反应和艾森豪威尔主义"，《冷战国际史研究》2006年第2期。

[11] 冯基华："美国中东政策的战略支点：土耳其"，《亚非纵横》2012年第4期。

[12] 冯玉军："对外政策研究中的决策理论"，《世界经济与政治》2000年第2期。

[13] 郭新昌、罗鹏部："外交决策及其影响因素"，《河南广播电视大学学报》2007年第3期。

[14] 郭关玉："欧盟对外政策的决策机制与中欧合作"，《武汉大

学学报（哲学社会科学版）》2006年第2期。

［15］过家鼎："常任理事国如何行使否决权"，《世界知识》2005年第12期。

［16］何杰："'普什图尼斯坦'问题简介"，《国际资料信息》2010年第6期。

［17］韩晓青、齐鹏飞："20世纪60年代初期巴基斯坦积极推动中巴边界谈判之动因分析"，《南亚研究》2010年第4期。

［18］胡国松："布托时期巴基斯坦的对外政策"，《南亚研究季刊》1992年第2期。

［19］江亦丽："巴美关系为何日渐疏远？"，《当代亚太》2001年第10期。

［20］雷加洪："浅析巴基斯坦的中亚战略"，《南亚研究季刊》1992年第4期。

［21］李德昌："巴基斯坦的政治发展"，《南亚研究季刊》1985年第2期。

［22］李德昌："巴基斯坦的政治发展（续一）"，《南亚研究季刊》1985年第3期。

［23］刘善国："巴基斯坦政局从动荡步入稳定"，《南亚研究季刊》1997年第3期。

［24］刘丰、张睿壮："现实主义国际关系理论流派辨析"，《国际政治科学》2005年第4期。

［25］刘丰、左希迎："新古典现实主义：一个独立的研究纲领？"，《外交评论》2009年第4期。

［26］刘丰："均势为何难以生成？——从结构变迁的视角解释制衡难题"，《世界经济与政治》2006年第9期。

［27］刘丰："新古典现实主义的发展及前景——评《没有应答的威胁：均势的政治制约》"，《国际政治科学》2007年第3期。

[28] 刘津坤："冷战后影响巴基斯坦安全的若干因素",《南亚研究季刊》1995年第4期。

[29] 刘若楠："新古典现实主义的进展与困境：评新古典现实主义国家和外交政策",《国际政治科学》2010年第2期。

[30] 刘国柱："第四点计划与杜鲁门政府在第三世界的冷战战略",《历史教学（高校版）》2007年第6期。

[31] 刘向阳："普什图民族主义的产生及发展",《南亚研究》2012年第1期。

[32] 刘莉："英国的'分而治之'政策与印巴分治",《南亚研究季刊》2003年第3期。

[33] 刘艺："印巴关系缓和：原因与趋势",《当代亚太》2004年第3期。

[34] 刘秀英："再度出山的巴基斯坦总理纳瓦兹·谢里夫",《现代国际关系》1997年第3期。

[35] 李巍："从体系层次到单元层次——国内政治与新古典现实主义",《外交评论》2009年第5期。

[36] 李允华、杨家荣："里根上台后的苏美关系",《苏联东欧问题》1981年第3期。

[37] 李满："悲壮的穆沙拉夫",《世界知识》2002年第4期。

[38] 兰岚："20世纪50年代美国的中东政策：从欧米加计划到艾森豪威尔主义的诞生",《世界历史》2009年第1期。

[39] 兰江："浅析阿尤布·汗执政时期的美巴关系",《南亚研究季刊》2005年第3期。

[40] 兰江："脆弱的联盟：美巴关系解读",《南亚研究季刊》2007年第4期。

[41] 林利民："21世纪初大国经济力量对比变化趋势与国际政治格局",《江南社会学院学报》2000年第4期。

［42］卢山、宋曼："不甘边缘化：'9·11'后的印度"，《世界知识》2001年第23期。

［43］鲁金安："试论巴基斯坦对外政策中的伊斯兰因素"，《南亚研究》2003年第1期。

［44］梁云祥："冷战后日本外交政策决策体制的变化及其特点和原因"，《日本学刊》1997年第2期。

［45］木子："从军法管制向文官政府的过渡：1977年至1987年间巴基斯坦政治的发展"，《南亚研究季刊》1984年第3期。

［46］木子："从军法管制向文官政府的过渡：1977年至1987年间巴基斯坦政治的发展（续）"，《南亚研究季刊》1984年第4期。

［47］木子："巴美关系回顾：兼述美援的一个特点"，《南亚研究季刊》1990年第2期。

［48］木子："巴美关系回顾（续）"，《南亚研究季刊》1990年第3期。

［49］庞中英："对'民主和平论'的若干意见"，《欧洲》1995年第6期。

［50］邱宝庭："巴基斯坦陆军"，《现代兵器》1991年第1期。

［51］荣正通、汪长明："国家对外部威胁的认知与反应：基于新古典现实主义的分析"，《中共南京市委党校学报》2012年第6期。

［52］拾遗之："巴基斯坦'十月革命'"，《南亚研究季刊》1993年第4期。

［53］宋德星："印巴国家理念的对立与外交战略冲突"，《世界经济与政治论坛》2001年第3期。

［54］宋德星、孙静："论巴基斯坦的核政策"，《南亚研究季刊》2006年第4期。

［55］宋伟："从国际政治理论到外交政策理论——比较防御性现实主义与新古典现实主义"，《外交评论》2009年第3期。

[56] 沈丁立: "发展新世纪中国与巴基斯坦的战略关系",《南亚研究季刊》2011 年第 2 期。

[57] 沈宏: "巴基斯坦的战略选择: 伊斯兰、联盟与进攻性防御",《南亚研究》2011 年第 1 期。

[58] 沈宏: "巴基斯坦的战略选择与战略困境",《外交评论》2011 年第 5 期。

[59] 汤广辉: "巴基斯坦外交政策的历史分析",《南亚研究季刊》1991 年第 1 期。

[60] 吴兆礼: "美国南亚政策演变: 1947—2006",《南亚研究》2007 年第 1 期。

[61] 吴兆礼: "印巴全面对话: 进程、成果与未来走向",《南亚研究》2010 年第 4 期。

[62] 伍福佐: "在僵局中出现转机的美巴关系",《南亚研究季刊》2003 年第 1 期。

[63] 伍福佐: "脆弱的联盟: '9·11'后的美巴关系",《南亚研究季刊》2003 年第 2 期。

[64] 王明芳、李培鑫: "美俄核裁军协议及其对中国的影响",《兰州大学学报(社会科学版)》2011 年第 6 期。

[65] 王琛: "美国与克什米尔问题(1947—1953)",《历史教学》2005 年第 1 期。

[66] 夏亚峰: "试析尼克松政府对外政策决策机制过程及主要人员",《史学集刊》2009 年第 4 期。

[67] 夏立安、杜林: "巴基斯坦军人政治浅论",《南亚研究季刊》1997 年第 1 期。

[68] 许志新: "'9·11'恐怖袭击事件后普京对西方政策的重大变化",《欧洲》2002 年第 2 期。

[69] 燕玉叶: "冷战后日本对朝鲜的人道主义援助简析——一种

新古典现实主义的解释",《日本学刊》2011年第2期。

[70] 杨翠柏："试析巴基斯坦西向政策",《南亚研究季刊》1997年第1期。

[71] 杨翠柏："巴基斯坦与伊朗关系的演变",《南亚研究季刊》1998年第3期。

[72] 杨勇："巴基斯坦部落区改革与中国的作用",《南亚研究季刊》2013年第3期。

[73] 雅人、巩晶："穆沙拉夫：颠覆强权的强权",《21世纪》2000年第1期。

[74] 耶斯尔："巴基斯坦建国后伊斯兰教的发展",《新疆社会科学》2009年第5期。

[75] 岳汉景："外交政策分析诸视角",《世界经济与政治》2007年第6期。

[76] 忻华："地缘政治论：世纪末的再思考",《国际观察》1999年第4期。

[77] 于卫青："普什图尼斯坦问题的演变及相关因素探析",《国际论坛》2011年第2期。

[78] 于铁军："进攻性现实主义、防御性现实主义和新古典现实主义",《世界经济与政治》2000年第5期。

[79] 姚大学、闫伟："'普什图尼斯坦'问题：缘起、成因及影响",《西亚非洲》2011年第2期。

[80] 张贵洪："巴基斯坦的战略地位与中巴关系的未来",《南亚研究季刊》2011年第2期。

[81] 张世均："冷战时期巴基斯坦的安全忧患及其对策",《涪陵师范学院学报》2004年第6期。

[82] 张利军："布什政府对巴基斯坦政策及美巴关系前景",《国际问题研究》2005年第4期。

［83］张力:"新阶段反恐战争:巴基斯坦的处境与美巴矛盾",《南亚研究季刊》2008年第2期。

［84］张清敏:"外交政策分析的三个流派",《世界经济与政治》2001年第9期。

［85］张清敏:"外交决策的微观分析模式及其应用",《世界经济与政治》2006年第11期。

［86］曾祥裕:"略论巴基斯坦的地缘安全结构",《南亚研究季刊》2008年第2期。

［87］郑端耀:"国际关系新古典现实主义理论",《问题与研究》2005年第1期。

［88］郑祥瑞:"当前巴美关系的困境及前景展望",《国际问题研究》2009年第1期。

［89］朱明权:"从首先签署到首先否决:美国与全面核禁试条约",《当代亚太》2000年第2期。

［90］朱三平、晏向阳:"调整发展缓和:1997年国际形势回顾与展望",《学习导报》1998年第2期。

［91］朱三平:"上半年国际形势回眸",《学习导报》1998年第7期。

［92］章节根:"论印度的核原则",《南亚研究季刊》2008年第1期。

［93］朱鹏:"艾森豪威尔时期美国对巴基斯坦的政策",《社会科学论坛》2009年第3期。

(三)学位论文

［1］陈杨:"1947—1951年美国南亚政策研究",长春:东北师范大学学位论文,2010年。

［2］常利锋:"第二次印巴战争对印巴美三角关系的影响",郑州:

郑州大学学位论文 2004 年。

［3］冯玉军："当代俄罗斯对外政策决策机制研究"，北京：外交学院学位论文 2001 年。

［4］郭瑞晓："新时期中国与巴基斯坦关系面临的挑战与发展"，青岛：青岛大学学位论文 2012 年。

［5］蒋军亮："试析艾森豪威尔政府对巴基斯坦的军事援助（1953—1961）"，金华：浙江师范大学学位论文 2009 年。

［6］李晓妮："美国对巴基斯坦政策研究（1941—1957）"，长春：东北师范大学学位论文 2009 年。

［7］李文俊：""9·11"事件后沙特与美国关系"，通辽：内蒙古民族大学学位论文 2008 年。

［8］林燕："冷战后的中巴关系探析"，乌鲁木齐：新疆大学学位论文 2010 年。

［9］兰江："冷战时期美巴关系研究"，成都：四川大学学位论文 2013 年。

［10］刘建伟："对外援助与美国的非民主盟友"，上海：上海外国语大学学位论文 2009 年。

［11］刘玉霞："中国与巴基斯坦的关系：1951—1971 年"，郑州：郑州大学学位论文 2003 年。

［12］陆迪民："论巴基斯坦外交中的联盟战略：以与美国联盟为例"，上海：华东师范大学学位论文 2008 年。

［13］马依热古丽·西克热木："新世纪中巴关系的发展"，乌鲁木齐：新疆大学学位论文 2011 年。

［14］王苏礼："中国对印度与巴基斯坦的外交政策"，北京：中共中央党校学位论文 2010 年。

［15］杨云安："普什图问题与阿富汗巴基斯坦关系"，兰州：兰州大学学位论文 2012 年。

[16] 樱井秀成:"冷战后日本外交决策过程研究",上海:复旦大学学位论文 2011 年。

(四) 论文集

[1] 陈和丰、王鸿余、杜幼康等:《90 年代中国与南亚国家关系》,成都:四川人民出版社 1995 年版。

[2] 陈利军:《"中巴关系现状与发展趋势"国际研讨会论文集》,昆明:云南人民出版社 2013 年版。

[3] 杜幼康:《国家间关系的典范:中巴建交后两国关系的回顾与展》,北京:时事出版社 2012 年版。

[4] 李涛、陈继东:《"地区形势发展与中巴关系"国际研讨会论文集》,成都:巴蜀书社 2010 年版。

[5] 孙红旗:《巴基斯坦研究(第一辑)》,北京:中国社会科学出版社 2012 年版。

(五) 电子文献

[1] 高潇潇:"巴基斯坦缺席阿富汗国际会议 波恩会议成'空谈会'",中国广播网,2011 年 12 月 6 日,http://china.cnr.cn/qqhygbw/201112/t20111206_508885503_2.shtml。

[2] "关于印度巴基斯坦问题的联合国安理会第 211 号决议案",1965 年 9 月 20 日,http://www.un.org/zh/documents/view_doc.asp?symbol=S/RES/211(1965)。

[3] 化玉:"美国国会通过联合决议:动用军队打击恐怖分子",人民网,2001 年 9 月 15 日,http://www.people.com.cn/GB/guoji/22/86/20010915/561409.html。

[4] "决定性的 50 年:国际原子能机构年表",《国际原子能机构通报》2007 年第 1 期,https://www.iaea.org/sites/default/files/

48201201020_ su_ zt. pdf。

［5］"联合国安理会第 1368（2001）号决议"，http：//www. un. org/chinese/aboutun/prinorgs/sc/sres/01/s1368. htm。

［6］"江泽民主席应约同布什总统通话"，人民网，2001 年 9 月 13 日，http：//www. people. com. cn/GB/guoji/209/6389/6392/20010913/559076. html。

［7］饶博、李忠发："'巴中两国合作前景广阔'——访巴基斯坦总统扎尔达里"，新华网，2008 年 10 月 13 日，http：//news. xinhuanet. com/newscenter/2008 - 10/13/content_ 10189691. htm。

［8］徐平："阿联酋今日宣布与阿富汗塔利班政权断交"，人民网，2001 年 9 月 22 日，http：//www. people. com. cn/GB/guoji/209/4502/4504/20010922/567347. html。

［9］钱彤："江泽民主席与巴基斯坦总统穆沙拉夫举行会谈"，新华网，2001 年 12 月 20 日，http：//news. xinhuanet. com/news/2001 - 12/20/content_ 172633. htm。

［10］杨铁虎、田牛："巴基斯坦已成为具有第三代战机生产能力的国家之一"，人民网，2017 年 5 月 2 日，http：//world. people. com. cn/n/2013/1118/c1002 - 23576766. html。

（六）报纸

［1］丁宝忠、王南等："国际社会强烈谴责印度核试验"，《人民日报》1998 年 5 月 15 日，第 6 版。

［2］"美国呼吁全球联手打击恐怖活动"，《参考消息》2001 年 9 月 14 日，第 1 版。

［3］"沙特宣布与塔利班断交"，《参考消息》2001 年 9 月 26 日，第 1 版。

［4］"外交部发表声明　中国政府强烈谴责印度核试验"，《人民日

报》1998年5月15日,第1版。

[5]"外交部发言人说　中国对巴基斯坦进行核试验深表遗憾",《人民日报》1998年5月29日,第1版。

[6]温家宝:"风雨同舟 共创未来——在巴基斯坦议会的演讲(2010年12月19日)",《人民日报》2010年12月20日,第2版。

二、英文文献

(一) 英文著作

[1] Abdul Sattar, *Pakistan's Foreign Policy 1947 – 2005: A Concise History*, Karachi: Oxford University Press, 2007.

[2] Abul Maali Syed, *The Twin Era of Pakistan: Democracy and Dictatorship*, New York: Vantage Press, 1992.

[3] Akbar S. Ahmed, *Religion and Politics in Muslim Society: Order and Conflict in Pakistan*, Karachi: Royal Book Company, 2000.

[4] Alastair Lamb, *Kashmir: A Disputed Legacy 1846 – 1990*, London: Oxford University Press, 1991.

[5] Anthony Hyman, *Afghanistan under Soviet Domination, 1964 – 83*, London: Macmillan Press, 1982.

[6] A. Z. Hilali, *US – Pakistan Relationship: Soviet Invasion of Afghanistan*, Burlington: Ashgate Publishing Company, 2005.

[7] Benazir Bhutto, *Foreign Policy in Perspective*, Lahore: Agha Amir Hossain, 1978.

[8] Bhumitra Chakma, *Pakistan's Nuclear Weapons*, New York: Routledge, 2009.

[9] Brendan Taylor, *American Sanctions in the Asia-Pacific*, New York: Routledge, 2010.

[10] Dennis Kux, *The United States and Pakistan, 1947 - 2000: Disenchanted Allies*, Washington, D. C. : Woodrow Wilson Center Press, 2001.

[11] Charles H. Kennedy (eds), *Bureaucracy in Pakistan*, Karachi: Oxford University Press, 1987.

[12] Charles H. Kennedy (eds), *Pakistan: 1992*, Colorado: Vestview Press, 1993.

[13] Donald N. Wilber, *Pakistan: Its people, Its society, Its culture*, New Haven: Human Relations Area Files, Inc. , 1964.

[14] Farhan Hanif Siddiqi, *The Politics of Ethnicity in Pakistan: the Baloch, Sindhi and Mohajir Ethnic Movement*, Oxon: Routledge, 2012 .

[15] Farooq Naseem Bajwa, *Pakistan and the West: the First Decade, 1947 - 1957*, Karachi: Oxford University Press, 1996.

[16] Fareed Zakaria, *From Wealth to Power: The Unusual Origins of America's World Role*, New Jersey: Princeton University Press, 1998.

[17] Fredrick Aandahl, Willian Z. Slany (eds), *Foreign Relations of the United States, Vol. 5, 1950*, Washing: Depatment of State of U. S. , 1978.

[18] Fredrick Aandahi (ed), *Foreign Relations of the United States, 1951, Vol. 6, Asia and the Pacific, Part 2*, Washington: Government Printing Office of U. S. , 1977.

[19] *FRUS, 1952 - 1954, Vol. 9, Part 1, The Near and Middle East*, Washington, D. C. : U. S. Government Printing Office, 1986.

[20] Frank G. Wisner II, Nicholas Platt, Marshall M. Bouton, *New priorities in South Asia: U. S. Policy Toward India, Pakistan and Afghanistan*, New York: Council on Foreign Relations, 2003.

[21] Grahanm T. Allison, *Essence of Decision, Explaining the Cuban Missile Crisis*, Boston: Little, Brown and Company, 1971.

[22] Gulzar Ahmed, *Pakistan Meets India Challenge*, Rawalpindi: Al

Mukhtar Publishers, 1967.

［23］Hassan Abbas, *Pakistan's Drift into Extremism: Allah, the Army, and America's War on Terror*, New York: M. E. Sharpe Inc. , 2004.

［24］Hassan Abbas, *Causes that Led to Nuclear Proliferation from Pakistan to Iran, Libya and North Korea: Investigating the Role of the Dr. Abdul Qadeer Khan Network*, Medford: Tufts University, 2008.

［25］Hilary Synnott, *Transforming Pakistan: Ways Out of Instability*, London: Routledge, 2009.

［26］Husain Haqqani, *Pakistan: Between Mosque and Military*, Washington D. C. : Carnegie Endowment for International Peace, 2005.

［27］Ijaz Nabi. *Entrepreneurs and Markets in Early Industrialization: A Case Study from Pakistan*, San Francisco: International Center for Economic Growth, 1988.

［28］Ijaz Khan, *Pakistan's Strategic Culture and Foreign Policy Making*, NewYork: Nova Science Publishers, Inc. , 2007.

［29］John P. Glennon (eds), *Foreign Relation of the United States, 1952 – 1954. Africa and South Asia*, Vol. 11, Part 2, Washington D. C. : U. S. Government Printing Office, 1983.

［30］John Adams, Sabiha Iqbal, *Experts, Politics and Economic Development: Pakistan 1970 – 1982*, Colorado: Westview Press, 1983.

［31］Jeffrey Richelson, *Spying on the Bomb: American Nuclear Intelligence from Nazi Germany to Iran and North Korea*, New York: W. W. Norton and Company, 2007.

［32］Kulwant Kaur, *Pak-Afghanistan Relations*, New Delhi: Deep and Deep Publicatons, 1985.

［33］Latif Ahmed Sherwani, *Pakistan, China and America*, Karachi: Council for Pakistan Studies, 1980.

[34] Mazhar Aziz, *Military Control in Pakistan: The Parallel State*, New York: Routledge, 2007.

[35] M. S. Deora, R. Grover, ed, *Documents on Pakistan and International Conflicts* (*Vol. 9*, New Delhi: Anmol Publications Pvt. Ltd., 1993.

[36] M. S. Venkataramani, *The American Role in Pakistan 1947 – 1958*, Lahore: Vanguard Books Ltd, 1984.

[37] Ministry of Foreign Affairs of Pakistan, *Yearbook of Pakistan Foreign Relations, 2003 – 2004*, Pakistan: Ministry of Foreign Affairs, 2004.

[38] Ministry of Foreign Affairs of Pakistan, *Yearbook of Pakistan Foreign Relations, 2005 – 2006*, Pakistan: Ministry of Foreign Affairs, 2006.

[39] Mohammad Awdah Al-Shehri, *Saudi Arabia-Pakistan Relations: A Study in Bilatral Cooperation in Political, Economic and Military Fields* (*1967 – 1991*), Lahore: University of the Pinjab, 2000.

[40] M. K. Akbar, *Pakistan: from Jinnah to Sharif*, New Delhi: Mittal Publications, 1997.

[41] M. G. Chitkara, *Human Rights in Pakistan*, New Delhi: A. P. H. Publishing Corporation, 1997.

[42] Muhammad Yusuf, *Pakistan: Milestones: Chronology March 1940 – August 2010*, Islamabad: Mr. Book, 2011.

[43] Mohammed Ayub Khan, *Friends, Not Masters: A Political Autobiography*, London: Oxford University Press, 1967.

[44] Mohammad Ashraf Chaudhry, *Pakistan: Resilient, Resourceful, but Rudderless*, Bloomington: AuthorHouse, 2009.

[45] Musa Khan Jalalzai, *The Foreign Policy of Pakisan: Kashmir, Afghanistan and Internal Security Threats* (*1947 – 2004*), Lahore: Ariana Publications, 2004.

[46] Mushahid Hussain, *Pakistan's Politics: The Zia Years*, New

Delhi: Konark Publishers Pvt Ltd, 1991.

[47] Mushahid Hussain, Akmal Hussain, *Pakistan: Problems of Governance*, New Delhi: Konark Publishers Pvt Ltd, 1994.

[48] Mushtaq Ahmad, *Foreign Policy: Pakistan's Options*, Royal Book Company, 1995.

[49] Niloufer Mahdi, *Pakistan's Foreign Policy, 1971 – 1981, the Search for Security*, Lahore: Ferozsons (Pvt.) Ltd, 1999.

[50] Oskar Verkaaik, *Migrants and Militants: Fun and Urban Violence in Pakistan*, Princeton: Princeton University Press, 2004.

[51] Parvez Hasan, *Pakistan's Economy at the Crossroads: Past Policies and Present Imperatives*, Karchi: Oxford University Press, 1998.

[52] Paula R. Newberg, *Judging the State: Courts and Constitutional Politics in Pakistan*, Cambridge: Cambridge University Press, 1995.

[53] Peter Lyon, *Conflict Between India and Pakistan: An Encyclopedia*, Santa Barbara, California: ABC – CLIO, Inc, 2008.

[54] P. R. Chari, Pervaiz Iqbal Cheema, and Stephen P. Cohen, *Four Crises and a Peace Process: American Engagement in South Asia*, Washington, DC: Brookings Institution Press, 2007.

[55] Rafi Raza, *Zulfikar Ali Bhutto and Pakistan: 1967 – 1977*, Karachi: Oxford University Press, 1997.

[56] Rajaendra K. Jain (eds), *U. S. -South Asia Relations: 1947 – 1982, Vol. 2*, Atlantic Highlands: Humanities Press, 1983.

[57] Rashmi Jain, *The United States and Pakistan, 1947 – 2006: A Documentary Study*, New Delhi: Radiant Publishers, 2006.

[58] Rizwan Hussain, *Pakistan and the Emergence of Islamic Militancy in Afghanistan*, Hampshire: Ashgate Pub Ltd, 2005.

[59] Roedad Khan, *Pakistan: A Dream Gone Sour*, Karachi: Oxford

University Press, 1997.

[60] Robert G. Wirsing, *India, Pakistan and Kashmir Dispute: on Regional Conflict and Its Resolution*, New York: St. Martin's Press, 1994.

[61] Robert J. Mc Mahon, *The Cold War on the Periphery: The United States, India and Pakistan*, New York: Columbia University Press, 1994.

[62] R. K. Jain (ed), *China-South Asia Relations, 1947 – 1980*, New Delhi: Radiant Publishers, 1981.

[63] Safdar Mahmood, *Pakistan: Political Roots and Development: 1947 – 1999*, London: Ocford University Press, 2000.

[64] Santokh Singh, *Pakistan under Third Military President*, Jammu: Gujral Printers, 1989.

[65] Sarfraz Mirza (ed), *Pakistan India Relations: A Chronology (1947 – 2008)*, Lahore: Nazaria-i-Pakistan Trust, 2009.

[66] Seyyed Vali Reza Nasr, *The Vanguard of the Islamic Revolution: The Jama'at-i Islami of Pakistan*, London: I. B. Tauris & Co Ltd, 1994.

[67] Shahid Javed Burki, *Pakistan: A Nationa in the Making*, Colorado: Vestview Press, 1986.

[68] Shahid Javed Burki, *Pakistan Under the Military: Eleven Years of Zia ul-Haq*, Colorado: Vestview Press, 1991.

[69] Shaukat Mahmood, *Constituting of the Islamic Republic of Pakistan 1973*, Lahore: Legal Research Centre, 1973.

[70] S. M. Burke, *Pakistant's Foreign Policy: An Historical Analysis*, London: Oxford University Press, 1973.

[71] Sohail H. Hashmi (ed), *State Sovereignty Change and Persistence in International Relations*, University Park: The Pennsylvania State University, 1997.

[72] Steven E. Lobell, Norrin M. Ripsman, Jeffrey W. Taliaferro

(eds), *Neoclassical Realism, the State, and Foreign Policy*, Cambridge: Cambridge University Press, 2009.

[73] Surendra Chopra, Kusum Lata Chadda, *Islamic Fundamentalism, Pakistan and the Muslim Word*, New Delhi, Kanishka Publishers, Distributors, 2009.

[74] Syed Nawab Haider Naqvi, Khwaja Sarmad, *External Shocks and Domestic Adjustment*, Oxford: Oxford University Press, 1997.

[75] USA International Business Publications, *Pakistan Intelligence, Security Activities and Operations Handbook*, Wanshington D. C.: International Business Publications, Inc., 2011.

[76] *United States Treaties and Other International Agreements Vol. 1, 1950*, Washington D. C.: Government Printing Office of U. S., 1952.

[77] Veena Kukreja, *Contemporary Pakistan: Political Processes, Conflicts, and Crises*, New Delhi: Sage Publications India Pvt. Ltd, 2003.

[78] Zulfiqar Ali Bhutto, *Myths of Independence*, Karachi: Oxford University Press, 1969.

[79] Zulfiqar Ali Bhutto, *Foreign Policy of Pakistan: A Compendium of Speeched Madein the National Assembly of Pakistan 1962 – 1964*, Lahore: Agha Amir Hussain Classic, 1995.

[80] Zulfiqar Ali Bhutto, *Awakening the People: a Collection of Articles, Statements and Speeches, 1966 – 1969*, Lahore: Agha Amir Hussain Classic, 1995.

（二）期刊文献

[1] Ahmad Faruqui, Pakistan's Strategic Myopia, *The RUSI Journal*, 2000 (2).

[2] Anwar H. Syed, Pakistan in 1997: Nawaz Sharif's Second Chance

to Govern, *Asian Survey*, 1998 (2).

[3] Aslam Siddiqi, U. S. Military Aid to Pakistan, *Pakistan Horizon*, 1959 (1).

[4] Baldev Raj Nayar, U. S. Containment Policy, Global and Regional: The Decision on Military Aid to Pakistan, 1954, *International Studies*, 1991 (2).

[5] Bhumitra Chakma, Road to Chagai: Pakistan's Nuclear Programme, Its Sources and Motivations, *Modern Asian Studies*, 2002 (4).

[6] Ghani Jafar, Pakistan-Iran Relations: Back on Track?, *Strategic Studies*, 2011 (3).

[7] Gideon Roes, Neoclassical Realism and Theories of Foreign Policy, *World Politics*, 1998 (1).

[8] Hasan-Askari Rizvi, Pakistan's Nuclear Testing, *Asian Survey*, 2001 (6).

[9] Jayanta Kumar Ray, India and Pakistan as Factors in Each Other's Foreign Policies, *International Studies*, 1966 (1/2).

[10] Jerome B. Cohen, Economic Development in Pakistan, *Land Economics*, 1953 (1).

[11] J. N. Dixit, Pakistan's India Policies: Role of Domestic Political Factors, *International Studies*, 1995 (3).

[12] Juliet Kaarbo, Prime Minister Leadership Styles in Foreign Policy Decision-Making: A Framework for Research, *Political Psychology*, 1997 (3).

[13] Khalid Bin Sayeed, Pakistan's Foreign Policy: An Analysis of Pakistani Fears and Interests, *Asian Survey*, 1964 (3).

[14] Khawaja Alqama, Rafida Nawaz, U. S. Role in Bending Democracy during Cold War: A Case Study of Pakistan, *South Asian Studies*, 2010

（1）.

［15］Khalida Qureshi, An Overview of the East Pakistan Situation, *Pakistan Horizon*, 1971（3）.

［16］Latif Ahmed Sherwani, The objectives of Pakistan, Foreign Policy, *Civilisations*, 1966（2）.

［17］Louis Delvoie, The Islamization of Pakistan's Foreign Policy, *International Journal*, 1996（1）.

［18］Lubna Saif, Pakistan and SEATO, *Pakistan Journal of History and Culture*, 2007（2）.

［19］Michael B. Bishku, In Search of Identity and Security: Pakistan and the Middle East, 1947 – 1977, *Conflict Quarterly*, 1992（3）.

［20］Mohammad Musa, Some Aspects of the War, *Pakistan Horizon*, 1965（4）.

［21］Mohanmed Ayub Khan, The Pakistan-American Alliance: Stresses and Strains, *Foreign Affairs*, 1964（2）.

［22］Musarrat Jabeen, Either You Are with Us or Against Us, *South Asian Studies*, 2009（2）.

［23］Muhammad Saleem Mazhar, Naheed S. Goraya. Foreign Policy of Pakistan: Internal Challenges, *Journal of Political Studies*, 2013（2）.

［24］Mujtaba Razvi, Pak-Afghan Relations since 1947: An Analysis, *Pakistan Horizon*, 1979（4）.

［25］M. S. Venkataramani, Harish Chandra Arya, America's Military Alliance with Pakistan: the Evolution and Course of An Uneasy Partnership, *International Studies*, 1966（1/2）.

［26］M. G. Weinbaum, The March 1977 Elections in Pakistan: Where Everyone Lost, *Asian Survey*, 1977（7）.

［27］Naumana Kiran, Massarrat Abid, Formulation of Foreign Policy and Role of the Federal Cabinet, 1947 – 1958, *Pakistan Vision*, 2013 (2).

[28] Naseem Ahmed, General Musharaf's Taliban Policy 1999 – 2008, *The Dialogue*, 2010 (2).

[29] Parvez Hasan, Learning from the Past: A Fifty-year Perspective on Pakistan's Development, *The Pakistan Development Review*, Part I, 1997 (4).

[30] Paul Kreisberg, The United States, South Asia and American Interests, *Journal of International Affairs*, 1989 (1).

[31] Qadar Bakhsh Baloch, Engagement and Estrangement in U. S. -Pakistan Relations, *The Dialogue*, 2006 (4).

[32] Rahul Roy-Chaudhury, The United States' Role and Influence on the India-Pakistan Conflict, *Disarmament Forum*, 2004 (2).

[33] Ralph Braibanti, The Southeast Asia Collective Defense Treaty, *Pacific Affairs*, 1957 (4).

[34] Randall L. Schweller, Unanswered Threats: a Neoclassical Realist Theory of underbalancing, *International Security*, 2004 (2).

[35] Robert J. Mc Mahon, United States Cold War Strategy in South Asia: Making a Military Commitment to Pakistan, 1947 – 1954, *The Journal of American History*, 1988 (3).

[36] Samina Yasmeen, Pakistan's Nuclear Tests: Domestic Debate and International Determinants, *Australian Journal of International Affairs*, 1999 (1).

[37] Shah Alam, Iran-Pakistan Relations: Political and Strategic Dimensions, *Strategic Analysis*, 2004 (4).

[38] Samina Ahmed, Pakistan's Nuclear Weapons Program: Turning Points and Nuclear Choices, *International Security*, 1999 (4).

[39] S. M. M. Qureshi, Pakhtunistan: The Frontier Dispute between Afghanistan and Pakistan, *Pacific Affairs*, 1966 (1/2).

[40] Syed Rifaat Hussain, Resolving the Kashmir Dispute: Blending Realism with Justice, *The Pakistan Development Review*, Part II, 2009 (4).

[41] Strobe Talbott, Dealing with the Bomb in South Asia, *Foreign Affairs*, 1999 (2).

[42] Toru Onozawa, Formation of American Regional Policy for the Middle East, 1950 – 1952: The Middle East Command Concept and Its Legacy, *Diplomatic History*, 2005 (1).

[43] United States-Pakistan Mutual Defense Assistance Agreement, *Middle East Journal*, 1954 (8).

[44] Zafar Khan, Pakistan's Nuclear Weapons Testing May 1998: External and Internal Pressures, *IPRI Journal*, 2012 (1).

[45] Zaffar Abbas, The Hardest Choice, *the Bulletin of the Atomic Scientists*, 1998 (4).

[46] Zahid Ali Khan, Military Operations in FATA and PATA: Implications for Pakistan, *Strategic Studies*, 2012 (1).

(三) 学位论文

[1] Abdul Zahoor Khan, Disintegration of USSR and the Role of USA and its Effects on South Asia, Lahore: University of the Punjab, 2006.

[2] Chad W. Ensley, Dangerous Liaisons: Is the U. S. – Pakistan Alliance a Cause of Indo-Pakistani Conflict?, Washington, D. C. : Georgetown University, 2011.

[3] Mamnoon Ahmad Khan, Kashmir Dispute A Search for Solutions (1947 – 2003), Karachi: University of Karachi, 2008.

[4] Mahmudul Huque, Quest for Stability: The Role of the United

States in the India-Pakistan Conflict, 1947 – 1971, Houston: University of Houston, 1988.

[5] Mohammad Awdah Al-Shehri, Saudi Arabia-Pakistan Relations: A Study in Bilatral Cooperation in Political, Economic and Military Fields (1967 – 1991), Lahore: University of the Pinjab, 2000.

[6] Muhammad Asim Malik, Pakistan-U. S. Security Relationship 1947 – 2006: Analysis of Areas of Convergence and Divergence, Lahore: University of Education, 2011.

[7] Muhammad Hassan Shaikh, Role of Political Parties in Pakistan: 1969 – 1977, Jamshoro: University of Sindh, 1986.

[8] Naeem Ahmed, State, Society and Terrorism: A Case Study of Pakistan after September 11, Karachi: University of Karachi, 2007.

[9] Noman Omar Sattar, Pakistan's Nuclear Posture: Deterrence in a Regional Setting, Indiana: University of Notre Dame, 2000.

[10] Shaista Tabassum, The U. S. Policy of Nuclear Non-Proliferation in South Asia with Special Reference to Pakistan: Evaluation and Implications (1947 – 1990), Karachi: University of Karachi, 1999.

[11] Sultana Afroz, US-Pakistan Relations, 1947 – 1960, Lawrence: University of Kansas, 1985.

(四) 论文集

[1] Mehrunnisa Ali (eds), *Readings in Pakistan's Foreign Policy*, (1971 – 1998), Oxford: Oxford University Press, 2001.

[2] Noor A. Husain, Leo E. Rose (eds), *Pakistan-U. S. Relations: Social, Political and Economic Factors*, California: Institute of East Asian Studies, University of California, Berkeley, 1988.

[3] A B S Jafri (eds), *The political parties of Pakistan*, Karachi:

Royal Book Company, 2002.

（五）电子文献

［1］Amanullah Bashar, The Year end Review, 2017 - 05 - 02, http：//www. pakistaneconomist. com/issue2000/issue52/cover. htm.

［2］Advani Tells Pak to Roll Back anti-India Policy, or Else, 2017 - 05 - 02, http：//m. rediff. com/news/1998/may/18advani. htm.

［3］Agreement between Military Representatives of India and Pakistan Regarding the Establishment of a Cease-Fire Line in the State of Jammu and Lashmir, 29July, 1949, 2017 - 05 - 02, http：//peacemaker. un. org/sites/peacemaker. un. org/files/IN%20PK_ 490729_ %20Karachi%20Agreement. pdf.

［4］Cabinet Secretariat, Rules of Business 1973, 2017 - 05 - 02, http：//www. cabinet. gov. pk/frmDetails. aspx? id = 14&opt = policies.

［5］Citizens Monitoring Report, Performance of the Defence Committee of the Cabinet, Pakistan Institute of Legislative Development and Transparency, 2012：11, 2017 - 05 - 03, http：//www. pildat. org/publications/publication/CMR/PerformanceoftheDefenceCommitteeoftheCabinet_ Report_ March2012. pdf.

［6］Document 80, Telegram from the Department of State to the Embassy in Pakistan, Foreign relations of the United States, 1964 - 1968, Vol. XXV, South Asia, 2017 - 05 - 03, http：//history. state. gov/historicaldocuments/frus1964 - 68v25/d80.

［7］Document 132, Telegram from the Embassy Office in Pakistan to the Department of State, Foreign Relation of the United States, 1964 - 1968 Vol. XXV, South Asia, 2017 - 05 - 03, http：//history. state. gov/historicaldocuments/frus1964 - 68v25/d132.

［8］Document 133, Telegram from the Department of State to the Embassy in India, Foreign Relation of the United States, 1964 – 1968 Vol. XXV, South Asia, 2017 – 05 – 03, http://history.state.gov/historicaldocuments/frus1964 – 68v25/d133.

[9] Document 204, Editorial Note, Foreign Relation of the United States, 1964 – 1968 Vol. XXV, South Asia, 2017 – 05 – 03, http://history.state.gov/historicaldocuments/frus1964 – 68v25/d204.

[10] Feroz Khan Noon, 2017 – 05 – 03, http://storyofpakistan.com/feroz-khan-noon/.

[11] Foreign Policy Objectives, 2017 – 05 – 02, http://www.mofa.gov.pk/content.php? pageID = objectives.

[12] General Pervez Musharraf's Address to the Nation on Oct. 17, 1999, 2017 – 05 – 03, http://www.pakistani.org/pakistan/constitution/post_ 12oct99/musharraf_ address_ 17oct1999.html.

[13] Hasan Askari Rizvi, Civil Military Relations in Contemporary Pakistan, Defence Joural, 2017 – 05 – 02, http://www.defencejournal.com/july98/civilmilitary1.htm.

[14] Indian Independence Act, 1947, 2017 – 05 – 02, http://www.legislation.gov.uk/ukpga/1947/30/pdfs/ukpga_ 19470030_ en.pdf.

[15] Javid Husain, the Process of Foreign Policy Formulation in Pakistan, Briefing Paper of PILDAT, 2004 (12), 2017 – 05 – 03, http://www.pildat.org/Publications/publication/FP/TheProcessofForeignPolicy-FormulationinPakistan.pdf.

[16] Kamal Siddiqi, India has Dealt Death Blow to Peace Moves, Says Sharif, Indian Express, 1998 – 05 – 13, http://expressindia.indianexpress.com/ie/daily/19980513/13350904.html.

[17] Keith Jones, Pakistan's Military Regime Rallies to U.S. War Coalition, World Socialist Web Site, 2001 – 09 – 21, http://www.wsws.org/

en/articles/2001/09/pak - s25. html.

［18］Mahendra P Lama, Monitoring of SAARC Policies and Programmes, 2014 - 03 - 03, http：//saceps. org/upload_ file/papers_ pdf/front%20Page - %20Prof%20Mahendra%20Lama. pdf.

［19］Ministry of Defence Pakistan, Year Book 2009 - 2010, Rawalpindi：Defence Division ofMinistryofDefence, 2010：8, 2014 - 03 - 03, http：// www. mod. gov. pk/gop/index. php? q = aHR0c DovLzE5Mi4xNjguNz AuMTM2L21vZC91c2VyZmlsZXMxL2ZpbGUvTU9EL1B1YmxpY2F0aW9uL1llY XJfQm9va19Db21wbGV0ZV8yMDEwLTExLnBkZg%3D%3D.

［20］Mushahid Hussain, Pakistan India Relations：the Conflicted Relationship, PILDAT Briefing Paper, 2003（3）, 2017 - 05 - 03, http：// www. pildat. org/Publications/publication/FP/PakistanIndiaRelations. pdf.

［21］Manifesto - 1970, 2017 - 05 - 03, https：//ppp. org. pk/wp-content/uploads/2016/02/manifesto1970. pdf.

［22］Manifesto - 1988, 2017 - 05 - 03, https：//ppp. org. pk/wp-content/uploads/2016/02/manifesto1988. pdf.

［23］Manifesto - 1993, 2017 - 05 - 03, https：//ppp. org. pk/wp-content/uploads/2016/02/manifesto1993. pdf.

［24］Manifesto - 2008, 2017 - 05 - 02, http：//www. pppusa. org/upload/manifesto2008. pdf.

［25］National Security Council：a Debate on Institutions and Processes for Decision-making on Security Issues, PILDAT, 2012：20, 2017 - 05 - 03, http：//www. pildat. org/publications/publication/CMR/NaionalSecurityCouncil-debateonInstitutionsandprocessesfordecisionmakingonsecurityissues. pdf.

［26］Opening Remarks Made on 12 May 1998 by the Foreign Policy Minister in the Senate of Pakistan on India's Nuclear Test, South Asian Strategic Stability Institute, 2014 - 03 - 03, http：//www. sassi. org/database/

#2.

[27] Press Statement of the Government of Pakistan on the Two Additional Nuclear Tests Carried Out by India on 13 May 1998, South Asian Strategic Stability Institute, 2014 – 03 – 03, http：//www. sassi. org/database/#2.

[28] Pakistan Muslim League (N) – (PML-N) MANIFESTO 2008, 2017 – 05 – 02, http：//www. apnahyderabad. com/special/pml-n-MANIFESTO – 2008. asp.

[29] Pakistan protests turn violent, 2001 – 09 – 21, http：//news. bbc. co. uk/2/hi/south_ asia/1555688. stm.

[30] Pakistan's Defence Strategy in a Changing Global Scenario, Report of the Senate Committee on Defence and Defencean Production, 2012 (2), 2017 – 05 – 02, http：//www. senate. gov. pk/uploads/documents/1365 092084_ 437. pdf.

[31] Parliamentary Oversight of Pakistan National Assembly, 2017 – 05 – 03, http：//www. ipu. org/parline-e/reports/CtrlParlementaire/2241_ F. htm#defnat.

[32] Press Briefing by Foreign Policy Spokesman on May 14, 1998, 2014 – 03 – 02, http：//www. sassi. org/database/#2.

[33] Report of the Secretary-General on the Current Situation in Kashimir with Particular Reference to the Cesae-fire Agreement, the Cease-fire Line and the Functioning of UNMOGIP, S/6651, Sept. 3, 1965, UN Security Council, 1965, 2017 – 05 – 03, http：//www. un. org/en/ga/search/view_ doc. asp? symbol = S/6651.

[34] Russian-Pakistan relation, 2017 – 05 – 03, http：//www. rusconsulkarachi. mid. ru/RUSSIA-PAKISTAN. htm.

[35] Rai Muhammad Saleh Azam, When Mountains Move：The Story of

Chagai, Defence Journal, 2000 (11), 2017 – 05 – 03, http：//www. defencejournal. com/2000/june/chagai. htm.

[36] Security Council Condemns Nuclear Tests by India and Pakistan, Press Release SC/6528, 2017 – 05 – 03, http：//www. un. org/press/en/1998/sc6528. doc. htm.

[37] SASSI Research Team, US Economic Aid to Pakistan, SASSI Policy Brief No. 3, 2011 (3), 2014 – 03 – 03, http：//www. sassi. org/wp-content/uploads/2012/05/SASSI-Policy-Brief. pdf.

[38] Statement by the Foreign Minister of Pakistan in the Senate of Pakistan on 11 May 1998 on India's Nuclear Tests, South Asian Strategic Stability Institute, 2014 – 03 – 02, http：//www. sassu. org. uk/html/profiles/NuclearWeaponsrelatedDocuments/98%20tests/NW98testPak1. pdf.

[39] State Bank of Pakistan, Annual Report 2002 – 2003, 2003：2, 2017 – 05 – 03, http：//www. sbp. org. pk/reports/annual/arFY03/An%20Overview%20and%20Executive%20Summary. pdf.

[40] The Foreign Policy Process in Pakistan, 2004：191, Lahroe：PILDAT, 2017 – 05 – 02, http：//www. pildat. org/Publications/publication/FP/ForeignPolicyProcessinPakistanproceedings_ 04_ 2004. pdf.

[41] The Constitution of the Islamic Republic of Pakistan of 1956, 2014 – 03 – 03, http：//www. therepublicofrumi. com/archives/56_ 00. htm.

[42] The Constitution of the Islamic Republic of Pakistan of 1956, 2014 – 03 – 02, http：//www. therepublicofrumi. com/archives/56_ 00. htm.

[43] The Constitution (Thirteenth Amendment) Act, 1997, 2017 – 05 – 02, http：//www. pakistani. org/pakistan/constitution/amendments/13amendment. html.

[44] The Constitution of the Republic of Pakistan, 2014 – 03 – 02, http：//www. therepublicofrumi. com/archives/62_ 00. htm.

[45] U. S. Overseas Loans and Grants：Obligations and Loan Authorizations, July 1, 1945 – September30, 2011, 2014 – 03 – 03, http：//gbk. eads. usaidallnet. gov/data/files/us_ military_ historical. xls.

[46] Violence May Follow Pakistan Protests, CNN, 2001 – 09 – 21, http：//edition. cnn. com/2001/WORLD/asiapcf/central/09/20/ret. pakistan. peshawar/index. html.

（六）报纸

[1] Kabul Will Never Recognise Durand Line：Karzai, The Nation, 2013 – 05 – 05（1）.

后　　记

本书是在我的博士毕业论文基础上修改而成的。

虽然已从四川大学毕业5年，但在四川大学攻读学位的往事却历历在目。回首在四川大学攻读硕士学位和博士学位的6年时光，我收获颇丰，特别是导师陈继东教授严谨、认真的治学态度和渊博的专业知识使我受益匪浅。恩师的谆谆教诲将使我受益终生。在此，特别感谢恩师不仅在学业上给予我细心的指导，而且在生活上也给予我诸多关心和支持。

感谢四川大学南亚研究所各位老师给予我学习上的各种帮助。

感谢徐波教授、张箭教授和杨翠柏教授在毕业论文开题时提出宝贵意见和建议。

感谢我的父母、岳父母和家人在我求学路上给予的精神和物质上的大力支持。感谢我的爱人汪尚力在我学习过程中对我和家人的细心照顾，使我能全身心投入到学习中。感谢健康成长的女儿给了我无限的学习动力。

本书能顺利出版要感谢四川大学国际关系学院副院长、四川大学巴基斯坦研究中心执行主任宋志辉教授的帮助；感谢时事出版社谢琳主任和本书责编在出版过程中的付出；感谢四川轻化工大学人文学院各位同事对我工作的理解和支持。

本书出版之际，正值我家老二出生，在此留上一笔，以示纪念。

| 后　　记 |

　　由于笔者水平有限，书中难免有错误和不当之处，如读者对本书内容或观点有任何建议、意见或看法，可与笔者交流（1067990563@qq.com），以便笔者改进、提升。

　　　　　　　　　　2019 年 3 月 28 日晚于自贡市明珠小区